資格検定「フードアナリスト®」をめざす

フードアナリスト®検定教本3級

(社)日本フードアナリスト協会編

はじめに
さらに深める「食・食空間」の知識

　今の日本の外食レストランの情報は、皆様にとって十分に満足できるものでしょうか？

　近頃、新名所といわれるところには、次々とレストランがオープンしています。一方で老舗店は、その伝統を守りながらも時代の空気と共存しながら常に進化し続けています。外食は細分化され、私たちに多彩な食、食文化を与えてくれます。

　しかし、私たちに与えられている食の情報はどうでしょう？とりあえず人気店を紹介する雑誌や一個人の味覚や情緒的・感覚的な価値基準に基づくレストランガイドブックなどが目立ちます。もちろん、これでも「どこに何がある」という程度の情報は入りますが、それだけでは、もはや時代のニーズに追いつけなくなりつつあります。

　そこで、今こそ私たち「フードアナリスト®」によるレストランの格付け情報の提供が必要だと確信します。調理、栄養学、フードコーディネート、テーブルデザイン、インテリア、ホスピタリティなどのあらゆる角度から体系化した食に関する知識を習得した者、すなわち「フードアナリスト®」による正確な情報提供が、レストラン側と一般消費者側の確かな架け橋になるはずです。

本書は、フードアナリスト®3級の教本です。

　4級で学んだ知識をベースに、さらに知識を深めていきます。たとえば、4級では食空間のコミュニケーションとして「英語」を学びましたが、3級では食材などのフランス単語、基本的なコミュニケーションをとるため「フランス語」を学びます。さらには、「食育」「ホスピタリティ」「ワインとチーズ」「食と芸術・文化」「日本の伝統」「地球環境」まで、領域を広げて勉強します。

　何かを評価するということは、それ相応の責任が生じることであり、それ相応の知識の裏づけを求められます。3級は、フードアナリスト®資格の中級編として、「食・食空間」に関連する知識を深めていきます。

「食べることが好き」
「がんばっているレストランを応援したい」
「料理飲食店の真のホスピタリティを感じたい」
「素晴らしいレストランの情報を発信したい」

　フードアナリスト®を志したときの食に対する熱い心、初心を忘れず、あなたのスキルをグレードアップして、食の評価のプロフェッショナルをめざしてください。

(社)日本フードアナリスト協会　代表理事　横井裕之

フードアナリスト®
倫理規定

前文

日本フードアナリスト協会（以下、「協会」という）は、「食文化」に通ずる専門家組織として飲食店の店舗評価、格付けを行い、「フードアナリスト®」資格を通じて、日本の豊かな食文化の啓蒙、発展を目指すとともに社会貢献を果たし、同時に協会の地位の向上を目指すものである。本協会の権威と信用の一層の向上を図るためには、専門家にふさわしい倫理・行為ルールを確立することが不可欠と考え、ここに、「日本フードアナリスト®協会倫理規定」を制定し、協会としての行為の指針を定め、同規定の普及・定着と倫理意識の涵養に努めるものとする。したがって、協会に関するすべての職務に共通する行為基準として、遵守すべきものである。

1．定義

「フードアナリスト®」とは、協会が実施する検定に合格し、所定の入会金と年会費を支払い、本会が会員として認定したものをいう。

2．主たる行為基準

①「フードアナリスト®」は、誠実に職務を励行し、協会の社会的信用および地位の向上に努めなければならない。
②「フードアナリスト®」は、常に食に関する研鑽に精進し、その職務にふさわしい専門能力を維持し、向上させなければならない。
③「フードアナリスト®」は、業務を行うに当たって、専門的見地から適切な注意を払い、公正かつ客観的な判断を下すようにしなければならない。
④「フードアナリスト®」は、関係法令ならびに本会の規則およびこの倫理規定を遵守しなければならない。

3．業務行為基準

① 「フードアナリスト®」は、店舗評価を行う場合には、すべての店舗評価を公平に取り扱うようにしなければならない。
② 「フードアナリスト®」は、客観的なフードアナリスト®業務の遂行を阻害しないよう注意しなければならない。
③ 「フードアナリスト®」は、店舗評価を行う場合には、独立性と客観性を保持するよう注意し、公正な判断を下さなければならない。
④ 「フードアナリスト®」は店舗評価の公平性を維持するため自らを含めて、三親等以内の親族が役員を務めるか経営に関与している店舗の評価は行わないものとする。
⑤ 「フードアナリスト®」は、店舗評価を行う場合には、当該業務に関し知り得た秘密を当会の承諾なしに他に漏らしてはならない。
⑥ 「フードアナリスト®」は、協会の称号を使用する場合には、称号の権威と信頼性を保持するよう良識ある方法を用いなければならない。

4．懲罰規定

① 「フードアナリスト®」が法令および本規定を含む本会規則の何れかに違反した場合、協会は当該「フードアナリスト®」を協会から除名することができる。
② 「フードアナリスト®」はその活動の中で、自らの責により協会又は第三者に損害を与えた場合には、かかる損害を直ちに賠償するものとする。

平成17年12月1日制定
（社）日本フードアナリスト協会

(社)日本フードアナリスト協会憲章

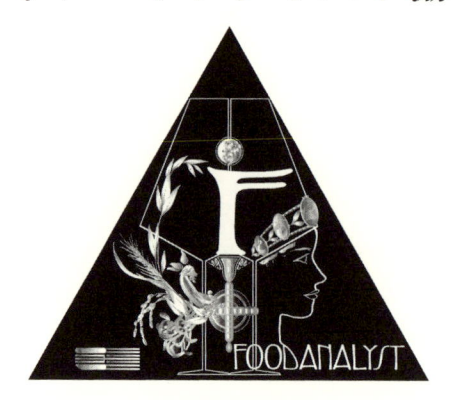

尊命敬食

フードアナリストのシンボルは、豊穣の女神(ガイア)です。大地の恵み、山海の自然の豊かさ、それから女性の持つ包容力、生産性、母性などもイメージして定められました。

意匠は協会の基本理念「尊命敬食」を表現しています。

レストラン、飲料や食材は、単体ではなく、

文化、心理状態や外部環境などを含め総合的に考えるものです。

情報に知悉することで食の世界が広がります。それが人間の尊厳でもあります。

ロゴマークの形状の三角形は威厳と秩序を表します。

麦穂や稲穂をはじめ、オリーブ、葉野菜、牛、山羊、魚、ハーブ、豆類、葡萄、スパイス(唐辛子)、

日本酒、カトラリーと皿、箸、ナフキン、ラッパ(音楽・芸術)等の意匠が施されています。

一対のワイングラスは、団欒や語らい、思い出も表現しています。

(社)日本フードアナリスト協会

※フードアナリスト®は、フードアナリスト・プロモーション株式会社の登録商標です。日本フードアナリスト協会はフードアナリスト・プロモーション株式会社よりフードアナリスト®の呼称の使用許諾を得て、フードアナリスト®の認定・教育を行っています。

資格検定「フードアナリスト」をめざす
**フードアナリスト
検定教本3級**

CONTENTS

はじめに ……………………………………………………………… 2
フードアナリスト倫理規定 ………………………………………… 4
日本フードアナリスト協会憲章 …………………………………… 6

第1章　食育 …………………………………………………… 11
第1節　食育とは ……………………………………………… 12
　　＜1＞人を育む食 ……………………………………………… 12
　　＜2＞食と安全 ………………………………………………… 13
　　＜3＞食とマナー ……………………………………………… 18
第2節　食事のバランス ……………………………………… 20
　　＜1＞つくる楽しさ …………………………………………… 20
　　＜2＞正しい食生活 …………………………………………… 22
第3節　日本の食料事情 ……………………………………… 26
　　＜1＞食料自給率 ……………………………………………… 26
　　＜2＞無駄のない食 …………………………………………… 28
食のミニ知識1「長寿の秘訣は食にあり！」……………………… 30

第2章　食空間コミュニケーション ……………………… 31
第1節　食空間のフランス語 ………………………………… 32
　　＜1＞フランス語の基礎 ……………………………………… 32
　　＜2＞フランスレストランでの会話 ………………………… 34
　　＜3＞食関連のフランス語（単語）…………………………… 38
第2節　フランス料理のソースと郷土料理 ………………… 45
　　＜1＞フランス料理のソース ………………………………… 45
　　＜2＞フランスの郷土料理 …………………………………… 53
食のミニ知識2「レストランの語源・由来は!?」……………… 56

第3章　ホスピタリティ …………………………………… 57
第1節　ホスピタリティ文化 ………………………………… 58
　　＜1＞ホスピタリティ文化の成立 …………………………… 58
　　＜2＞ヨーロッパのホスピタリティ文化 …………………… 59
　　＜3＞東洋のホスピタリティ文化 …………………………… 61
　　＜4＞日本のホスピタリティ文化 …………………………… 62
　　＜5＞ホスピタリティの語源 ………………………………… 63
第2節　ホスピタリティとサービス ………………………… 65
　　＜1＞サービスの概念 ………………………………………… 65

資格検定「フードアナリスト®」をめざす
フードアナリスト検定教本3級

　＜2＞受ける側のホスピタリティ ……………………………… 66
　食のミニ知識3「ホスピタリティと交通ルール」 ……………… 68

第4章　食と栄養 …………………………………………… 69
第1節　栄養素とは ………………………………………… 70
　＜1＞「3大栄養素」と「微量栄養素」 …………………………… 70
　＜2＞エネルギーの源となる栄養素「糖質」 …………………… 72
　＜3＞エネルギーや血肉となる栄養素「脂質」 ………………… 75
　＜4＞エネルギーや筋肉となる栄養素「たんぱく質」 ………… 78
　＜5＞調整作用や構成成分となる栄養素「無機質」 …………… 80
　＜6＞生理的作用を調整する栄養素「ビタミン」 ……………… 82
第2節　栄養と健康 ………………………………………… 84
　＜1＞バランスのとれた食事で健康生活を！ ………………… 84
　＜2＞1日に必要なエネルギー ………………………………… 86
　＜3＞消化と吸収のメカニズム ………………………………… 88
第3節　食品と栄養価 ……………………………………… 90
　＜1＞1日に必要な栄養素の量 ………………………………… 90
　＜2＞食品標準成分表と食品分類法 …………………………… 92
　食のミニ知識4「おいしい料理の合言葉『サシスセソ』」 …… 94

第5章　ワインとチーズ …………………………………… 95
第1節　ワイン ……………………………………………… 96
　＜1＞酒類の定義 ………………………………………………… 96
　＜2＞ワインの歴史 ……………………………………………… 98
　＜3＞ワインのタイプによる分類 ……………………………… 99
　＜4＞ワインの品質・味わいを決める要素 …………………… 101
　＜5＞ヨーロッパのワインのランク …………………………… 106
　＜6＞ワインの醸造 ……………………………………………… 107
　＜7＞ワインの楽しみ方 ………………………………………… 109
第2節　チーズ ……………………………………………… 112
　＜1＞チーズの歴史 ……………………………………………… 112
　＜2＞チーズの種類 ……………………………………………… 113
　＜3＞ナチュラルチーズの分類 ………………………………… 114
　＜4＞チーズのできるまで ……………………………………… 116
　＜5＞チーズとワインのマリアージュ ………………………… 118
　食のミニ知識5「国によって変化するチーズの味」 ………… 120

CONTENTS

第6章　ヨーロッパ菓子 …………………………………………… 121
第1節　ヨーロッパ菓子の歴史 ………………………………… 122
　＜1＞菓子の誕生 ……………………………………………… 122
　＜2＞菓子と古代文明 ………………………………………… 123
　＜3＞菓子屋 …………………………………………………… 125
第2節　ヨーロッパ焼菓子の種類 ……………………………… 126
　＜1＞蜂蜜のケーキ …………………………………………… 126
　＜2＞パイ生地 ………………………………………………… 129
　＜3＞トルテ …………………………………………………… 130
第3節　ヨーロッパ菓子とティー ……………………………… 132
　＜1＞イギリスの伝統菓子 …………………………………… 132
　＜2＞イギリスとティー ……………………………………… 133
　＜3＞文化として根づいたお茶 ……………………………… 134
食のミニ知識6「お菓子の名前の由来は」……………………… 136

第7章　食と芸術・文化 …………………………………………… 137
第1節　食と絵画 ………………………………………………… 138
　＜1＞絵画に出てくる食 ……………………………………… 138
第2節　食と音楽 ………………………………………………… 144
　＜1＞食の場の雰囲気と音楽 ………………………………… 144
　＜2＞食卓にふさわしい音楽 ………………………………… 145
　「グルメ作曲家ロッシーニ」………………………………… 154
第3節　食と映画 ………………………………………………… 156
　＜1＞映画に出てくる食事シーン …………………………… 156
第4節　食と文学 ………………………………………………… 160
　＜1＞文学作品に出てくる料理 ……………………………… 160
食のミニ知識7「ポップコーンはなぜ弾けるの？」…………… 162

第8章　インテリアとテーブルデザイン ………………………… 163
第1節　インテリア ……………………………………………… 164
　＜1＞テーブルと椅子 ………………………………………… 164
　＜2＞トイレ …………………………………………………… 167
第2節　テーブルデザイン ……………………………………… 170
　＜1＞テーブルクロス ………………………………………… 170
　＜2＞洋食器 …………………………………………………… 172
　＜3＞ガラス器 ………………………………………………… 175
　＜4＞銀器 ……………………………………………………… 177

9

CONTENTS

資格検定「フードアナリスト®」をめざす
フードアナリスト® 検定教本3級

第3節　食と色彩 …………………………………………………… 180
　<1>色のしくみ ……………………………………………… 180
　<2>食品と色 ………………………………………………… 181
　<3>色と味覚 ………………………………………………… 183
　<4>一般的な色彩心理 ……………………………………… 184
　<5>テーブルコーディネートと色彩 ……………………… 185
　<6>世界の料理のカラーイメージ ………………………… 186

第9章　日本の伝統と食文化 …………………………………… 189
第1節　日本の伝統文化 …………………………………………… 190
　<1>伝統文化と食 …………………………………………… 190
　<2>茶道 ……………………………………………………… 191
　<3>華道 ……………………………………………………… 196
　<4>書道 ……………………………………………………… 200
　<5>香道 ……………………………………………………… 202
第2節　日本の伝統行事と食文化 ………………………………… 204
　<1>日本の伝統的食文化 …………………………………… 204
　<2>社会と食事 ……………………………………………… 206
　<3>日本の伝統行事 ………………………………………… 208
　<4>日本の祭り ……………………………………………… 212
食のミニ知識8「食で季節を感じられない子供たち」 ………… 214

第10章　地球環境と食 …………………………………………… 215
第1節　自然環境と食 ……………………………………………… 216
　<1>環境問題 ………………………………………………… 216
　<2>食物連鎖 ………………………………………………… 218
　<3>水の循環 ………………………………………………… 220
　<4>エネルギー ……………………………………………… 222
　<5>資源の循環 ……………………………………………… 224
　<6>人口と環境負荷 ………………………………………… 226
　<7>二酸化炭素と地球温暖化 ……………………………… 228
第2節　環境と食生活 ……………………………………………… 230
　<1>食の変化と環境破壊 …………………………………… 230
　<2>飲み水の安全性と生活排水 …………………………… 234

あとがき ……………………………………………………………… 236

第1章 食育

第1節

食育とは

政府が食育基本法を制定するなど、近年特に注目されるようになった「食育」。食育とはいったい何か、ここで確認しましょう。

〈1〉人を育む食

◉ 重要性が見直される食育

　食育は、明治の陸軍漢方医・石塚左玄が『通俗食物養生法』で使った造語です。教育の3つの礎となる知育、徳育、体育も、まずは食に関する教育、つまり食育があってこそと言っています。

　現在のわが国の食を取り巻く環境は、ひと昔前とは大きく変わってきています。生活が多様化し、母親のつくった料理を家族揃って食べることも、当たり前ではなくなってきました。また、食生活の変化に起因する生活習慣病も増加しています。さらに、BSEや鳥インフルエンザなど、食品の安全性への不安や不信も広がっています。そのような中で、食に関する正しい知識を教えること、つまり食育の必要性が、次第に注目されるようになりました。

　行政でも「食育基本法」が制定されるなど、食育に関する取り組みは大きな動きに発展しています。諸外国でも食についての教育の取り組みは活発であり、アメリカやイギリスでは"Kids in the Kitchen（子供たちを台所へ）"と銘打った活動があり、フランスでは三つ星レストランのシェフたちが子供たちに本物の味を教える"Leçons de Goût（ルソン・ド・グウ。味覚の授業）"という運動があります。

　食育の推進には、親や教育者の取り組みももちろん、食に関係する人々が食育に対する意識を持つことが必要です。より望ましい食の環境は、それを取り巻く行政や生産者、消費者が協力しなければ実現しません。各々

が属する地域や家庭、職場で、食育を実践することが大切です。

〈2〉食と安全

◉ よい食材を見分ける

　安全な食を実現するためにはまず、旬や鮮度を見分ける目を持ち、よい食材を手に入れることが重要です。そういった知識は家族生活、あるいは地域での暮らしの中で経験的に伝わってきたものでした。しかし、せっかく日本という誇るべき食文化を持った国にいながら、核家族化や生活の多様化などで、それを伝えていく場が徐々に失われています。食文化の断絶は現代の子供たちのみならず、その親の世代でもすでに当てはまります。そこで親の世代も、子供と一緒にあらためて学ぶ姿勢が大切です。

　旬の食材は通常、ほかの時期のものに比べ数倍の栄養素を含み、それらを尊ぶ日本の食文化は、健康を保つために生まれた知恵でもあります。旬の食材をとり、そのおいしさを経験していくことは、食べものを味わう能力を育てるとともに、健康な食生活を送るための素養を養います。

●旬の食材●

季節	野菜・果物	魚介・海藻
春	ウド、カリフラワー、キャベツ、グリーンピース、セロリ、タケノコ、根ミツバ、ブロッコリー、フキノトウ、イチゴ	アイナメ、カツオ、カレイ、サヨリ、サワラ（関西）、ヤリイカ、アサリ、ハマグリ、ホタテガイ、モズク、ワカメ
夏	エダマメ、カボチャ、キュウリ、ジャガイモ、タマネギ、トマト、ナス、ピーマン、アンズ、ウメ、ナシ、ビワ、モモ	アナゴ、アユ、イサキ、ウナギ、カマス、カワハギ、キス、スズキ、トビウオ、ハモ、マアジ、シャコ、ウニ、シジミ
秋	サツマイモ、サトイモ、ジャガイモ、セロリ、生シイタケ、アケビ、イチジク、カキ、クリ、ナシ、ブドウ、リンゴ	ウナギ、カツオ、サケ、サバ、サワラ（関東）、シシャモ、サンマ、ヒラメ、マアジ、マイワシ、ボタンエビ、トリガイ
冬	カブ、キャベツ、ゴボウ、コマツナ、ダイコン、ネギ、ニンジン、ハクサイ、ブロッコリー、ホウレンソウ、ポンカン、ミカン	アンコウ、クロマグロ、タラ、トラフグ、ヒラメ、ブリ、ボラ、マダイ、カキ、イセエビ、ケガニ、ナマコ、シジミ

表には入れていませんが、実は肉にも旬があります。例えば牛は、秋から冬にかけての藁を食べる時期が旬であり、水分が多い草を食べる時期は、肉も少し水っぽくなります。

また、よい食材を見分けるにあたり、パッケージの食品表示ラベルも参考になります。食品表示ラベルには、その食品の原材料や産地、賞味期限、栄養成分、食物アレルギーを引き起こすおそれがある材料の使用の有無などが記載され、記載方法は食品の種類ごとに定められています。食品表示に関心を持ち、記載された内容を把握することは、より安全で健康的な食品を手に入れるため、大いに役に立ちます。

　危険な食品が流通しないよう、国は厳しい規制を行っており、生産や流通に関わる多くの人々が細心の注意を払っています。しかし安全な食品だけが流通するよう完全にコントロールするのは不可能であり、実際に食中毒の被害や有害な物質の混入などは現実に起っています。食品を提供する側だけでなく、食べる人自身が積極的によい食品を選ぶ姿勢が、安全で健康的な食が実現するということを学ぶ必要があるのです。

●食品表示ラベル●

ラベル例

名称	豆菓子
原材料名	落花生、米粉、でん粉、植物油、しょうゆ（小麦を含む）、食塩、砂糖、香辛料、調味料（アミノ酸等）、着色料（カラメル、紅麹、カロチノイド）
内容量	100g
賞味期限	07.4.20
保存方法	直射日光を避け、常温で保存してください。
製造者	○○食品株式会社AK 東京都千代田区×××△△△

栄養成分
1本（200ml）当たり

エネルギー	139kcal
たんぱく質	6.8g
脂質	0.8g
炭水化物	10.0g
ナトリウム	85mg
カルシウム	227mg

- その食品の一般的な名称です。
- 使用した原材料を、使用した重量の多い順で記載しています。食品添加物やアレルギー物質を含む食品の表示も義務づけられています。
- 内容量について、グラムやミリリットル、個数など、単位を明記して記載しています。
- 消費期限や賞味期限です。消費期限は弁当やそうざいなどに表示が義務づけられ、それを過ぎると衛生上の危険が高くなります。賞味期限は缶詰やスナック菓子などに用い、品質が劣化する目安です。
- 望ましい保存方法です。
- 商品の表示に責任を持つ業者の名前と住所です。製造者や販売者が記載されています。この例の業者名の横の「AK」の記号は、その食品をどの施設で製造したかを表します。
- エネルギーやビタミンなどの栄養成分について表示する場合、標準的な表示方法をとることが義務づけられています。商品に「カルシウム強化」「低脂肪」などと表示する際の基準も、厳密に決められています。

このほかにも食品の種類に応じて、原産国・原産地名や100グラム当たりの価格など必要な内容の表示が定められています。

◉ 農薬と食品添加物

近・現代に入ってから、残留農薬や食品添加物など、食品には本来含まれなかった物質を摂取する機会が増えました。また、環境中に存在する内分泌攪乱化学物質（一般に環境ホルモンと呼ばれるもの）の危険も大きく取り沙汰されています。もちろん、摂取すると人体に影響を及ぼす危険があるため、使用する種類や量が法律によって規制されていますが、それで万全というわけではありません。できれば、昔ながらの有機・無農薬の農・畜産物や、化学合成物質を使わない自然食が望まれます。

ところが、安心でおいしい無農薬栽培や有機栽培の農作物はその反面、農作業の手間や少量流通でコストが高くなります。販売価格が高くなるのはもちろんですが、物流の効率が落ちれば運搬車両の燃料を多く消費し、それだけ環境に悪い影響を及ぼします。

また、食品添加物には、もともと自然に存在するものや、添加物自体が自然食であるものもあります。逆に、ふぐの毒や病原菌など、危険なものは自然界にも存在するので、自然食ならば必ず安全であるとはいえません。

さらには、実際には違うのに無農薬栽培や有機栽培、無添加をうたっているもの、あるいは安全で健康的なものなのに法律上そのように表記できないものもあるでしょう。それらを踏まえて、「よい食べもの」とはいったい何かを考えることも、食育に大きく役立ちます。

●日本で使用が認められている食品添加物の例●

食品衛生法での分類	名称	概要
指定添加物	ソルビン酸	不飽和脂肪酸に静菌作用があることから発見されたもの。チーズ、食肉製品、漬け物などに保存料として用いられます。
	キシリトール	野菜や果物に含まれている天然物。ガム、清涼飲料水などに甘味料として用いられます。
既存添加物	クチナシ色素	クチナシの果実から得られる着色料。栗きんとんなどに用いられます。
	柿タンニン	柿の渋から得られる清澄剤。酒の製造などに用いられます。
天然香料	バニラ香料	バニラの果実から得られる香料。複数の揮発性成分から構成されています。
	カニ香料	カニの身から得られる香料。かまぼこなどの魚肉練り製品に用いられます。
一般飲食物添加物	イチゴジュース	イチゴ果実を搾った汁。まんじゅうの着色に用いられます。
	寒天	テングサなどから抽出した粘質物。ようかんなどの成形に用いられます。

厚生労働省ホームページ「添加物に関する規制の概要」より。

食品添加物には保存料、甘味料、着色料、香料などがあり、使用した食品には、それを表示することが義務づけられています。

● 食物アレルギー

現代日本人のうち3割が持っているといわれるアレルギー。今から半世紀前までの日本には症例がほとんどないため、大気汚染や加工食品の増加が原因とも考えられています。アレルギーは何らかの物質（抗原）に対する過剰な免疫反応ですが、原因となる物質は人によりさまざまです。その中で、食物に含まれる物質を抗原とするアレルギーを、食物アレルギーといいます。

食物アレルギーは大きく分けて、即時型と非即時型（遅発型）の2種類があります。即時型アレルギー反応は、特定の食物を食べることによって全身性のアレルギー反応が起こり、多くは食べて5分から30分以内で急激に症状が現れます。これを食物によるアナフィラキシーといい、以下のような全身にわたる反応が現れます。

口腔周辺症状：口の中がしびれる、のどがつまる、唇が腫れる。
皮膚症状：かゆみ、じんましん、発赤しん。
結膜症状：眼結膜充血。
消化器症状：吐き気や嘔吐、腹痛、下痢。
呼吸器症状：せき、息がゼーゼーとなる、呼吸困難。

その中でも特に症状が重いと、意識がもうろうとしたり、血圧が低下したりする全身性のショック症状を引き起こします。対応が遅れれば死に至ることもありますので、速やかに医療的処置を施さなければなりません。

食物アレルギーは、食生活の中で経験的に「この食物に対してアレルギーがある」と自己診断してしまうケースが多数あります。しかし、生命に関わることもあるので、医師による診断を受け、自分が何に対してアレルギーを起こすのか正しく把握することが大切です。

●アレルギー物質を含む食品（特定原材料）●

食品衛生法による特定原材料7品目	症例数が多いもの	卵、乳、小麦、エビ、カニ
	症状が重く生命に関わるもの	そば、落花生
特定原材料に準ずる18品目	症例数が少ないか、多くても重篤な例が少ないもの	アワビ、イカ、イクラ、オレンジ、カシューナッツ、キウイフルーツ、牛肉、クルミ、ゴマ、サケ、サバ、大豆、鶏肉、バナナ、豚肉、マツタケ、モモ、ヤマイモ、リンゴ、ゼラチン

加工食品における原材料表示について、食物アレルギーを起こしやすい食品のうち7品目を特定原材料として表示を義務化、18品目を推奨しています。

● 食中毒の予防

　食中毒は、有害な微生物や化学物質など毒素を含むものを食べると起り、下痢や嘔吐、発熱などの症状が出ます。特に細菌やウイルスによるものについては、生食や常温保存などの原因で身近に起りやすく、それだけに個人の食中毒予防への心がけが必要です。

　二次感染を防ぐための手洗いの励行や、菌やウイルスの感染を予防する方法を正しく知ることなどが重要です。

汚染を防ぐ：生の肉や魚の調理加工を行った調理器具は、調理後すぐに洗い、別の食材に菌やウイルスが移るのを防ぎます。できれば調理器具は別々に使い分けるのが理想です。また、野菜は有機農法などで寄生虫が付着している場合がありますので、よく洗う必要があります。

加熱殺菌する：菌の多くは熱に弱く、75度以上で1分間加熱することでほとんどの種類の菌を死滅させられます。ただし、100度の熱でも死滅しない菌もあります。また、食材の中まで熱を通さなければならないので、肉や魚などを焼く場合には低火力で時間をかけて焼くなどの工夫が必要です。

増殖を抑える：食材は新鮮なうちに調理するようにします。加熱調理しても菌やウイルスは再び増殖し、時間を置くほど危険が増すので、食べる直前に調理するよう心がけます。保存する場合は、必ず冷蔵か冷凍します。また、調理器具や食器は、使用後すぐに洗って乾燥させることも重要です。

●主な食中毒●

腸管出血性大腸菌O157　生や未殺菌牛乳、井戸水などに存在し、ごく微量でも汚染されます。特に乳幼児など死亡率が高く危険です。	**黄色ブドウ球菌**　健康な人も保菌する化膿症を起こす原因菌ですが、毒素で食中毒を起こします。この菌の毒素は熱に強く、100度でも破壊できません。	**エルシニア菌**　豚肉をはじめとして、生肉、生乳、魚介類から多く検出されます。ほかの菌に比べ嘔吐が比較的少なく、盲腸炎と間違うことがあります。
病原性大腸菌　人や動物の腸に存在する大腸菌のうち、腸炎起病性を示す菌で、複数の型があります。小学校で大型の食中毒事故となる傾向があります。	**ウエルシュ菌**　土壌細菌で、人や動物の腸にも多く存在します。通常の加熱調理では死滅せず、加熱調理後に温度が下がると増殖します。	**ボツリヌス菌**　土の中に広く存在し、強い毒素を出します。加熱では死滅しませんが、毒素は失活できます。重篤な場合は呼吸筋までに至ります。
サルモネラ属菌　家畜の腸に存在し、肉や卵は高い確率で汚染されています。小児に病原性が強く、ごく微量の感染でも発病する傾向があります。	**セレウス菌**　穀類や豆、香辛料から検出されます。熱に強く、加熱で食中毒を完全に防止することはできませんが、少量での発症はありません。	**ノロウイルス**　かきなど二枚貝からの感染が有名で、集団感染例はほとんどが冬季に発生しています。抵抗力が弱いと重症になります。
カンピロバクター　家畜の腸管内に存在する菌で、特に鶏肉から多く検出されます。ごく微量の感染で発病し、初期では風邪のように感じます。	**腸炎ビブリオ**　海水に存在する菌で、魚介類は汚染率が高く、まな板などから二次汚染が起る傾向があります。加熱のほか、淡水にさらしても殺菌できます。	**クリプトスポリジウム**　寄生虫で、食物や手から経口感染します。腹痛、下痢が1週間程度続きますが、免疫不全の人は重症になることがあります。

上記は細菌やウイルス、寄生虫によるものですが、食中毒はほかにも化学合成物質（ヒスタミンなど）、自然毒（毒きのこ、ふぐなど）によるものがあります。

〈3〉食とマナー

◉ 食のマナーとしつけ

　食事のときに、挨拶ができない、行儀が悪い、食事中の姿勢が悪い、食べ散らかすなど、食事のマナーを守れない人がいます。こういった人は概ね、食事のとき以外でもマナーが守れません。生きていくということに真摯に向き合う心を養うためには、小さいころからのしつけが必要です。食育では、しつけを行うのに効果的な場として食卓をとらえ、まず生きるための基本である食に対する正しい姿勢を学ぶことが重要であると考えます。

　正しい食事のマナーを守るということは、ただ食事のルールを守ればよいということではありません。より楽しい気分で、よりおいしく食べるためにつくられてきたのが本来のマナーです。マナーは食事の効果を高めて食べる人の心身を健全にし、また同席する人への配慮が社会性を育みます。

　まずは、「いただきます」「ごちそうさま」をしっかりと言えるようにすることが大切です。食べられることへの感謝の気持ちを表す態度を経験的に身につけることで、相手に対し感謝するという心も養われます。なぜ感謝するのかを考えれば、何かを食べるために、生産者から料理する人まで、必ず大勢の人たちの存在に気がつくはずです。

　また、偏食しないようにしつけることも大切です。甘やかされて欲しいものだけ与えられることは、自分が気に入ったことだけを認め、そうでないものはただ拒絶する性格、つまり思いやりのないわがままな性格につながるのです。また、子供のうちの悪い食習慣で、成長に必要な栄養の過不足を引き起こせば、大人になってからでは取り返しのつかない健康上の問題をかかえることにもなりかねません。

　偏食を身につけさせないためには、小さいときからなるべく多くの味を経験させてあげることが必要です。それが健全な味覚を育て、おいしいものをおいしいと感じる力を養います。そのために、親も調理の工夫や、素材の生かし方など、食についての正しい知識を持つ必要があります。

◯ 箸を正しく使う

　箸は日本の食にはかかせない道具であり、日本の食文化の形成に大きく影響を及ぼしてきました。ところが近年ではこの箸を正しく持てる子供が、どんどん減ってきています。平成12年度の児童生徒の食生活等実態調査によれば、箸を正しく持てる小・中学生の割合は、小学生で44.4％、中学生で49.9％と、共に半数を下回りました。

　箸を使えるようになるには、小さいころからの練習が必要ですが、親も使い方をしつける時間がとれないのかもしれません。しかし、食については経験から身につくことが多く、まずは箸が使えないことには学べない食事のマナーもたくさんあります。あるいは、そのかわりに箸を使わない食文化を身につけようとしても、日本の環境の中ではもっと努力が必要となるでしょう。箸は正しく持てるように、しっかりとしつける必要があるのです。

　箸が正しく使えるようになれば、箸を無理に使う分の心労がなくなり、食事がより楽しく、おいしく感じられるはずです。そのことが健全な心身の育成に及ぼす影響は、決して少なくないでしょう。食育では、こういったことを疎かにせず、食文化を伝えていくことの大切さも考えます。

● 「嫌い箸」のいろいろ ●

探り箸	汁物などで、椀の中をかき回して探ること。	渡し箸	茶碗の上に箸を渡して置くこと。
涙箸	箸の先からつけ汁などをぽたぽた落とすこと。	刺し箸（突き箸）	食べものを箸で突き刺してとること。
寄せ箸	器を箸で引っかけて手元に引き寄せること。	込み箸	箸で食べものを口に詰め込むように食べること。
移り箸	箸を伸ばしたものを食べず、別のものを取ること。	迷い箸（惑い箸）	どれを取るか迷って箸をあちこちに動かすこと。
ねぶり箸	箸先を口の中でなめること。	直箸	大皿料理などで取り箸を使わず自分の箸で取ること。
叩き箸	箸で器を叩いて鳴らすこと	仏箸	箸をご飯に突き刺して立てること。

嫌い箸は、忌み箸、禁じ箸ともいい、日本の食事ではマナーに反する箸の使い方です。

第2節

食事のバランス

人を育てるという大きな役割を持つ食事。栄養を含めて、食を広くとらえてよりよい食事を心がければ、人はよりよく育ちます。

〈1〉つくる楽しさ

◉ まずは「お手伝い」から

　食育においては、料理をつくることも軽んじてはならない要素です。正しい知識、技術を身につけることで、食べられるものの幅が広がり、より豊かな生活を送るための力となります。ところが、適切な食事摂取に必要な知識・技術についての厚生労働省の調査では、「あまりない」「まったくない」という回答が男性では約7割を、女性では約4割を占めます。

　つくることを学ぶには、小さいころからの訓練に高い効果があります。家庭での食の営みに参加することで、家族の連帯感が高まり、しつけもより効果的に行えます。自分でやるべきことや、したことで得られるものを経験から知ることは、社会性を身につける訓練にもなります。

　まずは、少しずつ「つくる」というプロセスに参加させていくべきです。最初は皿を運ぶといった簡単なお手伝いから始めます。手伝えることが増えるにつれ、食材が料理に変わる楽しさを知り、食への興味が深まります。料理にかかる手間を知り、感謝する気持ちも育つでしょう。また、自分でつくった料理はそれだけでおいしく感じるものです。そのうち料理自体も手伝えるようになれば、好き嫌いをなくすのにも役立ちます。お手伝いによって、健康的な暮らしのための基礎を身につけることにもなります。

　「つくる」ことへの理解や興味は、しつけによる精神の成長のみでなく、身体の健全な成長をも助けます。よりよい食の実践による満ち足りた生を実現するために、人間としてなくてはならない素養なのです。

● 「中食」の活用も工夫して

　本来食事は家族揃ってするものであり、食事の場こそ、しつけやコミュニケーションの場として、家族との満ち足りた生活を過ごすうえで重要な役割を担ってきました。しかし近年では核家族化や生活時間の多様化など、家族揃って食卓を囲む機会は減少しています。食の外部化、つまり自分で調理したものでなく、買って食べることが多くなっています。

　近ごろ、外食（飲食店での食事）と内食（家庭での食事）の間にあたる、中食（なかしょく）という言葉ができました。これは、調理済みの弁当やそうざいを買って食べるという食事のことです。食の外部化は進んでいますが、外食を利用する人の割合は、35％台で推移して、むしろ緩やかに減少しています。ここ10年で特に利用する人が増えているのが中食です。中食なら外食するより費用を抑えられ、より手軽で利用しやすいためと考えられます。

　食を外部化して調理に費やす時間を省けば、生活時間を効率的に使えます。しかし、調理を体験する場をなくし、食の総体的な理解を難しくします。

　今の生活環境で昔の生活を再現するのは、難しいだけではなく、あまり益のないことです。だからといって全てを捨ててしまうのではなく、せっかくの食文化を生かすことを考えることが大切です。中食のほか、無洗米やカット野菜など、調理の手間を省く食材を全て拒否するより、実行できることから食文化を見直していこうとする心がけが必要です。

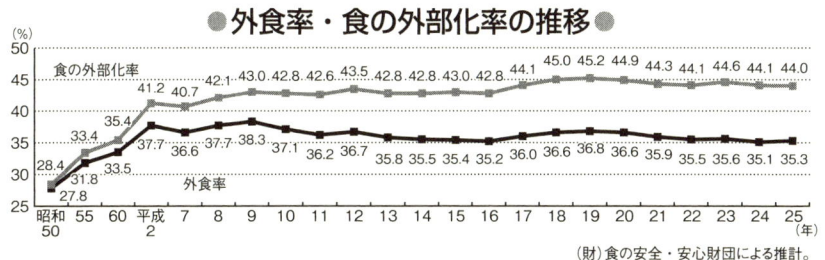

● 外食率・食の外部化率の推移 ●

（財）食の安全・安心財団による推計。

「外食率」は、食料消費支出に占める外食の割合です。「食の外部化率」は、外食率にそうざいや調理食品の支出割合を加えたものです。

〈2〉正しい食生活

● 食卓を楽しく

　近ごろ「個食」や「孤食」が増えています。個食は家族がそれぞれファミリーレストランのような個別のメニューで食事をすることです。食べたいものだけの単調なメニューで育つ子供は、味に対する感覚が育たず、性格もわがままになります。孤食は一人で食事することで、社会性やマナーが身につかず、食に対する興味も湧きません。

　また、朝食を食べない人が年々増加しており、特に若い人はその傾向が顕著です。朝食を食べないと、エネルギー不足のため集中力が保てず、勉強や仕事がはかどりません。さらに、夕食の後も間食を食べてしまうなど生活のリズムが不規則になり、連鎖的に健康を損なっていきます。

　楽しい食事でおいしく食べる正しい食生活は、栄養的な面から見ても重要で、特に育ち盛りの子供には大切なことです。さらに、人はおいしいと感じると体内にセロトニンが分泌されますが、これは精神安定や体の各器官の健全な活動に大きく作用する物質であることが分かってます。

　正しい食生活を送るということは、フードアナリストに求められる基本的な資質でもあります。おいしい調理法、彩りのよい盛りつけ、健康を守る栄養の知識、食卓のコーディネートなど、食全体を広く体系的に習得したフードアナリストの知識の実践はすなわち、楽しくおいしい食事をするという、正しい食生活へと帰結するのです。

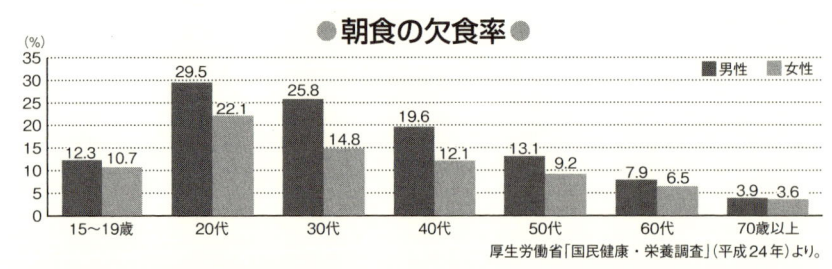

● 朝食の欠食率 ●

年代	男性 (%)	女性 (%)
15〜19歳	12.3	10.7
20代	29.5	22.1
30代	25.8	14.8
40代	19.6	12.1
50代	13.1	9.2
60代	7.9	6.5
70歳以上	3.9	3.6

厚生労働省「国民健康・栄養調査」(平成24年)より。

グラフの数字は、国民健康・栄養調査において「菓子・果物などのみ」、「錠剤などのみ」、「何も食べない」に該当したものを欠食として扱っています。

◉「食生活指針」の活用

　日本の食は、飽食と言われるほど豊かでありながら、栄養バランスの偏りや、食料資源の浪費などの問題も抱えている状況です。これに対し、政府は平成12年3月、当時の厚生省、文部省、農林水産省が共同で策定した「食生活指針」について、国民の理解と実践を促進することにしました。

　この指針では、食育のめざすところが平易に実践しやすくまとめられています。健康な食生活のために活用しましょう。

●食生活指針●

食事を楽しみましょう。	・心とからだにおいしい食事を、味わって食べましょう。 ・毎日の食事で、健康寿命をのばしましょう。 ・家族の団らんや人との交流を大切に、また、食事づくりに参加しましょう。
1日の食事のリズムから、健やかな生活リズムを。	・朝食で、いきいきした1日を始めましょう。 ・夜食や間食はとりすぎないようにしましょう。 ・飲酒はほどほどにしましょう。
主食、主菜、副菜を基本に、食事のバランスを。	・多様な食品を組み合わせましょう。 ・調理方法が偏らないようにしましょう。 ・手作りと外食や加工食品・調理食品を上手に組み合わせましょう。
ごはんなどの穀類をしっかりと。	・穀類を毎食とって、糖質からのエネルギー摂取を適正に保ちましょう。 ・日本の気候・風土に適している米などの穀類を利用しましょう。
野菜・果物、牛乳・乳製品、豆類、魚なども組み合わせて。	・たっぷり野菜と毎日の果物で、ビタミン、ミネラル、食物繊維をとりましょう。 ・牛乳・乳製品、緑黄色野菜、豆類、小魚などで、カルシウムを十分にとりましょう。
食塩や脂肪は控えめに。	・塩辛い食品を控えめに、食塩は1日10g未満にしましょう。 ・脂肪のとりすぎをやめ、動物、植物、魚由来の脂肪をバランスよくとりましょう。 ・栄養成分表示を見て、食品や外食を選ぶ習慣を身につけましょう。
適正体重を知り、日々の活動に見合った食事量を。	・太ってきたかなと感じたら、体重を量りましょう。 ・普段から意識して身体を動かすようにしましょう。 ・美しさは健康から。無理な減量はやめましょう。 ・しっかりかんで、ゆっくり食べましょう。
食文化や地域の産物を活かし、ときには新しい料理も。	・地域の産物や旬の素材を使うとともに、行事食を取り入れながら、自然の恵みや四季の変化を楽しみましょう。 ・食文化を大切にして、日々の食生活に生かしましょう。 ・食材に関する知識や料理技術を身につけましょう。 ・ときには新しい料理を作ってみましょう。
調理や保存を上手にして無駄や廃棄を少なく。	・買いすぎ、作りすぎに注意して、食べ残しのない適量を心がけましょう。 ・賞味期限や消費期限を考えて利用しましょう。 ・定期的に冷蔵庫の中身や家庭内の食材を点検し、献立を工夫して食べましょう。
自分の食生活を見直してみましょう。	・自分の健康目標をつくり、食生活を点検する習慣を持ちましょう。 ・家族や仲間と、食生活や健康について話し合ったりしてみましょう。 ・学校や家庭で食生活の正しい理解や望ましい習慣を身につけましょう。 ・子どものころから、食生活を大切にしましょう。

◉ 食生活と生活習慣病

　生活習慣病は、ライフスタイルが大きく変化した現代において急増した、主に生活習慣を原因とする病気です。現在、悪性新生物（がん）、心臓病、脳血管疾患の3大生活習慣病が日本人の死因の6割を占めます。問題化当初は40〜60代に多い疾病であることから成人病と呼ばれました。しかし近年では子供にも症例が多数見られ、また原因が生活習慣であるため成人前から予防に努めなければならないことから、生活習慣病と改められています。

　また最近では、メタボリックシンドローム（内臓脂肪症候群）が注目されています。不健全な生活習慣で内臓脂肪型肥満となり、これが脳卒中や心疾患、糖尿病などの疾患を、引き起こすというものです。平成25年の国民健康・栄養調査（厚生労働省）では、男性の23.6％、女性の9.1％はメタボリックシンドロームの疑いが強く、加えて男性の25.0％、女性の8.4％もその予備軍という結果が出ています。

　生活習慣病は、大半が運動不足や喫煙など不健全な生活習慣の積み重ねが原因で起り、もちろん食習慣は大きな関連性を持ちます。そのため、小さいころから健康的な食事を心がけ、正しい食習慣を身につけることが、生活習慣病の予防に大きな効果をもたらします。偏食をなくし、おやつや間食の与えすぎを防ぐなど、成長期に正しい食習慣を身につける過程自体が、生活習慣病にならない健康的な体をつくり上げていきます。特に偏食は、味に対する感受性を弱くします。塩と脂に頼った味つけを好むようになれば、高血圧や脳卒中、動脈硬化、心臓病になりやすい体質になってしまいます。

◉ 栄養バランスのよい食事を

　近年、日本人の栄養バランスが崩れてきています。50年前からの栄養バランスの変化をたんぱく質、脂質、炭水化物の3大栄養素で見ると、戦

後、経済成長により日本人の栄養バランスは大きく改善。そして昭和50年代中ごろ、栄養バランスが適切な日本型食生活が形作られました。しかしそれが崩れはじめ、現在は脂質過多、炭水化物減少に推移しています。

近年食べる機会が増えた、小麦粉を使った洋風の食事では、風味を出すためどうしても脂質を多く使いがちです。それに対し従来の、ご飯を中心とした主食に、主菜、副菜をとる日本型の食生活は、栄養をバランスよくとるのに適しています。米は水だけで風味よく炊き上がり、栄養も豊富です。さらに、和食で主なたんぱく源となる魚は脂質のバランスがよく、料理は風味づけに脂ではなくだしを多用します。

そこで、栄養バランスのとれた日本型食生活を見直そうという動きが出ています。政府では、バランスのとれた食事がひと目で分かるよう、「食事バランスガイド」作成し、普及に努めています。

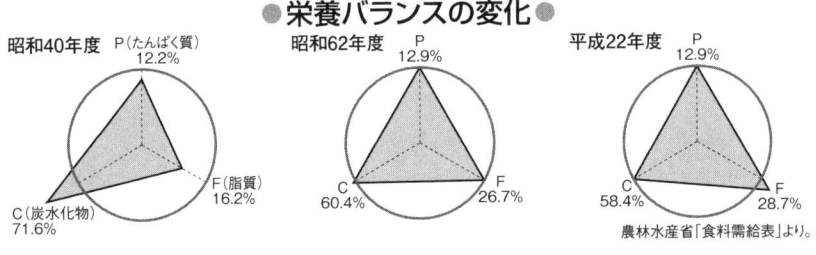

●栄養バランスの変化●

昭和40年度　P（たんぱく質）12.2%　F（脂質）16.2%　C（炭水化物）71.6%

昭和62年度　P 12.9%　F 26.7%　C 60.4%

平成22年度　P 12.9%　F 28.7%　C 58.4%

農林水産省「食料需給表」より。

各年のたんぱく質（Protein）、脂質（Fat）、炭水化物（Carbohydrate）の比率。円は適正値を表します。

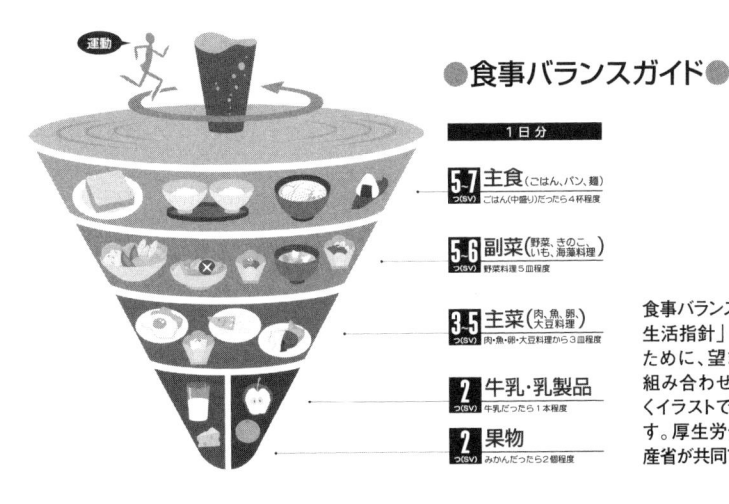

●食事バランスガイド●

1日分

5-7つ(SV) 主食（ごはん、パン、麺）
ごはん(中盛り)だったら4杯程度

5-6つ(SV) 副菜（野菜、きのこ、いも、海藻料理）
野菜料理5皿程度

3-5つ(SV) 主菜（肉、魚、卵、大豆料理）
肉・魚・卵・大豆料理から3皿程度

2つ(SV) 牛乳・乳製品
牛乳だったら1本程度

2つ(SV) 果物
みかんだったら2個程度

食事バランスガイドは、「食生活指針」の実践を促すために、望ましい食事の組み合わせをわかりやすくイラストで示したものです。厚生労働省と農林水産省が共同でつくりました。

第3節 日本の食料事情

世界が抱えるさまざまな食料問題。その解決のために自分にできることは何か、一人ひとりが考えることが大切です。

〈1〉食料自給率

◎ 危機的な日本の自給率

　食育では、身近な日々の食事のことから食のあり方まで、食に関する全てをテーマとして扱うため、食料問題やそれに密接に連動する環境問題など、大きな問題についても考えます。身近で小さなことの集成が地球全体のことであり、それが再び一人ひとりに影響を与えるという食の循環的な仕組みを、巨視的にとらえて理解することが必要です。

　今、日本の食料自給率は、食料が持つ熱量（カロリー）で計算すると39％です。この数値は他の先進国に比べてかなり低いもので、穀物の自給率では世界178か国中125位（平成23年）です。なぜここまで下がっているのかというと、食生活の変化による肉類や油脂の消費の増加が原因として考えられます。畜産に必要な飼料としての穀物や、植物油の原料となる大

●食料自給率の国際比較●
カロリーベース（平成23年）

農林水産省による（「食料需給表」、国連食糧農業機関〈FAO〉Food Balance Sheets」を基に農林水産省で試算したもの）。

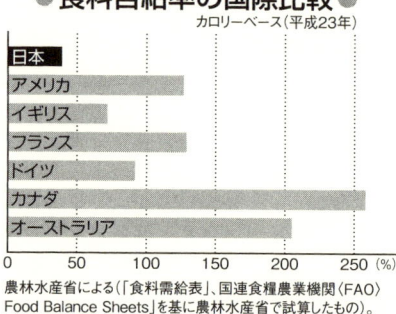

●日本の食料自給率の推移●

食料自給率（カロリーベース） 39％
穀物自給率（飼料用を含む、重量ベース） 29％

農林水産省「食料需給表」より。

右、推移のグラフの「カロリーベース」とは、食料が持つ熱量で見た割合です。同様に「重量ベース」は食料の重量で見たものです。

豆などを生産するには、人口に比べ国土の狭い日本では農地が確保できないのです。

自給率39％ということは、もしも輸入が全て停止した場合、単純計算すれば3人に1人しか食べものが手に入らないということになります。もちろん、食料の備蓄や緊急増産など、餓死者が出ないように対策は練られており、輸入の全停止も考えにくい状況です。しかし世界的に見れば、開発途上国の栄養不足人口は8億500万人にのぼり、同時に世界人口は増え続けており、必要な食料の供給量に達していないにもかかわらず、需要は増加していきます。決して楽観できるような状況ではないのです。

また、食料を輸送する距離が近ければ、輸送のためのエネルギー消費が抑えられます。地球環境に対する負荷がそれだけ軽くなり、ひいては人類の存続に寄与できます。この考え方をフードマイルズ（food miles）といいますが、重さ×輸送距離で数値として表すことで、具体的に把握することができるようになっています。農林水産省農林水産政策研究所ではこれを輸入に当てはめ、「フードマイレージ」という指標として発表しています。それによると、日本のフードマイレージは9,002億トン・キロメートルとなり、アメリカや韓国と比べると約3倍です。日本の自給率の低さが地球環境へ、それだけの大きな負荷をかけていることになります。

食の安全な未来を実現するためには、食料を全て自給できる社会づくりが必要です。そのためには何をしなければいけないか、何ができるのかを一人ひとりが考え、実践することが、食育の大きな役割でもあります。

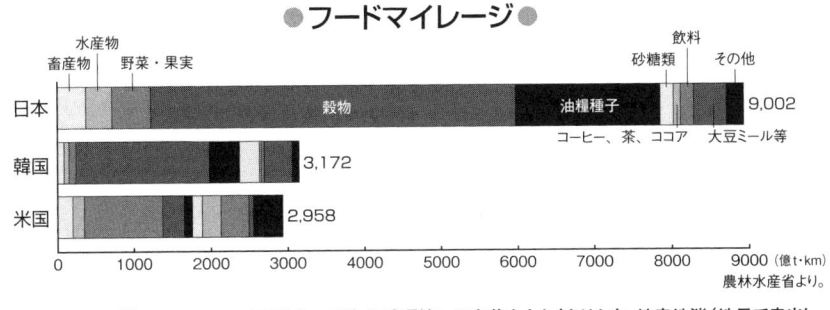

● フードマイレージ ●

日本	穀物／油糧種子	9,002
韓国		3,172
米国		2,958

（億t・km）
農林水産省より。

フードマイレージ（food mileage）が大きいほど、地球環境への負荷も大きくなります。地産地消（地元で産出したものを地元で消費するという意味）は安全な食を実現する取り組みですが、地球環境の保全にも役立ちます。

⟨2⟩ 無駄のない食

● 廃棄される食料

　日本は多くの食料を自給できずに輸入に頼っていますが、その反面、食べ残しや賞味期限切れなどで廃棄している食料が大量にあります。日本で消費する食品の熱量を供給量と摂取量で比べてみると、約550kcalもの差があり、この差は徐々に大きくなる傾向にあります。

　また、廃棄される食品は年間約２千500万トンにものぼりますが、食品廃棄物のうち約35％が一般家庭から発生しています。各家庭が無駄の出ない食生活をすることで、効果的に食品廃棄を減らせることになります。

　家庭から出る食品廃棄物に限りませんが、食べ残しや期限切れが出ないようにする工夫は、食に関してある程度の知識があれば効果的に行えるはずです。また、料理くずとして捨てている部分でも、うまく利用すれば食

● 供給熱量と摂取熱量の推移 ●

年	供給熱量	摂取熱量
昭和50	2,518	2,188
55	2,597	2,088
60	2,654	—
平成2	—	2,042
7	—	—
12	—	—
17	2,573	1,904
22	—	—
平成24年	2,431	1,874
平成25年概算	2,424	1,873

農林水産省「食料需給表」、厚生労働省「国民健康・栄養調査」による。

供給、摂取の両熱量の差はあくまで食べ残し・廃棄の目安です。両熱量で統計調査や熱量算出の方法が異なるため、その差の値がすなわち廃棄物の熱量ではありません。※数値の単位はkcal。

● 食品廃棄物の発生状況 ●

(単位：万t)

	発生量	焼却・埋立処分量	処分量 再生利用量 肥料化	飼料化	その他	計
一般廃棄物	1,423	1,282	—	—	—	141
うち家庭系	1,072	1,005	—	—	—	67
うち事業系	351	277	26	28	20	74
産業廃棄物	290	55	38	176	21	235
合計	1,713	1,337	—	—	—	376

農林水産省、環境省による。

環境省「日本の廃棄物処理」、「産業廃棄物排出・処理状況調査報告書」、農林水産省「平成21年食品循環資源の再生利用等の実態調査」より試算したもので、平成21年度のデータです。

べられる部分も少なくありません。

　たとえば、まだ食べられるものをうまく利用して無駄をなくし、食品廃棄物が年間約１千万トンに減らせたとします。日本で消費する食品の総トン数は年間約８千５百万トンですので、無駄がなくなった分消費する食料は約７千５百万トンに抑えられ、食品自給率がかなり上がるはずです。同時にゴミが減らせることで、環境保全についても大きく寄与します。

● もっと食べものへの関心を

　温暖化による異常気象や、花粉などのアレルギーの増加、内分泌攪乱化学物質による環境汚染、自然破壊と生態系など、我々の住む世界には多種多様な問題が発生しています。食はこれら、人間の関わるほぼ全てのものごとに、何らかの形で関連します。

　日本の食料自給率といった規模の大きな問題にしても、それを解決するため重要となるのは、結局、一人ひとりが食に対して関心を持ち、食に関する基本的な知識を備えることといえます。そのために食育の重要性が注目され、取り入れようとする機運が盛り上がっています。

　地球上にはたくさんの種類の食べものがあります。自然からとれるものはもちろん、農・畜産物、調理したものなどさまざまな形で我々の食卓にのぼります。そういった食べものとなるもののほぼ全てが命ある生き物であり、それらの犠牲のうえに成り立つ自分があることは、常に忘れてはならないでしょう。食とはそうして、感謝し、敬意をもって、真剣に取り組むべきものなのです。

　食に対し真剣に取り組むということは、同時に生きるということに真摯に向き合うことにもなります。現代の日本の社会や日本人を取り巻く環境はさまざまな問題を抱えていますが、事の大小はあるにしても、あらゆる問題は突き詰めれば、その影響を受けるのが生きていこうとする人であるからこそ問題となります。食を育むことは、諸問題の解決の筋道を見きわめるための、重要な道しるべとなるはずです。

食のミニ知識 1

長寿の秘訣は食にあり！

　世界には、長寿村として有名な場所がいくつかあります。たとえば、
①南米エクアドルのビルカバンバ
②ロシアコーカサス地方（グルジア、アルメニア、アゼルバイジャンなど）
③パキスタンのフンザ
　その中で、①南米ペルーのビルカバンバでは、長生きの条件として以下の5条があるといわれています。

第1条：汚染されていない、きれいな空気を吸っていること
第2条：有機質が豊富な泉水を飲んでいること
第3条：食物繊維が多く、健康によい豆と芋を主食としていること
第4条：食事は腹八分目で、飽食はしないこと
第5条：足腰を使う傾斜地に生活していること。（足腰を常に鍛えることで、老化のスピードをダウンさせます）

　日本で長寿村として知られているある村も、この5つの条件通り、山間にあり農耕のため傾斜地を日常的に歩き、腹八分目の食事をし、雑穀を主体とした昔からの伝統食を食べているなど、世界の長寿村と似ている部分が数多くみられます

　ところが、現在の日本は食の欧米化や伝統食離れ、加工食品の増加など、昔ながらの祖先の味、田舎の味からどんどん離れた食生活となってきました。前述の日本の長寿村も「旬」の食材を食べているご老人は元気に過ごしているというのに、二代目、三代目に成人病などの現代病が見え始めているといわれています。

　さて、皆様の食生活・食環境は「長生きの5条件」にいくつ当てはまっていることでしょうか？

第2章

食空間コミュニケーション

第1節 食空間のフランス語

西洋料理の中心となっているフランス料理。ここでは、最低限覚えておきたいフランス語の基礎とレストランでの会話を学びましょう。

〈1〉フランス語の基礎

● フランス語の品詞

　フランス語は、ラテン語を起源としており、イタリア語やスペイン語と文法などにおいて共通点があります。発音は独特なものがありソフトな印象ですが、日本語にはない音があり、日本人にとっては難しい言葉のひとつといえます。

[名詞] フランス語の名詞には、性（男性・女性）があります。たとえば、[男子学生＝un étudiant]、[女子学生＝une étudiante]という具合です。この場合は、男子学生に「e」をつけて女性形にしています。また、複数形は、語尾に「s」「aux」「x」などをつけます。

[冠詞] 英語と同様にフランス語にも定冠詞と不定冠詞があります。特定のものやこの世にひとつしかないものには定冠詞をつけます。たとえば、la France（フランス）、les Pyrenées（ピレネー山脈）という具合です。また、英語にはない部分冠詞というのもあります。たとえば、[いくらかのワイン＝du vin]というときは、量を特定できないので、「du」という部分冠詞（男性形）をつけます。

●定冠詞●

性別	単数	複数
男性	le	les
女性	la	

●不定冠詞●

性別	単数	複数
男性	un	des
女性	une	

●部分冠詞●

性別	複数
男性	du (de+le)
女性	de la

[**形容詞**] 男性・女性、単数・複数で語尾が変わります。

●形容詞の変化●

性別	単数	複数
男性	grand	grands
女性	grande	grandes

●主な形容詞(男性形単数)●

beau(美しい)	joli(きれい)
bon(おいしい)	mauvais(まずい)
gros(太い)	petit(小さい)

[**人称代名詞**] フランス語の人称代名詞は、次の通りですが、2人称単数では、親しい相手には**tu**、公式な場面や知らない人と話す場合は**vous**を使います。

●人称代名詞●

人称	単数	複数
1人称	je(私は)	nous(私たちは)
2人称	tu、vous(あなたは)	vous(あなた方は)
3人称	il(彼は)	ils(彼らは)
	elle(彼女は)	elles(彼女たちは)

[**動詞**] 動詞は、各人称の変化と現在・過去・未来などの時系列に応じた語尾変化をするので、かなり複雑になっています。とりあえずは、英語のbe動詞にあたる**être**、英語のhaveにあたる**avoir**を覚えておくと便利です。

◯ フランス語の基本文法

[**肯定文**] 「主語+動詞+目的語」になります。

　Il　écrit　une lettre.（彼は手紙を書く）
(主語)(動詞)　(目的語)

[**否定文**] 動詞を「ne」と「pas」ではさみます。
Je ne suis pas pessimiste.（私は悲観論者ではない）

[疑問文] フランス語の疑問文には、3つのつくり方があります。
例：あなたはフランス人ですか？
肯定文のままで発音時に語尾を尻上がりで言う→Vous êtes francais?
肯定文の前に「Est-ce que」をつける→Est-ce que vous êtes francais?
主語と動詞を入れ替える→Êtes-vous francais?

〈2〉フレンチレストランでの会話

◯ 入店から勘定まで

　フランスでのレストランの会話を覚えましょう。実際に現地でひと言もふた言でもフランス語を使えば、食事の楽しみも広がります。

　まず、レストランに入ると、予約の有無、または人数をたずねられ、席に案内されます。そこから始まる食事を味覚だけでなく周囲の雰囲気やお店の方々との会話まで楽しむために、最低限覚えておきたいフレーズ集です。

●入店のとき●

こんにちは	Bonjour. （ボンジュール）
こんばんは	Bonsoir. （ボンソワール）
ご予約はなさいましたか？	Vous avez une réservation? （ヴ・ザヴェ・ユヌ・レゼルヴァスィオン？）
はい、◯◯と申します	Oui, je m'appelle ◯◯. （ウィ・ジュ・マペル・◯◯）
何名様でしょうか？	Vous êtes combien? （ヴ・ゼット・コンビアン？）
4人です	Nous sommes quatre. （ヌ・ソム・キャトル）
ありがとう	Merci. （メルスィー）

●注文のとき●

おすすめは何ですか？	Qu'est-ce que vous nous recommandez? （ケ・ス・ク・ヴ・ヌ・ルコマンデ？）
お決まりになりましたか？	Avez-vous choisi? （アヴェ・ヴ・ショワズィ？）
これをください	Je prends ceci （ジュ・プラン・ススィ）
メニューをください	La carte, s'il vous plaît. （ラ・カルトゥ・スィル・ヴ・プレ）
これはどんな料理ですか？	Ce plat, qu'est-ce que c'est? （ス・プラ・ケス・ク・セ）
量は多いですか？	Est-ce que la portion est copieuse? （エス・ク・ラ・ポルスィオン・エ・コピューズ）
スモークサーモンにします	Je voudrais du saumon fumé. （ジュ・ヴドゥレ・デュ・ソーモン・フュメ）
鴨のオレンジソースをください	Je voudrais du canard à l'orange. （ジュ・ヴドゥレ・デュ・カナーラ・ロランジュ）
私は塩鱈のリヨン風にします	Moi, morue à la lyonnaise, s'il vous plaît. （モワ・モリュー・ア・ラ・リヨネーズ・シル・ヴ・プレ）
（お肉の焼き方は）レアですか、それともミディアムですか？	Saignant ou à point? （セニャン・ウ・ア・ポワン？）
ウェルダンでお願いします	Bien cuit, s'il vous plaît. （ビアン・キュイ・スィル・ヴ・プレ）
私はレアのほうが好きです	Je préfère saignant. （ジュ・プレフェール・セニャン）
飲み物は（いかがいたしますか）？	Comme boisson? （コム・ボワッソン？）
ワインリストをください	Pourrais-je voir la carte des vins? （プレジュ・ヴォワール・ラ・カルトゥ・デ・ヴァン）
○○のワインを1本お願いします	Une bouteille de ○○, s'il vous plaît. （ユヌ・ブテイユ・ドゥ・○○・スィル・ヴ・プレ）
○○のハーフボトルをお願いします	Une demi-bouteille de ○○, s'il vous plaît. （ユヌ・ドゥミ・ブテイユ・ドゥ○○スィル・ヴ・プレ）
ミネラルウォーターをください	De l'eau minérale, s'il vous plaît. （ドゥ・ロー・ミネラル・スィル・ヴ・プレ）
ガス入りですか、それともガスなしのお水がいいですか	Gazeuse ou non gazeuse? （ガズーズ・ウ・ノン・ガズーズ？）
ガス入りをお願いします	Gazeuse, s'il vous plaît. （ガズーズ・スィル・ヴ・プレ）
お水（ミネラルウォーターでないもの）をお願いします	Une carafe d'eau, s'il vous plaît. （ユヌ・カラフ・ドー・スィル・ヴ・プレ）
少々お待ちください	J'arrive. （ジャリーブ）

●食事中●

とてもおいしいです	C'est très bon. (セ・トゥレ・ボン)
これはあまりおいしくありません	Ce n'est pas très bon. (ス・ネ・パ・トゥレ・ボン)
たくさん召し上がれ！	Bon appétit! (ボン・ナペティ)
ちょっと味見してみる？	Tu veux goûter un peu? (テュ・ヴ・グテ・アン・プー)
はい、お願いします	Oui, s'il vous plaît. (ウィ・シル・ヴ・プレ)
いいえ、結構です	Non, merci. (ノン・メルシー)
なんていい香りでしょう	Que ça sent bon! (ク・サ・サン・ボン)
それは私のです	C'est pour moi. (セ・プール・モア)
これを下げてください	Vous pouvez desservir. (ヴ・プヴェ・デセルヴィー)
すみません （お店の人に呼びかけるとき）	S'il vous plaît! (スィル・ヴ・プレ)
チーズを召し上がりますか、それともデザートになさいますか？	Vous voulez un fromage ou un dessert? (ヴ・ヴレ・アン・フロマージュ・ウ・アン・デセール？)
ロックフォールとコンテをください	Je voudrais du roquefort et du comté. (ジュ・ヴドゥレ・ドュ・ロックフォール・エ・ドュ・コンテ)
チョコレートケーキにします	Du gâteau au chocolat, s'il vous plaît. (デュ・ガトー・オー・ショコラ・スィル・ヴ・プレ)
エスプレッソをお願いします	Je voudrais un express, s'il vous plaît. (ジュ・ヴドゥレ・アン・エクスプレス・スィル・ヴ・プレ)

●食事が終わったとき●

お勘定をお願いします	L'addition, s'il vous plaît. (ラディッスィオン・スィル・ヴ・プレ)
クレジットカードで払えますか？	Acceptez-vous les cartes de crédit? (アクセプテヴ・ラ・カルトゥ・ドゥ・クレディ？)
申し訳ありませんが、現金のみです	Je suis désolé, mais liquide seulement. (ジュ・スイ・デゾレ・メ・リキッド・スールマン)
お釣りはいりません （チップです）	Gardez le reste. (ギャルデ・ル・レストゥ)
化粧室はどちらですか？	Où sont les toilettes? (ウ・ソン・レ・トワレットゥ？)
とてもおいしかったです	C'était très bon. (セテ・トゥレ・ボン)

●トラブル●

これは注文したものと違います	Ce n'est pas ce que j'ai commandé. （ス・ネ・パ・ス・ク・ジェ・コマンデ）
フォークが1本足りません	Il manque une fourchette. （イル・マンキュヌ・フルシェットゥ）
ナプキンを落としてしまいました	Ma serviette est tombée. （マ・セルヴィエットゥ・エ・トンベ）
何か変なものが入っています	Quelque chose est tombé dans mon assiette. （ケルク・ショーゼ・トンベ・ダン・モン・アスィエットゥ）
この料理は変な味がします	Ce plat a un drôle de goût. （ス・プラ・ア・アン・ドゥロール・ドゥ・グー）
この魚は十分に火が通っていません	Ce poisson n'est pas assez cuit. （ス・ポワソン・ネ・パ・アッセ・キュイ）
このスープは冷たいのですが	Cette soupe est refroidie. （セットゥ・スーペ・ルフロワディ）
ずっと待っています	J'attends depuis pas mal de temps. （ジャタン・デュピュイ・パ・マル・ドゥ・タン）
勘定に間違いがあるようです	Il me semble qu'il y a une erreur dans l'addition. （イル・ム・ソンブル・キリ・ヤ・ユネルール・ダン・ラディスィオン）

●調理法に関して●

ウサギはどのように料理しますか？	Le lapin, il est préparé comment? （ル・ラパン・イレ・プレパレ・コマン）
煮るかローストします	Cuit au jus ou rôti. （キュイ・オー・ジュ・ウ・ロティ）
炒めてください	Je les aimerais plutôt sautées. （ジュ・レ・ゼムレ・プリュトー・ソテ）
シーフードのマリネをください	Je prendrai les fruits de mer marinés. （ジュ・プランドゥレ・レ・フリュイ・ドゥ・メール・マリネ）
つけ合せは揚げたナスをください	Comme garniture, je voudrais des aubergines frites. （コム・ガルニテュール・ジュ・ヴドゥレ・デゾーベルジンヌ・フリットゥ）

#〈3〉食関連のフランス語（単語）

○ 食材から調理法まで

　肉・魚類や野菜のほか、チーズやハム、ソーセージ類、お酒などの名前は、レストランでメニューを読むとき、それがどんな料理なのかを知る重要な手がかりになります。最低限の単語を知っていれば、あとはそれがどんな風に調理されているかをお店の方に聞くことで、自分のいちばん食べたいものにたどり着くことができます。

●肉類●

牛肉	boeuf（ブフ）	七面鳥	dinde（ダンドゥ）
仔牛肉	veau（ヴォー）	七面鳥の雛	dindonneau（ダンドノー）
豚肉	porc（ポール）	鳩	pigeon（ピジョン）
家禽	volaille（ヴォライユ）	鳩の雛	pigeonneau（ピジョノー）
若鶏	poulet（プレ）	ホロホロ鳥	pintade（パンタッドゥ）
雄鶏	coq（コック）	蛙	grenouille（グルヌイユ）
鶏レバー	foie de volaille（フォワ・ドゥ・ヴォライユ）	狩猟鳥獣	gibier（ジビエ）
フォアグラ	foie gras（フォア・グラ）	ウサギ肉	lapin（ラパン）
羊肉	mouton（ムトン）	野ウサギ	lièvre（リエヴル）
子羊肉	agneau（アニョー）	ウズラ肉	caille（カイユ）
乳飲み子羊	agneau de lait（アニョー・ドゥ・レ）	ヤマウズラ	perdreau（ペルドゥロー）
鴨	canard（カナール）	ノロ（小型の鹿）	chevreuil（シュヴルイユ）

●ソーセージ・ハム類●

ソーセージ	saucisse（ソスィス）	テリーヌ	terrine（テリーヌ）
ハム	jambon（ジャンボン）	腸詰め	andouille（アンドゥイユ）
パテ	pâté（パットゥ）		boudin（ブダン）

●肉の部位●

フィレ	filet（フィレ）	すね肉	jarret（ジャレ）
リブロース	entrecôte（アントゥルコートゥ）	足肉	pied（ピエ）
サーロイン	faux-filet（フォーフィレ）	背脂	lard（ラール）
肩肉	èpaule（エポール）	もも肉	cuisse（キュイス）
背肉	côte（コート）	舌	langue（ラング）

●魚介類●

魚	poisson（ポワソン）	鮭	saumon（ソーモン）
鱈	cabillaud（カビオー）	カタクチ鰯・アンチョビ	anchois（アンショワ）
塩鱈	morue（モリュ）	エイ	raie（レ）
メルラン（鱈の一種）	merlan（メルラン）colin（コラン）	トラ鮫	roussette（ルセットゥ）
鯛	dorade（ドラードゥ）	シラス鰻	civelle（シヴェル）
舌平目	sole（ソッル）	貝類	coquillage（コキヤージュ）
平目	turbot（テュルボ）	帆立貝	Saint-Jacques（サン・ジャック）
鮪	thon（トン）	ムール貝	moule（ムール）
鱒	truite（トゥリュイット）	牡蠣	huître（ユイトゥル）
スズキ	bar（バール）	アサリ	palourde（パルルド）praire（プレール）
鰯	sardine（サルディーヌ）	赤貝	coque（コック）
タラダマシの燻製	haddock（アドック）	小海老	crevette（クレヴェットゥ）
ニシン	hareng（アラン）	アカザ海老	langoustine（ラングスティーヌ）
カワメンタイ（鱈科の川魚）	lotte（ロットゥ）	タマキビ（貝）	bigorneau（ビゴルノー）
鯖	maquereau（マクロー）	ヤリイカ	calmar（カルマール）
穴子	congre（コングル）	カニ	crabe（クラブ）

●野菜●

野菜	légume（レギューム）	ホウレンソウ	épinards（エピナール）
アスパラガス	asperge（アスペルジュ）	フェンネル	fenouil（フヌイユ）
ナス	aubergine（オーベルジンヌ）	アーティチョーク	artichaut（アーティショー）
アボガド	avocat（アヴォカ）	クレソン	cresson（クレソン）
ニンジン	carotte（カロットゥ）	トマト	tomate（トマトゥ）
セロリ	céleri（セルリ）	キュウリ	concombre（コンコンブル）
キャベツ	chou（シュー）	ラディッシュ	radis（ラディ）
紫キャベツ	chou rouge（シュー・ルージュ）	カブラ	navet（ナヴェ）
ニンニク	ail（アユ）	ブロッコリー	brocoli（ブロッコリ）
ショウガ	gingembre（ジャンジャンブル）	カリフラワー	chou-fleur（シュ・フルール）
ジャガイモ	pomme de terre（ポム・ドゥ・テール）	ズッキーニ	courgette（クルジェットゥ）
タマネギ	oignon（オニョン）	ピーマン	poivron（ポワヴロン）
カボチャ	potiron（ポティロン）	サラダ菜	laitue（レテュ）
トウモロコシ	maïs（マイース）	マシュルーム	champignon de Paris（シャンピニョン・ドゥ・パリ）
ポワロネギ	poireau（ポワロー）	セープ茸	cèpe（セップ）
エンダイブ	endive（アンディーブ）	アンズ茸	girolle（ジロール）

●ハーブ●

ハーブ	herbe（エルブ）	エストラゴン	estragon（エストゥラゴン）
パセリ	persil（ペルスィ）	ローリエ	laurier（ローリエ）
タマバジル	basilic（バズィリック）	ミント	menthe（マントゥ）
セルフィーユ	cerfeuil（セロフイユ）	ローズマリー	romarin（ロマロン）
シブレット	ciboulette（シブレットゥ）	セージ	sauge（ソージュ）
アニス	anis（アニス）	タイム	thym（タン）
コリアンダー	coriandre（コリアンドゥル）	バジル	basil（バジル）

●果物類●

果物	fruit（フリュイ）	イチゴ	fraise（フレーズ）
フランボワーズ	framboise（フランボワーズ）	杏	abricot（アブリコ）
ブドウ	raisin（レザン）	バナナ	banane（バナーヌ）
レモン	citron（シトゥロン）	パイナップル	ananas（アナナ）
リンゴ	pomme（ポンム）	プルーン	prune（プリュンヌ）
洋ナシ	poire（ポワール）	さくらんぼ	cerise（スリーズ）
オレンジ	orange（オランジュ）	いちじく	figue（フィーグ）
桃	pêche（ペッシュ）	キウイ	kiwi（キウィ）

●豆類・穀類●

レンズ豆	lentille（ランティーユ）	インゲン豆	haricot vert（アリコ・ヴェール）
ヒヨコ豆	pois chiche（ポワ・シーシュ）	シリアル	céréale（セレアル）
グリーンピース	petit pois（プティ・ポワ）	米	riz（リ）
白インゲン豆	haricot blanc（アリコ・ブラン）	クスクス	couscous（クスクス）
金時豆	haricot rouge（アリコ・ルージュ）	小麦粉	farine（ファリーヌ）
空豆	fève（フェーヴ）	セモリナ粉	semoule（スムール）
大豆	soja（ソジャ）	パスタ類	pâte（パートゥ）

●乳製品・卵●

乳製品	laitier（レティエ）	バター	beurre（ブール）
牛乳	lait（レ）	生クリーム	crème fraîche（クレーム・フレッシュ）
卵	oeuf（ウフ）	サワークリーム	crème aigre（クレーメーグル）
ヨーグルト	yaourt（ヤウール）	チーズ	fromage（フロマジュ）

●デザート・菓子類●

リンゴのタルト	tarte aux pommes（タルト・オー・ポンム）	クレープ	crêpe（クレップ）
梨のタルト	tarte aux poires（タルト・ポワール）	飴	bonbon（ボンボン）
チョコレートケーキ	gâteau au chocolat（ガトー・オー・ショコラ）	クッキー・ビスケット	sablé（サブレ）
タルトレット	tartelette（タルトゥレットゥ）	菓子	gâteau（ガトー）

●パン類●

バゲット	baguette（バゲットゥ）	ライ麦パン	seigle（セーグル）
田舎風パン	campagne（カンパーニュ）	クロワッサン	croissant（クロワッサン）
全粒粉パン	complet（コンプレ）	ブリオッシュ	brioche（ブリオッシュ）

●飲み物●

飲み物	boisson（ボワッソン）	ビール	bière（ビエール）
食前酒	apéritif（アペリティフ）	パナシェ	panache（パナシェ）
食後酒	digestif（ディジェスティフ）	コーヒー	café（カフェ）
ワイン	vin（ヴァン）	紅茶	thé（テ）
赤	rouge（ルージュ）	カフェオレ	café au lait（カフェ・オ・レ）
白	blanc（ブラン）	フルーツジュース	jus de fruit（ジュ・ドゥ・フリュイ）
シャンパン	champagne（シャンパーニュ）	ミネラルウォーター	l'eau minérale（ロー・ミネラル）

フランス語の基本単語

食関連のフランス語のほかに、最低限の単語は覚えておきましょう。食での会話はもちろん、日常生活でも必要です。特に数字は食のシーンでもよく出てきます。

●曜日●

月曜日	lundi（ランディ）	金曜日	vendredi（ヴァンドルディ）
火曜日	mardi（マルディ）	土曜日	samedi（サムディ）
水曜日	mercredi（メルクルディ）	日曜日	dimanche（ディマンシュ）
木曜日	jeudi（ジュディ）		

●月●

1月	janvier（ジャンヴィエ）	7月	juillet（ジュイエ）
2月	février（フェヴリエ）	8月	août（ウートゥ）
3月	mars（マルス）	9月	septembre（セプタンブル）
4月	avril（アヴリール）	10月	octobre（オクトーブル）
5月	mai（メ）	11月	novembre（ノヴァンブル）
6月	juin（ジュアン）	12月	décembre（デサンブル）

●数字●

1	un（アン）	16	seize（セーズ）
2	deux（ドゥー）	17	dix-sept（ディ・セートゥ）
3	trois（トゥロア）	18	dix-huit（ディー・ズュイトゥ）
4	quatre（カートゥル）	19	dix-neuf（ディーズ・ヌーフ）
5	cinq（サンク）	20	vingt（ヴァン）
6	six（スィース）	30	trente（トゥラントゥ）
7	sept（セットゥ）	40	quarante（カラントゥ）
8	huit（ユイットゥ）	50	cinquante（サンカントゥ）
9	neuf（ヌーフ）	60	soixante（ソアサントゥ）
10	dix（ディース）	70	soixante-dix（ソアサントゥ・ディース）
11	onze（オンズ）	80	quatre-vingts（カートゥル・ヴァン）
12	douze（ドゥーズ）	90	quatre-vingt-dix（カートゥル・ヴァン・ディース）
13	treize（トゥレーズ）	100	cent（サン）
14	quatorze（カトルズ）	1,000	mille（ミル）
15	quinze（カンズ）	10,000	dix mille（ディ・ミル）

●調理法●

ソテーした	sauté（ソテ）	詰め物にした	farci（ファルシ）
グリルした	grillé（グリエ）	細かく刻んだ	haché（アシェ）
茹でた	bouilli（ブーイ）	燻製にした	fumé（フュメ）
揚げた	frit（フリ）	ローストした	rôti（ロティ）
蒸した	vapeur（ヴァプール）	生の	cru（クリュ）
混ぜた	mélangé（メランジェ）		

●食事・食卓●

朝食	petit déjeuner（プティ・デジュネ）	グラス	verre（ヴェール）
昼食	déjeuner（デジュネ）	皿	assiette（アシエットゥ）
夕食	dîner（ディネ）	ナフキン	serviette（セルヴィエットゥ）
スプーン	cuillère（キュイエール）	テーブルクロス	nappe（ナップ）
フォーク	fourchette（フルシェットゥ）	テーブルウェア	couvert（クヴェール）
ナイフ	couteau（クトー）	食事	repas（ルパ）

●メニュー●

メニュー	carte（カルトゥ）	魚	poissons（ポワソン）
ワインリスト	carte des vins（カルトゥ・デ・ヴァン）	肉	viandes（ヴィアンドゥ）
スープ	soupe（スープ）potage（ポタージュ）	アントルメ	entremets（アントゥルメ）
		デザート	desserts（デセール）
前菜	entrée（アントゥレ）hors-d'oeuvre（オルドゥーヴル）	ソース	sauce（ソス）
主菜（メイン）	plat（プラ）	フォン	fond（フォン）

第2節
フランス料理のソースと郷土料理

フランス料理の特徴はなんといっても多彩なソース。そのソースと、それらを生かした各地の代表的な郷土料理を紹介しましょう。

〈1〉フランス料理のソース

◉ 温製ソースと冷製ソース

フランス料理に使われる各種ソース。数多くの素材を使ってつくられる微妙な味わい、そして色彩の妙はフランス料理の醍醐味です。ここでは、ソースを「温製」と「冷製」に大きく分けて解説します。これらは、ソース知識の基礎となるとともに、最低限知っておくとフランス料理の知識・会話の幅が格段に広がります。

◉ 主な温製ソース

①ベシャメルソース（sauce béchamel）

牛乳ベースの白ソース。西洋料理の中で基本となるソースのひとつです。白色ルーに牛乳を加えて調味し、煮てからこします。用途により濃度を変えて、ほかのソースのベースや、グラタン、クロケット、スフレなどにも広く用いられています。

②モルネーソース（sauce Mornay）

ベシャメルソースに、おろしたグリュイエールチーズとパルメザンチーズを入れたソース。魚・卵・鶏肉などの料理に適しています。

● 温製ソースの系統 ●

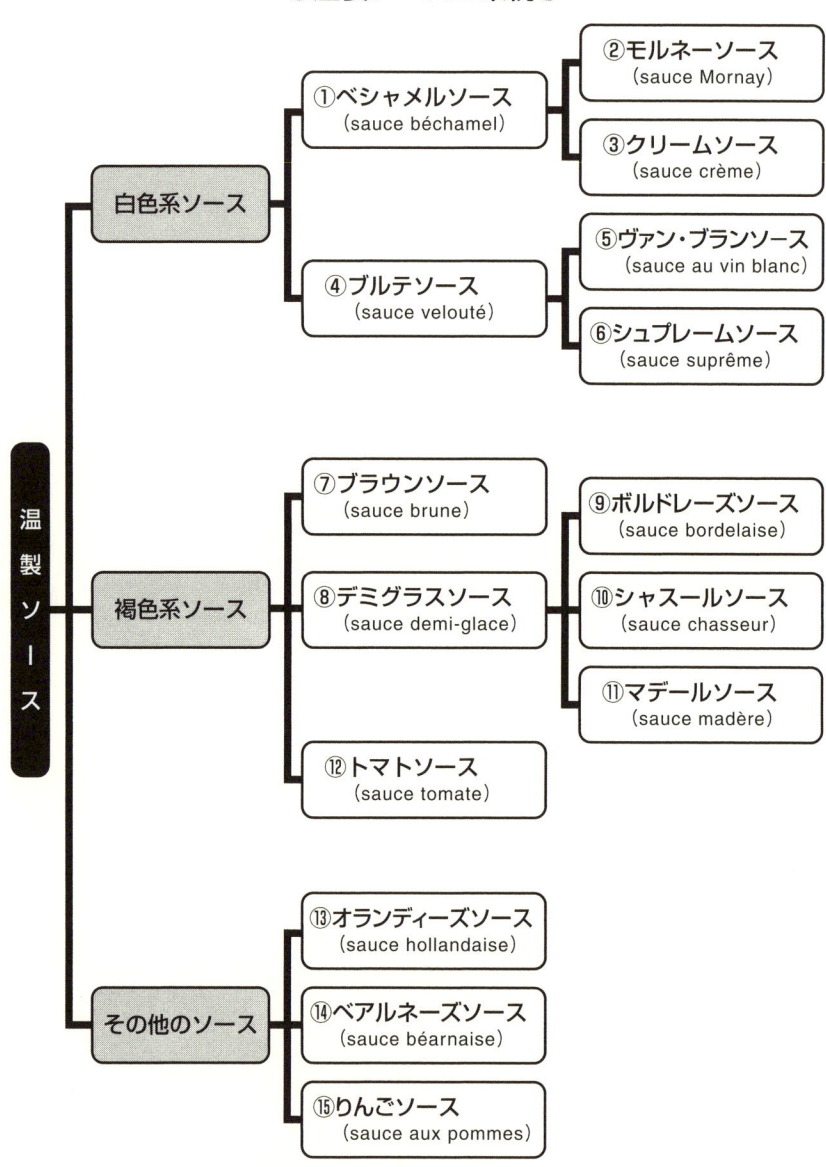

- 温製ソース
  - 白色系ソース
    - ①ベシャメルソース（sauce béchamel）
      - ②モルネーソース（sauce Mornay）
      - ③クリームソース（sauce crème）
    - ④ブルテソース（sauce velouté）
      - ⑤ヴァン・ブランソース（sauce au vin blanc）
      - ⑥シュプレームソース（sauce suprême）
  - 褐色系ソース
    - ⑦ブラウンソース（sauce brune）
    - ⑧デミグラスソース（sauce demi-glace）
      - ⑨ボルドレーズソース（sauce bordelaise）
      - ⑩シャスールソース（sauce chasseur）
      - ⑪マデールソース（sauce madère）
    - ⑫トマトソース（sauce tomate）
  - その他のソース
    - ⑬オランディーズソース（sauce hollandaise）
    - ⑭ベアルネーズソース（sauce béarnaise）
    - ⑮りんごソース（sauce aux pommes）

③クリームソース（sauce crème）

　ベシャメルソースに生クリームをあわせ、塩、コショウ、レモン汁で調味したソース。卵、ゆで野菜、魚など淡白な味の料理に向いています。

④ブルテソース（sauce velouté）

　白色系基本ソースのひとつ。バターと小麦粉でつくった白色系のルーをフォン（スープ）で溶き、のばしてつくります。鶏料理には鶏のフォンでつくったブルテ・ドゥ・ボライユ、魚料理には魚のフォンでつくったブルテ・ドゥ・ポワソン、仔牛料理には仔牛のフォンでつくったブルテ・ドゥ・ボーというように、用いる材料によってフォンを使い分けます。

　このソースに卵黄、レモン汁、生クリーム、野菜などを加えて種々の派生ソースがつくられます。

⑤ヴァン・ブランソース（sauce au vin blanc）

　白ワイン入りのソース。魚のフォンを加えて少し煮てバターと白ワインを入れたものです。また、白ワインと魚のフォンを煮つめ、卵黄とバターでつなぐ方法もあります。

⑥シュプレームソース（sauce suprême）

　白身魚や鶏肉の料理などに用いられるソース。ブルテソースに生クリームを加えて煮つめ、バター、レモン汁を加えて仕上げる、とろみのあるソースです。白身魚、鶏肉などに合わせます。

⑦ブラウンソース（sauce brune）

　褐色系の母体ソース。フォン・ドゥ・ボーをベースに、茶色のルー、トマト、ミルポアなどを加えてつくります。これをさらに煮詰め、風味付けするとソス・ドゥミグラスになります。

⑧デミグラスソース（sauce demi-glace）

　ブラウンソースに同量のフォンを加えて半量くらいになるまで煮つめ、マディラワインなどで風味をつけたソース。**demi**とは「半分」という意味、**demi-glace**は「半煮こごり」の意でごく薄い上等のソースを指します。獣鳥肉の料理、特にステーキによく用いられます。

⑨ボルドレーズソース（sauce bordelaise）

　ボルドー産の赤ワインをベースにしたソース。エシャロットのみじん切り、砕いたコショウ、タイム、ローリエに赤ワインを加えて煮詰め、デミグラスソースを入れてさらに煮詰めてこし、仕上げにサッと塩ゆでしたモアルとパセリのみじん切りを入れます。グリルした肉類などに適しています。

⑩シャスールソース（sauce chasseur）

　エシャロットのみじん切りとマッシュルームの薄切りをバターで炒めたものに白ワインを入れて煮つめます。さらにデミグラスソース、トマトピューレーを加えて少し煮てから調味します。鶏肉、牛肉、仔牛肉などに適しています。

⑪マデールソース（sauce madère）

　デミグラスソースを煮つめ、マデラワインを加えて調味したソース。鶏や牛・豚肉料理に用いられます。

⑫トマトソース（sauce tomate）

　トマトピューレー、または生のトマトをベースとしてつくるソースの総称。ベーコンとニンジン、タマネギ、ニンニクなどの香味野菜をきつね色によく炒め、小麦粉を加えてさらに炒めます。トマトピューレーと白いフォン、塩、ブーケガルニを入れて煮込み、仕上げにバターを加えます。魚類、肉類、野菜料理など幅広く用いられます。

⑬オランディーズソース（sauce hollandaise）

　オランダ風のソース。酢に水少量と粗挽きコショウを加えて煮つめます。卵黄を加え、湯せんにしてクリーム状に泡立てます。溶かしバターを少しずつ加えながら、塩、レモン汁で調味します。魚類、卵、野菜などに適しています。

⑭**ベアルネーズソース**（sauce béarnaise）

ベアルヌ風のソース。みじん切りのエシャロット、エストラゴン、塩、粒コショウなどに酢と白ワインを加えて煮つめます。卵黄を加えて湯せんにかけ、泡だて器でかき混ぜ、澄ましバターを加えながらさらにかき混ぜ、マヨネーズのように仕上げます。あぶり焼きやソテーした肉類、魚類に用いられます。

⑮**りんごソース**（sauce aux pommes）

アップルソースです。リンゴに砂糖をごく少量加えて煮、裏ごししてバター、塩を加え、シナモンで香りをつけます。豚肉や鴨料理に用いられます。

◉ 主な冷製ソース

①**ショーフロワソース**（sauce chaud-froid）

魚貝類、肉類、卵などの冷製に用いるソースで、ゼラチンを加えたもの。ブルテソースをベースとした白色系や、デミグラスソースをベースとした茶色系のもののほかに、マヨネーズ、トマトソースなどを加えた各種ソースがあります。

②**ショーフロワ・ベシャメルソース**（sauce chaud-froid béchamel）

ベシャメルソースを加えた白色のショーフロワソースです。

③**ショーフロワ・ブルテソース**（sauce chaud-froid veloute）

ブルテソースをベースとした白色のショーフロワソースです。

④**ショーフロワ・ブラウンソース**（sauce chaud-froid brune）

デミグラスソースをベースとした茶色のショーフロワソースです。

⑤ **ショーフロワ・トマトソース**（sauce chaud-froid à la tomate）

　トマトソースを加えたショーフロワソースです。

⑥ **マヨネーズソース**（sauce mayonnaise）

　植物油、卵、酢を原料として調味料、香辛料を加えた半固形状のソースで、卵黄に含まれるレシチンを乳化剤とし、植物油と酢を混合・乳化したものです。サラダ、サンドイッチ、フライ料理などに用いられます。

⑦ **タルタルソース**（sauce tartare）

　マヨネーズにタマネギのみじん切りを水にさらしてしぼったものと、ピクルス、ケーパー、ゆで卵、パセリのみじん切りを混ぜ合わせたソースです。魚貝類、肉類、野菜料理などに適しています。

⑧ **レムラードソース**（sauce rémoulade）

　マヨネーズにマスタードを加え、パセリ、ケーパー、チャービル、エストラゴン、ピクルスのみじん切りを混ぜ合わせ、アンチョビのエッセンスで風味つけたソースです。魚貝類、肉類、野菜料理、オードブルなどに適しています。

⑨ **ゼラチン入りマヨネーズソース**（sauce mayonnaise collée）

　ゼラチン入りのマヨネーズソースです。鶏肉、野鳥肉、魚などに合わせます。

⑩ **ベルトソース**（sauce verte）

　ホウレンソウ、クレソン、パセリ、チャービル、エストラゴンなどの緑色の芳香草や野菜をゆがき、冷水にさらして冷まし、すりつぶしてマヨネーズを加え、布でこします。冷製魚介類の料理に使用します。

●冷製ソースの系統●

- ①ショーフロワソース (sauce chaud-froid)
  - ②ショーフロワ・ベシャメルソース (sauce chaud-froid béchamel)
  - ③ショーフロワ・ブルテソース (sauce chaud-froid velouté)
  - ④ショーフロワ・ブラウンソース (sauce chaud-froid brune)
  - ⑤ショーフロワ・トマトソース (sauce chaud-froid à la tomate)
- ⑥マヨネーズソース (sauce mayonnaise)
  - ⑦タルタルソース (sauce tartare)
  - ⑧レムラードソース (sauce rémoulade)
  - ⑨ゼラチン入りマヨネーズソース (sauce mayonnaise collée)
  - ⑩ベルトソース (sauce verte)
  - ⑪マヨネーズ・シャンティーソース (sauce mayonnaise chantilly)
- ⑫ビネグレットソース (sauce vinaigrette)
  - ⑬ノルウェー風ソース (sauce norvégienne)
  - ⑭ペシュールソース (sauce pêcheur)
  - ⑮ラヴィゴットソース (sauce ravigote)

(冷製ソース)

⑪マヨネーズ・シャンティーソース（sauce mayonnaise chantilly）

マヨネーズにレモン汁を加え、泡立てた生クリームを加えたもの。野菜、冷製のエビ料理などに向いています。

⑫ビネグレットソース（sauce vinaigrette）

フレンチドレッシングのこと。酢と油をベースに、塩、コショウで調味したソース。一般的には、酢1に対し油2〜3の割合で混ぜ合わせます。このドレッシングに、みじん切りにした各種香草、ゆで卵、パプリカ、マスタードなどを加えることにより種々のドレッシングがつくられます。

⑬ノルウェー風ソース（sauce norvégienne）

ノルウェー風のソース。マヨネーズに白ワイン、ブランデー、ソース・アンショワ、タバスコ、生クリームなどを加えて調味し、これにボイルした小エビのムースなどを加えます。さらにかたゆで卵の黄身を裏ごししてマスタードとビネガーで調味し、油とマヨネーズを混ぜ合わせます。冷製のサーモン、オマール料理に合わせます。

⑭ペシュールソース（sauce pêcheur）

ジュリエンヌにカットしたニンジン、セロリなどの野菜を弱火で炒めし、魚の濃いダシ汁、貝、甲殻類のダシ汁などを加え、バターで仕上げます。魚介類のポシェ、蒸し煮料理に合わせます。

⑮ラヴィゴットソース（sauce ravigote）

冷製のほかに温製もあります。冷製ソースは、タマネギ、ケーパー、シブレット、パセリ、チャービル、エストラゴンをみじん切りにし、フレンチドレッシングと合わせたものです。内臓系料理に適しています。

〈2〉フランスの郷土料理

◉ 食材豊かなフランス各地の料理

　フランスは、西北はドーバー海峡（大西洋）、南は地中海に面し、海産物は豊富。内陸部では、豚や牛の肉はもちろん、鴨や川魚なども利用して、独特の料理を展開しています。

　また、チーズやバターなどの乳製品、ソーセージなどの加工肉を生かした栄養価の高い料理もバラエティ豊かで、まさに国中でおいしい料理に出合えるのがフランスです。フランス料理ならではのソースの味も地方によって持ち味が違います。

　ここでは、地方別に代表料理を紹介しましょう。

●フランスの主な地方●

①ノルマンディ地方
②ブルターニュ地方
③ロワール地方
④アルザス、ロレーヌ、シャンパーニュ地方
⑤ブルゴーニュ地方
⑥ローヌ、アルプ地方
⑨アキテーヌ地方
⑧ラングドック地方
⑦プロヴァンス、コートダジュール地方

大西洋
地中海

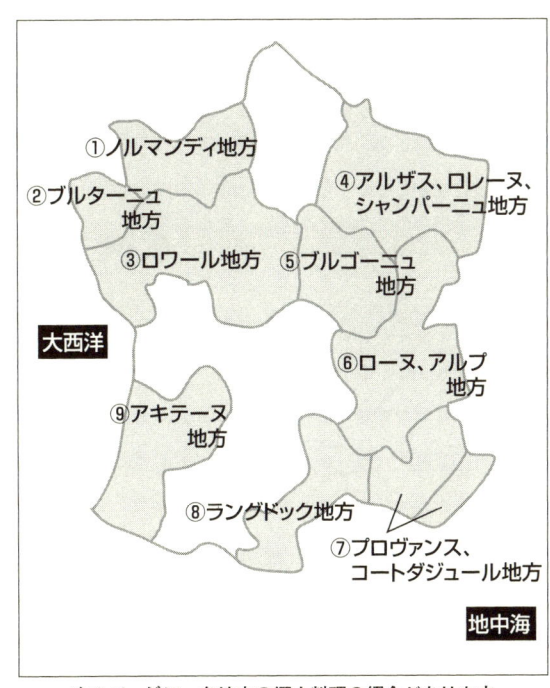

次のページに、各地方の郷土料理の紹介があります。

●フランスの郷土料理●

①ノルマンディ地方

[舌平目のノルマンディ風　sole normande（ソール・ノルマドゥ）]
ドーバー海峡産の舌平目を魚のだし汁でつくるクリームソースで味をつけた料理。

[プレサレ　pré-salé（プレサレ）]
海の近くで育った羊の肉を使った料理。

②ブルターニュ地方

[生ガキ　huîtres（ユイットゥル）]
海に近いブルターニュ地方でとれた生のカキにレモンを絞って食べる料理。

[コトリアード　cotriade（コトリアードゥ）]
ブルターニュ地方のブイヤベース。バターや油を使わないので、さっぱりと仕上がっている。

③ロワール地方

[ルシオバーチのブールブランソース　filet de sandre en habit vert,beurrenantaise（フィレ・ドゥ・サンドル・ア・ナビ・ヴェール・ブーロナンテーズ）]
川魚「ルシオバーチ」を白ワイン、白バターを煮つめたソースで合わせた料理。

[リヨン　rillons（リヨン）]
フランスの角煮。果物と合わせて食べると絶品。

④アルザス、ロレーヌ、シャンパーニュ地方

[タルトフランベ　tarte flambée（タルトゥ・フランベ）]
ピザを薄くしたようなパリパリの食感。ベーコンとタマネギがトッピングの食材です。

[キッシュ・ロレーヌ　quiche lorraine（キッシュ・ロレーヌ）]
ベーコン、卵、タマネギのパイ。オードブルにも使えます。

[トロワのアンドゥイエット　andouiette de Troyes mijotée au vin blanc（アンドゥイエットゥ・ドゥ・トロワ・ミジョテ・オ・ヴァン・ブラン）]
豚や子牛の内臓やひき肉を腸詰にしたもの。アンドゥイエットは小型のもので、大型のものはアンドゥイユといいます。

⑤ブルゴーニュ地方

[エスカルゴ　escargot（エスカルゴ）]
フランス料理を代表するカタツムリ料理。ニンニクとバターの風味がやみつきになります。

[コック・オ・ヴァン　coq au vin（コック・オ・ヴァン）]
ヴァンはワイン。若鶏を赤ワインで煮込んだブルゴーニュ地方の定番料理。

⑥ローヌ、アルプ地方

[チーズフォンデュ　fondue savoyarde（フォンデュ・サヴォワヤルド）]
日本でもお馴染みの温めたチーズにパンを絡めて食べるアルプス地方の料理。

[カマスのクネル　quenelle de brochet（クネル・ドゥ・ブロシェ）]
クネルとはつみれのこと。魚は川カマスで、すり身にしてホワイトソースで焼き上げます。

⑦プロヴァンス、コートダジュール地方

[ブイヤベース　bouillabaisse（ブイヤベース）]
地中海の魚介類をふんだんに使った鍋料理。サフランとニンニクの風味がきいています。

[ニース風サラダ　salade niçoise（サラドゥ・ニソワーズ）]
トマト、ジャガイモ、ツナ、卵、アンチョビなど入ったボリュームのあるサラダ。

⑧ラングドック地方

[カスレ　cassoulet（カスレ）]
豚、羊、鴨、ソーセージなどの肉を白インゲンと一緒に煮込む料理。

⑨アキテーヌ地方

[鴨のセップ茸ソース　émincé de canard sauce aux cèpes（エマンセ・ドゥ・カナール・ソース・オ・セップ）]
鴨は焼いてスライスし、その上から香りのいいセップ茸のソースをかけます。

食のミニ知識 2

レストランの語源・由来は!?

　フランス語の「restaurant（レストラン）」は、ラテン語で「良好な状態にする」といった意味の「instauro」、「再度」「良い状態にする」「回復する」といった意味の「restauro」に由来します。

　ここから、14世紀にフランス語で「回復させる」を意味する「restaurer」という語が生まれたといわれています。

　「回復させる」という意味から、「元気にさせる飲食物」「滋養となる飲食物」を意味するようになり、「回復させる場所」を意味する「restaurant（レストラン）」という語が生まれました。

　そして、フランス革命後、レストランは大きく変化しました。宮廷で働いていた料理人たちは行き場を失い、街へ出てレストランを開き、それにより、それまでただ食べるだけの食堂が、美食を求めるレストランへと発展していきました。

　やがて、ブルジョワの屋敷で働くシェフたちも技術を習得し、名が広まるとレストランに転職するようになっていきます。

　19世紀前半では、美食といわれるような料理を出すレストランはパリに限られ、地方には地味なレストランや飲み屋が多かったようです。

午後のひとときをオープンレストランで過ごす人たち

第3章

ホスピタリティ

第1節
ホスピタリティ文化

ホスピタリティとは？　ホスピタリティの起源、ホスピタリティとサービスの違いなどを解説します。

〈1〉ホスピタリティ文化の成立

◉"異人歓待の風習"からスタート

　昨今あらゆる分野、産業、そしてさまざまなシーンで「ホスピタリティ」という言葉の露出度が高くなり、ようやく市民権を得たかに思われるこの言葉。その起源は、人類がこの地球に誕生し「家族」を中心とする原始的組織集団が形成された時代に遡ります。

　当時、「家族」に対して存在するのは他人である「異人」であり、この対極の構図をその場面場面（シーン）でひとつの小集団として包含し融合する行為自体が「ホスピタリティ」の原点であったといえます。その行為とは、異人に対し歓待し宿舎や食事を提供するというものです。家族単位で始まったこの行為は人類の発展とともに社会的義務となり、社会体制によっては宗教的義務の行為を意味するものともなりました。

　このホスピタリティを具現化する"異人歓待の風習"は時代と場所を問わず、あらゆる社会において当たり前に行われていました。その単位は家族や親族から始まり、共同体存続に重要な意義を持つようになりました。

　この共同体における共生関係は「同一物質を体内に摂取するという共飲共食の行為」通じて、初めて主人と客人との間に絶ちがたい連帯の絆が生じるという考えに基づくものです。と同時に、宿舎の提供・衣類などの提供も行われ、より一層人間関係の親交を深め合っていたのです。

　一方、共同体内の構成員間の相互性は、互酬性の原理に従い、人あるいは集団が相互に有形・無形の期待感や義務感を持って与え、また返礼

しあうことによって成立したといえます。ホスピタリティの基本的概念の発達により、社会的倫理観の異なる共同体や個人間で生じる摩擦・誤解を緩和することができ、また異人との交流により異文化・情報を摂取する機会を発生させ、さらにホスピタリティ文化を育成することになったのです。

〈2〉ヨーロッパのホスピタリティ文化

◉ ベースにあるキリスト教

　ヨーロッパを中心とする西洋におけるホスピタリティ文化は、キリスト教によって形成されてきたといえます。紀元前6世紀頃、ガリアやブリタニア地方を治めていたケルト族は、ローマ帝国の支配下に入るまで独自のホスピタリティ文化を形成していました。

　ケルト人社会では共同体の長には共同体内の窮乏者を養うこと、さらに異国の旅人までも例外なくもてなすことまでも義務付けされていたのです。

　一方、ケルト人は異国の情報収集にも興味を示していました。これは古代ローマ皇帝カエサルの「ガリア戦記」の中で「彼らは異国人に対し決してホスピタリティを拒否することはなかった。そしてもてなしの卓に旅人を迎えると、隣国の事情について次から次へと質問を繰り返したのである」と記されているのです。このケルト人のホスピタリティ文化には、軍事情報集積のための手段としてのもてなしの側面を持ったともいえるわけです。

　ケルト人がローマ帝国の支配から逃れる形で渡ったスコットランド・アイルランドでも法律にホスピタリティを盛り込み、その義務に背いた行為には厳しい罰則が規定されていました。

　また、イギリスやアイルランドでは、個人的・社会的美徳としてのホスピタリティというより、社会的規範として義務化されていました。ゲルマン民族は従士制度を中心とした貴族優位の階級社会を形成していました。この従士制度は純朴で質実剛健な軍事目的の主従関係でしたが、タキトウスの「ゲルマニア」をみると、ゲルマン人の間では誰もが旅人や異人を

資産に応じてもてなすことが神の教えとして伝えられていることが書かれているのです。

そしてローマ帝国衰退後、キリスト教の普及にともなって教会が博愛の精神の象徴としてホスピタリティを個人的な美徳から教会の一員としての社会的義務へと発展させたのです。

教会が今日の病院、ホテルの前段階的機能を持ち始めると、多くの任意団体が病人や負傷者の看護・死者の埋葬まで無料で奉仕する目的に組織され、聖地巡礼の際の防衛と病人救済を主な目的とした「宗教騎士団」が誕生しました。

3大宗教騎士団として「ドイツ騎士団・テンプル騎士団・ホスピタル騎士団（ヨハネ騎士団の別名）」が組織され、西洋中世の倫理観を代表する騎士道が育まれました。最終的には、奉仕活動から軍事防衛活動へとその目的を移行しますが、結果として神への奉仕・婦人や弱者擁護の精神は西洋社会に深く刻まれることとなりました。

● 複雑な地理条件で発達

西洋のホスピタリティ文化は多くの民族が融合と接触・摩擦を繰り返すことにより、さらに複雑な地理条件のもとで異邦人や旅人との接点が異文化理解と共同体の存続・発展の鍵を握っていました。そのために、閉鎖的な日本とは比較にならないほど、切磋琢磨を余儀なくされた歴史的背景のもとで構築され、キリスト教という宗教を介して人々の心に深く刻まれていたのです。

キリスト教圏以外でも、ロシアを中心としたスラブ語圏では「ゴスチ」は今でこそ「ゲスト」を意味しますが、語源は「異邦人・敵」から変化したものであり、ロシア語の「チェレブ・ソル」は「パンと塩」を意味する言葉ですが、交易の重要性から儀式的にパンと塩で遠来の客人を歓迎する風習に由来しているわけです。

また、イスラム社会ではコーランに「楽しむ・食物を与える」という意

味の「ダファフ」があり、「アラブの3日間」という風習があります。食物が体内に残っている3日間、徹底的にもてなすことが義務付けられているのです。イスラム社会のホスピタリティ文化は、ヨーロッパ諸国のキリスト教圏が教会を基礎として発展したものと異なり、ホスピタリティを媒体として贈物交換・共食そのものが、人物や血縁評価に結びつく素朴な相互関係が基盤となっている点が特徴といえます。

〈3〉東洋のホスピタリィ文化

◉ 中国では「礼」が下地に

　古代中国では「礼」の社会秩序、もしくは規範が制度化されていました。これは「周」の時代「礼記」の中で哲学的な日常生活に関する倫理価値を規定したもので、三礼「礼記・儀礼・周礼」の思想を多く含んでいる規範書です。これらは、公共の宴席での細部にわたる規定が記述されていますが、そうした作法や儀礼的行為の規範が、一般大衆にどこまで遵守されていたかは不明ですが、行政機構において客人を迎える形式が多角的に制度化されていた点では進んでいました。

　「礼」の制度は春秋時代には姿を消しますが、魯の思想家「孔子」によって新たな社会倫理が創造されることになります。孔子は個人的な社会道徳つまり「仁」の滋養の必然性を呼びかけ、弟子たちが「論語」の中に収録し儒教を生み、それが朱子学として日本に受容され、日本の倫理概念に少なからず影響を与えることになります。

　中国ではこの「礼」という概念のもとにもてなしの相互関係が規定され、社会規範と定着していきます。その中で中国の支配者の大半はその封建的な絶対君主政治のもとで贅沢なホスピタリティ文化を形成していきますが、その背景には常に女性、奴隷階級の犠牲が見え隠れしていました。しかし、もてなしの基本となる食事、つまり「食文化」における料理法の発達は目覚しく中国独自の合理性と芸術性を融合させて今日に至っています。

● インドはカースト制度が壁に

東洋文化のもうひとつの潮流であるヒンドゥー教は、アーリア人と先住民族との融合によって生まれ、今日のインドの文化的素地を形成することに貢献しています。インドにはカースト制度があり厳しい区分のヒエラルキーが存在しました。

その中で階級の異なる人間が同じ食事の座に着くことは不可能でした。ヒンドゥー教における食事とは厳粛で神聖な儀式であり、客人をもてなすときも本来のホスピタリィ精神の介在は皆無であり、友人、旅人をもてなすホスピタリティはヒンドゥー教の世界では社会的慣習に発展することはありませんでした。

その後、ヨーロッパ文化の浸透により、社会制度による多種の拘束が緩和されるようになっていきました。

〈4〉日本のホスピタリティ文化

● 階級社会のもとで発展

日本語でホスピタリティに対応した言葉といえば「もてなし」でしょう。この「もてなし」という言葉は「もて（持て）」に「なし（成し）」が合成された言葉です。

「もてなし」の基本的な語意は、「教養・性格などによって醸成された態度、身のこなし、人に対する態度、ふるまい方、待遇」などです。こうした原意から飲食を出して客をもてなす意の「饗応（供応）」や、客へ心を尽くしたもてなしを意味し、その用意のために走り回ることの「馳走」などの言葉も一般化していきました。

古くは「日本書紀」に「昔はわが伴として、肩摩り肘擦りつつ、共器にて、共食ひき…」という記述があり、共飲共食によって互いの心が等しくなるという思想が古くから存在していたことがわかります。

現代に至る中でさまざまな「もてなし」文化の言葉として、客にごちそうする意味の「振舞う」、人を呼んでごちそうする意味の「客をする」、ごちそうしてもてなす意味の「饗する」、手のかかるごちそうの意味の「造作」、客へのもてなしの意味の「お構い」、正客の相手をして一緒にもてなしを受ける意味の「相伴」、好意的にもてなす意味の「愛想」、酒肴のもてなしをする意味の「一献」、貴人に招待されごちそうを賜ることを「賜餐」などがあります。

これらは「礼」を尊ぶ儒教的な思想の文化の中で育まれ、もてなしの作法や儀礼的作法が階級社会のもとで発展していったのです。

サービスを与える側、受ける側、双方が「感謝と尊敬の心」を持ってコミュニケーションをとるのがホスピタリティの基本。

〈5〉ホスピタリティの語源

◉ ラテン語の「ホスペス」から派生

ラテン語の「ホスペス(hospes)」という言葉が最初の派生語の源になっています。このホスペスという言葉には、2系統の語源系列が存在します。ひとつは「可能な、能力ある」という意味のラテン語の「ポティス」であり、古フランス語を経て英語に借入され「権力、力」「有力な」「可能性」などに派生しています。

一方は古ラテン語の「ホスティス」であり、「ローマ領においてローマ市民と同等の権利義務を有しているもので、味方の余所者」という意味がありました。

●ホスピタリティの語源●

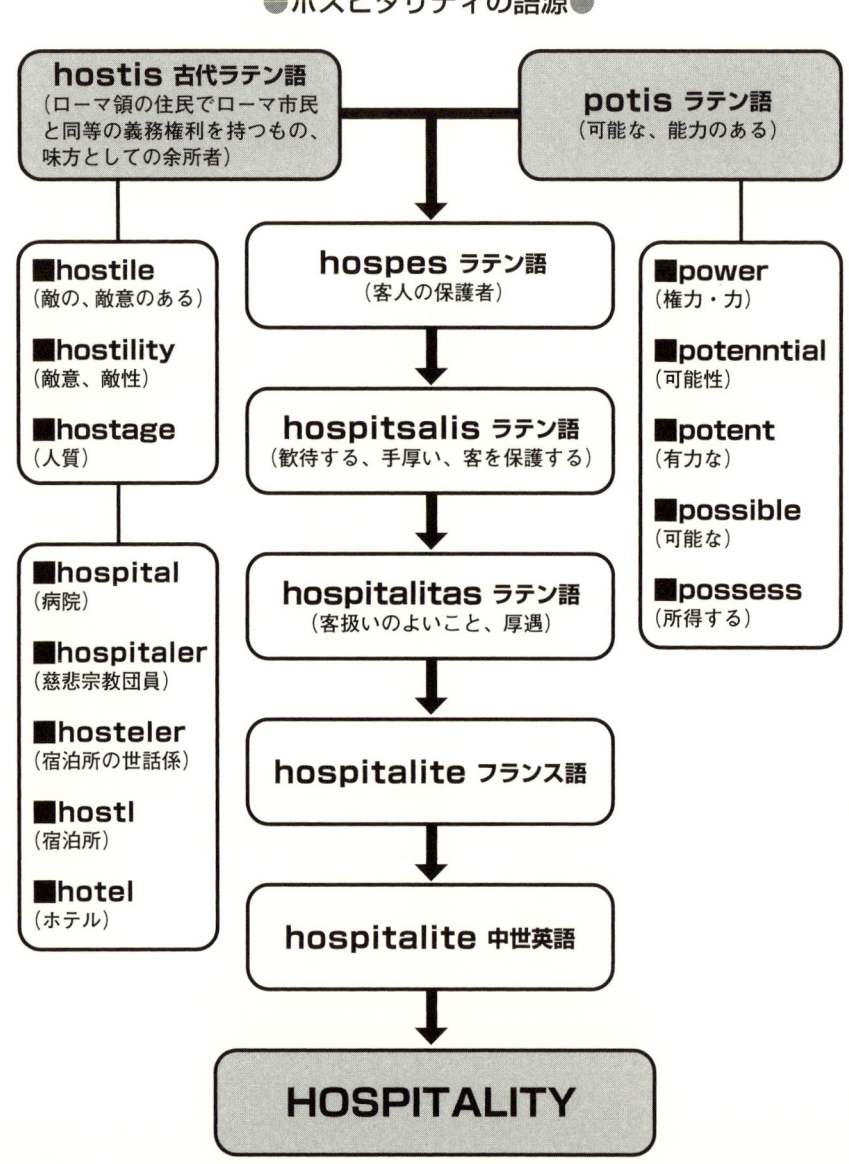

hostis 古代ラテン語
（ローマ領の住民でローマ市民と同等の義務権利を持つもの、味方としての余所者）

potis ラテン語
（可能な、能力のある）

- ■hostile（敵の、敵意のある）
- ■hostility（敵意、敵性）
- ■hostage（人質）

hospes ラテン語
（客人の保護者）

↓

hospitsalis ラテン語
（歓待する、手厚い、客を保護する）

↓

hospitalitas ラテン語
（客扱いのよいこと、厚遇）

↓

hospitalite フランス語

↓

hospitalite 中世英語

↓

HOSPITALITY

- ■power（権力・力）
- ■potenntial（可能性）
- ■potent（有力な）
- ■possible（可能な）
- ■possess（所得する）

- ■hospital（病院）
- ■hospitaler（慈悲宗教団員）
- ■hosteler（宿泊所の世話係）
- ■hostl（宿泊所）
- ■hotel（ホテル）

第2節
ホスピタリティとサービス

ホスピタリティとサービスの関係、さらには受ける側のホスピタリティについて考えてみましょう。

〈1〉サービスの概念

◉ サービスには主従関係が存在

　人間関係の条件においてサービスをみると「サービス（service）」の派生には「slave（奴隷）」や「servant（召使）」などの言葉が含まれています。

　サービスの概念では、顧客が主人であり提供者が従者という立場で、サービスを提供する際に一時的に主従関係という取引関係を結ぶことになるわけです。

　つまり、主人としての顧客の意思が最優先され提供者は一時的従者としての役割を演じることになる。そこには顧客優先のみが存在し背景としては次のような項目が挙げられます。

①主人の従者に対する一方的な容認
②主人重視を基盤に従者からの理解を得ることがない主人への一方的理解
③主人が従者の存在を隷属的存在であるという一方的確立
④主人が自ら信頼を与えることのない従者への一方的信頼
⑤主人から従者への一方的な扶助
⑥主人の従者への一方的依存
⑦主人だけの一方的創造
⑧主人だけの一方的発展

　ここには、常に一方通行の人間関係があります。一方通行ということは、

意志伝達が一方的に行われるだけで、応じる側の意志が反対側には伝わらないことを意味しています。この構図は主人側に立つ者ばかりが優位に働く片利共生です。

このサービスの概念からすると、顧客のみが人格ある人間として利得を受け、提供者はその人格を無視されさながら奴隷的状態の中で屈辱を受けながら奉仕することによって金銭を収受するという関係が包含されているのです。

サービスの概念をこのように文言化すると、多くの日本人は「ありえない」と驚嘆するかもしれませんが、日常ではともかく、トラブル、クレーム、不満を感じるような事態を思い浮かべると、この構図が理解できるかもしれません。実際に、つい200年ほど前までは世界に奴隷制度が存在し、今もなおそのしこりは残っており、日本においても封建制度のなごりが一般家庭になきにしもあらずなのです。

〈2〉受ける側のホスピタリティ

◉ 与える側、受ける側の共生

提供する側の詳しいホスピタリティについてはほかに譲るとして、ここでは提供を受ける側としてのホスピタリティを考えてみましょう。

「ホスピタリティ（hospitality）」の主要な語源のhospesには、主人（host）と客人（guest）の両者の意味が含まれ、主人と客人が同一の立場に立つ状態を常に保つという意味があります。

これは「主客同一（主人と客人が同一の立場に立って互いに遇する）の精神をもって相互満足し対等となるに相応しい共創的相関関係」がその根本にあるからです。

この背景には、次のような常に双方向の人間関係があります。

①主人と客人が相互に認め合う相互容認

②主人と客人がお互いに理解し合える相互理解
③主人と客人との互いの関係がしっかりと定まり動じない相互確立
④主人と客人が互いに信頼しあう相互信頼
⑤主人と客人が互いに助けあう相互扶助
⑥主人と客人が互いに依存しあう相互依存
⑦主人と客人が互いに創造する相互創造
⑧主人と客人が互いに発展しあう相互発展

　一方でサービスを提供する側の概念を簡単にあげると、以下のようになります。

①すみやかなサービス「迅速性」
②サービスの仕事の出来高と労力比率「効率性」
③無駄を省き能率的な行動「合理性」
④サービス自体の働き「機能性」
⑤間違いのないサービス「確実性」
⑥サービスと料金の明らかな「明確性」
⑦画一でないサービス「個人性」
⑧客にとって便利で都合のよい「利便性」
⑨状況に応じた素早い行動「機動性」

　これらに気づくということは、両者が「共生」していくために今後必要な「創造」のテーマを示しているからです。この項目を理解しておくと、単なる「はけ口のない不満」だけを感じ不快感を露にした不良客を良客へと変身させてくれるかもしれません。そこにあるのは、ホスピタリティ精神の重要なキーワード「thanks & respect（感謝と尊敬）」なのです。

食のミニ知識 3

ホスピタリティと交通ルール

　ホスピタリティとマナーとルールの関係を、わかりやすく交通ルールに当てはめて説明してみましょう。

　自動車を運転する人、全員が「ホスピタリティ」を持って、ほかの運転者・歩行者へ配慮して運転していれば、事故も起こらないはずです。

　しかし、残念ながら運転者全員がホスピタリティを持っているとは限らないため、「交通マナー」があるわけです。これはテーブルマナーと同様、他者に迷惑や不快感をかけないために存在しています。

　ところが、残念なことに、それでもマナーを守れない（破る）方がいます。マナーに欠けた行為（運転）をする人が少なからずいると、周囲の方にさまざまな形で迷惑をかけてしまう事態が起こりえます。

　そのため、「交通ルール」を制定し、ルールを守れなかった場合には厳しい罰則を受けます。罰則を受けたくないのであれば、「交通ルール」を守らなければいけませんね。

　これは交通ルールだけではなく、食事の場や交流の場、家庭、職場、人生のさまざまな場面にも共通しています。
「ルール」ではなく、「ホスピタリティ」を持ち合わせていれば、事故も少ないばかりではなく、厳しい交通ルールも必要なかったはずです。

　フードアナリストの皆様には、「ルール」ではなく、自分以外の他者の状況にも気づくことのできる「ホスピタリティ」を心がけた行動や食事をして、おいしく楽しい時間を過ごしていただきたいと思います。

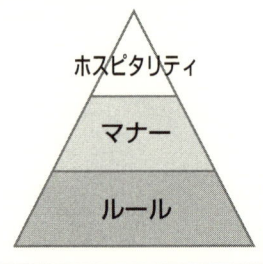

（ピラミッド図：上から「ホスピタリティ」「マナー」「ルール」）

「ホスピタリティ」を具体化したのが「マナー」、マナーを強制化したのが「ルール」です。

第4章 食と栄養

第1節

栄養素とは？

食べ物にはどのような栄養素が含まれ、どのような役割を担っているのか。ここでは栄養素の基本を知っておきましょう。

〈1〉「3大栄養素」と「微量栄養素」

◎栄養素とは？

　私たちは生命を維持するために、必要な物質を、食物を食べることによって摂取しています。この摂取して分解・吸収し、循環する営み全体を「栄養」といい、食事で摂取した成分のうち、体内で利用されるものを「栄養素」といいます。

　栄養学とは、この営みを「食品・食物的」側面と、それを吸収する「身体的」側面、さらには「公衆衛生面」からとらえた総合的な学問です。栄養素の欠如やバランスが崩れると、健康を害したり、病気になることがあります。また、病気や健康状態によっては摂取が望まれる栄養素もあります。最低限の栄養学の知識は、食に関わる者にとっては必要不可欠といえるでしょう。

◎5大栄養素とは

　人体をつくる組織の素となる栄養素にはさまざまなものがありますが、なかでも重要なのが、「3大栄養素」と呼ばれる「たんぱく質」「脂質（脂肪）」「糖質（炭水化物）」です。この3つは私たちが生活していくうえで欠かせないエネルギーの源となります。また、たんぱく質、脂質は、血、筋、肉の素となります。糖質は脳や神経系のエネルギー源です。

　これに加え、「微量栄養素」と呼ばれる「無機質（ミネラル）」「ビタミン」を合わせて「5大栄養素」といいます。無機質とはミネラルのことで、主要なものは、カルシウム、カリウム、マグネシウム、ナトリウムなどがあ

り、微量なものとしては鉄分、亜鉛、硫黄、銅、クロム、モリブデン、ヨウ素などがあります。

ビタミンには、A、B1、B2、B6、B12、C、D、E、Kなどがあります。無機質、ビタミンは、微量でも潤滑油のように体の機能を調整する重要な作用を持ち、無機質は骨の素となります。

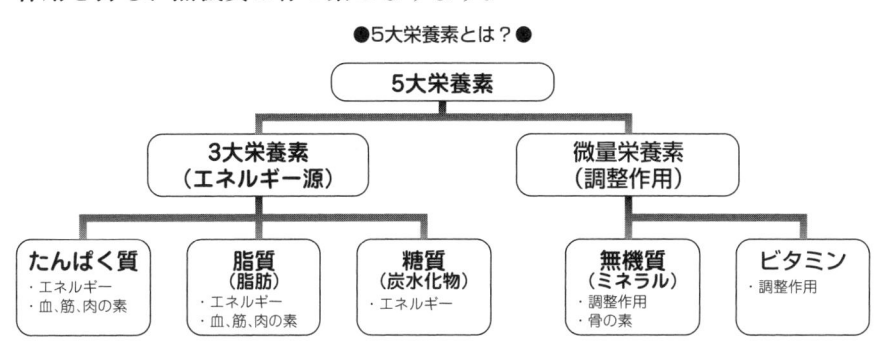

●5大栄養素とは？●

```
                    5大栄養素
          ┌────────────┴────────────┐
    3大栄養素                  微量栄養素
   （エネルギー源）              （調整作用）
  ┌─────┼─────┐            ┌─────┴─────┐
たんぱく質  脂質    糖質        無機質      ビタミン
・エネルギー （脂肪） （炭水化物） （ミネラル） ・調整作用
・血、筋、 ・エネルギー ・エネルギー ・調整作用
 肉の素  ・血、筋、          ・骨の素
       肉の素
```

◎人体の構成成分

年齢、性別、体質でも異なりますが、平均的な人体を構成する主な成分は、水分が62%、たんぱく質が16.4%、脂質が15.3%、無機質が5.7%、および糖質が微量といわれています。これらが新陳代謝で常に入れ替わり、食事によってその不足した栄養素を補っています。なお、元素でいうと人体は60種類の元素でできていて、主に酸素（O）、炭素（C）、水素（H）、窒素（N）が占めています。また、全体の62%を占める水は、5大栄養素に含まれませんが、体にとっては欠かせない大切な栄養素のひとつです。体温を調節したり、体内での物質の運搬をスムーズに行う重要な役割を担っています。

健康的な食事とは、これらの栄養素を必要な分だけ、適度にバランスよく、摂取することだといえます。

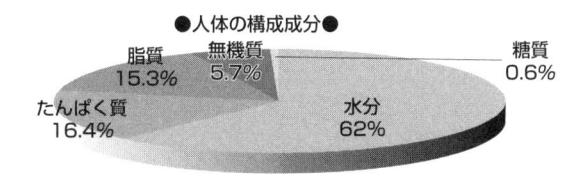

●人体の構成成分●

- 脂質 15.3%
- 無機質 5.7%
- 糖質 0.6%
- たんぱく質 16.4%
- 水分 62%

〈2〉エネルギーの源となる栄養素「糖質」

◎糖質(炭水化物)とは

　糖質は、炭素（C）と水素（H）、酸素（O）からなる有機化合物で、1gで4キロカロリーのエネルギー量を持ち、人体の主要なエネルギー源となる栄養素です。食物にもっとも多く含まれ、米などの穀物や芋類、砂糖類などの主成分です。また、この糖質と食物繊維が結合したものを炭水化物といいます。体内にはわずかしか含まれていないので、緑色植物が光合成で作ったデンプンなどの糖質を食物で体外から摂取する必要があります。

◎糖質の種類

　糖質には、ブドウ糖、果糖など1個の糖からなる「単糖類」と、ショ糖、乳糖、麦芽糖など2〜10個の単糖が結合した「少糖類」、それ以上の単糖が結合したでんぷん、グリコーゲンなどの「多糖類」の3種類があります。その種類と特徴を列挙してみましょう。

●単糖類

　1つの糖質からなるもの。

①ブドウ糖（グルコース）

　穀物や果物に多く含まれる、最も重要な糖質。ショ糖、乳糖、麦芽糖などの構成成分で甘みがあります。血中に血糖として約0.1%含まれます。

②果糖（フルクトース）

　はちみつ、果汁に多く、脂肪に変質しやすいのが特徴。過剰摂取は肥満の原因にもなります。

③ガラクトース

　乳糖の成分。海藻に多く含まれます。

④その他

　六炭糖アミン、六炭糖ウロン酸、マンノース、リボースなどがあります。

●少糖類

単糖が結合してできた糖質です。

①ショ糖(スクロース)

ブドウ糖と果糖が結合したもの。サトウキビ、テンサイなどに含まれ、一般に砂糖と呼ばれます。

②乳糖(ラクトース)

ブドウ糖とガラクトースが結合したもの。人乳に約7％、牛乳に約4.5％含まれます。

③麦芽糖(マルトース)

ブドウ糖が2個結合したもの。麦芽や麦芽(水)アメに多く含まれます。

●多糖類

植物性の食物に多く含まれる糖質です。

①デンプン

ブドウ糖が複数結合したもので直鎖状につながるアミロースと、枝分かれ状に結合したアミロペクチンがあります。もち米はアミロペクチン100％、うるち米はアミロペクチン80％、アミロース20％。デンプンに水を加えて加熱すると糊化します。これを$α$デンプンといい、$α$デンプンを乾燥し、水分を15％以下にするとせんべいやビスケットの状態になります。

②グリコーゲン

主として肝臓、筋肉に貯蔵される糖質です。

③繊維系(セルロース)

ブドウ糖が複数結合したものです。水溶性と不溶性の繊維があり、便通を良くする効果のほか、水溶性食物繊維は糖質の消化を遅らせ、糖尿病を予防します。不溶性食物繊維は、余分なコレステロールやミネラル、発ガン性物質などを吸着、便として体外へ排泄してくれる作用があります。

④ **ペクチン**

リンゴ、ミカンなどに多く含まる糖質。クエン酸や砂糖といっしょに熱するとゼリー状になります。ジャムはこの性質を利用しています。

⑤ **その他**

コンニャクの主成分のマンナン、海藻に多く含まれるアルギン酸、カニやエビの殻に含まれるキチン、骨や軟骨、腱などに含まれるコンドロイチンなどがあります。

◎糖質の分解と吸収

体内に取り込まれた糖質は、唾液やすい液、小腸などの分解酵素によって単糖（主にブドウ糖）に分解され、小腸で吸収されます。そしてブドウ糖は、血糖として血液中を流れてあらゆる部位に運ばれてエネルギー源となります。また、肝臓に運ばれたブドウ糖はその多くがグリコーゲンとなり、貯蔵され、血糖値が下がると、再度ブドウ糖に戻されて血中をまわってエネルギーとして活用されます。

なお、糖質の分解にはビタミンB1が必要です。ビタミンB1が不足すると糖質の代謝が鈍り、疲労回復が遅くなったり、脚気（かっけ）の原因となります。「糖質はビタミンB1と一緒に摂ると効率よくエネルギーに変換できる」と覚えておきましょう。

●糖質の分化・吸収の流れ●

でんぷん（多糖類）	糖質は、摂り過ぎると体脂肪として貯蔵され、肥満や脂肪肝の原因になります。逆に極端に不足すると、ブドウ糖を唯一のエネルギー源としている脳がエネルギー不足になり、機能障害を起こすこともあります。
分解	多糖類はまず唾液やすい液で分解酵素アミラーゼにより分解され少糖類の状態となります。さらに少糖類は小腸で分解酵素マルターゼ、シュクラーゼなどにより単糖類・ブドウ糖の状態に分解されます。
ブドウ糖（単糖類）	そのままは血糖として体のあらゆる部位に運ばれエネルギー源となります。また、一部は肝臓に運ばれ、グリコーゲンとして貯蔵されます。
グリコーゲン	血糖値が下がると再度ブドウ糖となりエネルギーとして活用されます。
植物繊維	人の分解酵素では消化されず、腸を通過する時に、腸を活性化。消化時間を短縮したり、糞便量を増やすなどの整腸効果を発揮します。なお、植物繊維にはエネルギー源としての効能はありません。
排出	エネルギーに変換された後は、二酸化炭素と水となって体外へ排出されます。

〈3〉エネルギーや血肉となる栄養素「脂質」

◎脂質とは

　脂質は、炭素（C）、酸素（O）、水素（H）からなる有機化合物で、水に溶けず、エーテル、クロロホルムなどには溶けるのが特徴です。栄養素の中でも最も高カロリーでエネルギー量は1g当たり9キロカロリーと糖質の約2倍。糖質と同じく重要なエネルギー源です。また、血、筋、肉などの構成要素にもなり、脂溶性ビタミンの吸収を助けたり、動脈硬化防止や血中コレステロールを低下させる作用など、さまざまな役割を担っています。

◎脂質の種類

　脂質には、単純脂質、複合脂質、誘導脂質があります。中性脂肪とは、一般に「脂肪」と呼ばれるもので、皮下脂肪として蓄えられ、体温の保持や臓器を守る役割を担い、必要時には分解されエネルギーになります。

　複合脂質と誘導脂質は、エネルギーにはならず、たんぱく質と結合して細胞膜の構成成分になります。

●脂質の種類●

単純脂質	中性脂肪	脂肪酸＋グリセロール	食品中に最も多く含まれる脂質。脂肪組織内にありエネルギー源となります。
	ロウ	脂肪酸＋高級アルコール	
複合脂質	リン脂質	単純脂質＋リン酸＋塩基	細胞膜の構成成分。脳・神経細胞などに存在。
	糖脂質	単純脂質＋糖質	
誘導脂質	脂肪酸	脂肪を構成する有機酸	細胞膜の構成成分。ホルモン、胆汁酸の原料。体内に広く存在。
	ステロール	コレステロール、胆汁酸、性ホルモンなど	

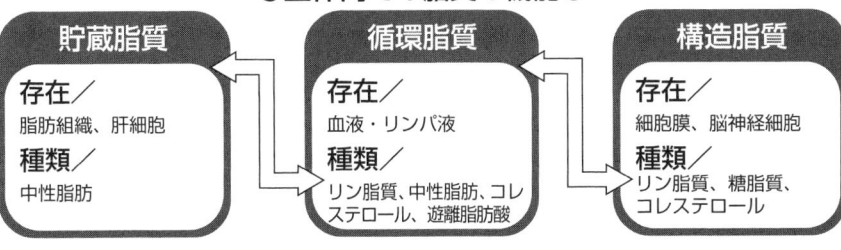

●生体内での脂質の機能●

貯蔵脂質
存在／脂肪組織、肝細胞
種類／中性脂肪

循環脂質
存在／血液・リンパ液
種類／リン脂質、中性脂肪、コレステロール、遊離脂肪酸

構造脂質
存在／細胞膜、脳神経細胞
種類／リン脂質、糖脂質、コレステロール

◎脂肪酸の種類

　中性脂肪を構成する主成分、脂肪酸には炭素数や結合のしかたによって、機能の違うさまざまな種類があり、大きく分けて飽和脂肪酸と不飽和脂肪酸があります。また、脂質は、動物性脂質、植物性脂質、魚介類の脂質の3種類に分類され、動物性脂質は主に飽和脂肪酸、植物性脂質と魚介類の脂質は主に不飽和脂肪酸です。

　飽和脂肪酸は、偶数の炭素が安定して結合している固体＝「脂」の状態なのが特徴です。不飽和脂肪酸は、結合状態が不安定で液体＝油の状態なのが特徴です。また、リノール酸、リノレン酸、アラキドン酸は体内では合成されず、食物から摂取する必要があり、必須脂肪酸と呼ばれています。

●脂肪酸の種類と機能●

分類		脂肪酸の種類	多く含む食品	機能
飽和脂肪酸		パルミチン酸、ステアリン酸、ラウリン酸、ミリスチン酸	バター、牛脂、豚脂、卵油、やし油、パーム油など	エネルギー源。ただし、太る原因になり、コレステロールを増やします。
不飽和脂肪酸	一価不飽和脂肪酸	オレイン酸	オリーブ油、菜種油、果実、サラダ油	胃酸の分泌を調整し、血中コレステロールを低下させます。
	多価不飽和脂肪酸 n-6	リノール酸	ベニバナ油、ヒマワリ油、大豆油、コーン油、ごま油など	動脈硬化を予防し、血中コレステロールを低下させます。
		γリノレン酸	母乳、月見草油	血糖値、血中コレステロールを低下させます。
		アラキドン酸	レバー、卵白、サザエ、アワビ、エビなど	血圧・免疫系の調節。
	系多価不飽和脂肪酸 n-3	αリノレン酸	しそ油、えごま油、亜麻仁油、しそ、ごまなど	アレルギー疾患、高血圧、心疾患、がんを予防します。
		エイコサペンタエン酸（EPA）	サバ、イワシ、サンマ、ウナギなど	中性脂肪を低下させ、高血圧、脳卒中、痴呆症などを予防します。
		ドコサヘキサエン酸（DHA）	カツオ、マグロ、ブリなど	抗血栓作用。中性脂肪を低下させ、高血圧、動脈硬化、皮膚炎などを予防します。

◎中性脂肪とコレステロールの摂りすぎに注意！

　脂質の摂りすぎは過剰なエネルギーとなり、肥満の原因になります。特に中性脂肪は、体内で分解されにくいので過剰摂取には注意しましょう。

　また、総摂取エネルギーの30％を脂肪エネルギーが超えると、糖尿病、動脈硬化が起こりやすくなります。一方、脂質が不足すると、血管や細胞膜が弱くなり、脳出血の可能性が高くなります。

　コレステロールは、細胞膜の構成成分や性ホルモン、胆汁酸などの原料として重要ですが、血中に増えすぎると動脈硬化や高脂血症の原因となります。使う油の種類を考えたり、コレステロールの吸収を抑制する植物繊維をいっしょに摂るなど工夫をしましょう。逆にコレステロールが不足すると免疫力が低下し、脳出血やがんが発生しやすくなります。1日の摂取量の目安は、成人男性で750mg未満、成人女性で600mgといわれています。

● 食品とコレステロールの含有量 ●

食品	コレステロール含有量（100g中）	食品	コレステロール含有量（100g中）
牛サーロイン	50～65 mg	プロセスチーズ	80 mg
牛レバー	240 mg	アジ	70 mg
鶏もも	65～90 mg	カレイ	70 mg
豚ロース	55 mg	タラコ	340 mg
ロースハム	40 mg	イカ塩辛	230 mg
ソーセージ	60 mg	シシャモ	260 mg
全卵	470 mg	バター	210 mg
卵黄	1300 mg	ラード	100 mg
ナチュラルチーズ	100 mg	ナス	1 mg

〈4〉エネルギーや筋肉となる栄養素「たんぱく質」

◎たんぱく質とは

　肉、魚、大豆などに多く含まれるたんぱく質は、主にエネルギーや筋肉や器官など体を作る材料になり、さらには酵素やホルモン、免疫抗体となるので、最も重要な栄養素といえます。たんぱく質はアミノ酸が複数結合したもので、糖質、脂質と違って、炭素（C）、酸素（O）、水素（H）に加えて平均約16％の窒素（N）を含むのが特徴です。また、イオウ、リン、鉄、ヨウ素を含むものもあります。

　摂取されたたんぱく質は、体内ではアミノ酸に分解され吸収されます。

◎たんぱく質の種類

　たんぱく質は、アミノ酸と、糖質や脂質、リンなど結合する他の物質の種類によって3種類に分けられます。

●単純たんぱく質

　アミノ酸だけでできたたんぱく質。アルブミノイド、アルブミン、グルテリン、プロパラニン、プロタミン、ヒストンなどがあります。

●複合たんぱく質

　たんぱく質以外の物質が含まれるもの。5つのタイプがあります。
①**核たんぱく質**……核酸が結合。リボ核酸、デオキシリボ核酸など。
②**リンたんぱく質**……リンが結合。牛乳のカゼイン、卵のヒデリンなど。
③**糖たんぱく質**……糖が結合。粘度がある。卵のオボムチンなど。
④**色素たんぱく質**……色素成分が結合。ヘモグロビン、ミオグロビンなど。
⑤**リポたんぱく質**……脂質と結合。リポたんぱく質、リポビテリンなど。

● 誘導たんぱく質

たんぱく質が熱や酸で変性した状態。皮や骨に含まれるコラーゲンを煮てできるゼラチン、プラテオース、ペプトンなどです。

◎必須アミノ酸とは

たんぱく質を構成するアミノ酸は、一般ではうまみ成分として知られていますが、体の素としても必要不可欠の栄養成分です。体の構成に関わるアミノ酸は約20種類あり、そのうち人間の体内で合成できず体外から摂取しなければならない9種類のアミノ酸を「必須アミノ酸」といいます。

また、必須アミノ酸を多く含む肉、卵、魚介類、牛乳、大豆食品などを良質たんぱく食品と呼びます。なお、幼児期はヒスチジンも必須のアミノ酸と覚えましょう。

● アミノ酸の種類と摂取量 ●

必須アミノ酸			必須でないアミノ酸
名前	推定平均必要量 (mg/kg 体重/日)	食品	
イソロイシン	20.0	肉、卵、乳	グリシン、アラニン、セリン、アスパラギン酸、グルタミン酸、アスパラギン、アルギニン、チロシン、プロリン、システイン、グルタミン
トレオニン	15.0	肉、魚、卵、乳	
トリプトファン	4.0	肉、卵、乳	
バリン	26.0	肉、卵、乳、小麦	
フェニルアラニン+チロシン	25.0	卵、ごま、大豆	
メチオニン+システイン	15.0	魚、卵、乳、大豆	
リジン	30.0	肉、魚、卵、乳、大豆	
ロイシン	39.0	肉、魚、卵、大豆	
ヒスチジン	10.0	魚、大豆	

※子どもの成長に関しては、ヒスチジンを入れた9種類になります(2015/5現在)。

「2007年 WHO/FAO/UNU 報告」より。

◎たんぱく質の消化と吸収

摂取して体内に取り入れられたたんぱく質は、口や胃の中で唾液と胃液の分解酵素によってアミノ酸に分解され、主に胃・小腸で吸収されます。たんぱく質は体内で貯蔵できません。体内では常にたんぱく質の合成と分解・排泄が行われていて、エネルギーや筋肉、肝臓、心臓、ヘモグロビン、ホルモンや免疫抗体が作られているので、毎日必要量の摂取が必要です。特に発育期には気をつけましょう。

〈5〉調節作用や体の構成成分となる栄養素「無機質」

◎無機質とは

　人体はおよそ60種類の元素で構成されています。そのうち96％が酸素（O）、炭素（C）、水素（H）、窒素（N）で、それ以外の元素を無機質と呼んでいます。主な無機質（マクロミネラル）には、カルシウム、マグネシウム、ナトリウム、カリウム、リン、硫黄、塩素があり、微量元素（ミクロミネラル）には、鉄、銅、亜鉛、ヨウ素、マンガン、コバルト、クロム、フッ素、モリブデンなどがあります。無機質は、食物には少量しか含まれていませんが、欠くことのできない栄養素で、汗や尿で排出されやすいので、日々意識してバランスよく摂ることを心がけることが大切です。

◎無機質の役割とは

　無機質は骨や歯の主要成分になるほか、たんぱく質のところでも説明した通り、たんぱく質と結合して血液や筋肉、皮膚の構成要素となります。また、各種の調節機能の役割を担います。簡単に代表的な無機質とその働きを説明してみましょう。

●主要無機質（マクロミネラル）
①カルシウム
　99％が骨や歯の組織。血液凝固作用もあり、不足すると骨や歯の成長を阻害し、下痢やけいれん、小児はクル病、骨粗しょう症の原因になります。
②マグネシウム
　70％は骨に。筋肉の収縮、神経機能、酵素の活性化などに関与。不足すると骨の形成に障害が出たり、神経が興奮しやすくなります。
③ナトリウム
　塩素と結合。塩として血液・細胞外液に含まれ、血圧濃度を一定に保ったり浸透圧の調整機能などを担います。不足すると食欲低下、倦怠感など。

④カリウム

細胞内液・赤血球に多く含まれ、浸透圧を保ち、心臓や筋肉の状態の調節機能なども担います。不足すると筋肉機能の低下などを招きます。

⑤リン

約80%は骨・歯。残りは血液や筋肉に含まれます。リンはカルシウムとと1〜1.21対1での摂取が理想。不足すると虫歯などの原因になります。

⑥硫黄

毛髪やつめなどの成長に関与しています。解毒作用もあります。

●微量元素（ミクロミネラル）

①鉄

血液中のヘモグロビンの成分。不足すると気分が悪くなったり、貧血、目まい、耳鳴などを起こします。出血、妊娠、授乳時は特に注意が必要です。

②銅

鉄が腸管でヘモグロビンになる時に補助的な役割りを担います。

③ヨウ素

甲状腺ホルモンの構成成分。不足すると甲状腺が腫れ、発育不良の原因に。

④亜鉛

インスリンの合成、糖質の代謝にも関与。酵素を活性化させます。

⑤その他

フッ素は骨や歯の固さを保つ作用があり、コバルトはビタミンB12の成分。マンガン、モリブデンには酵素作用もあります。

●無機質の種類と多く含まれる食品●

種類	多く含まれる食品	種類	多く含まれる食品
カルシウム	牛乳、魚、海藻、緑黄色野菜	銅	レバー、ココア、チョコレート
マグネシウム	穀類、葉野菜	ヨウ素	海藻、魚
ナトリウム	食塩	マンガン	野菜、胚芽、豆
カリウム	野菜、肉、果実	コバルト	レバー、魚介類、葉野菜
リン	肉、魚、卵、牛乳、豆	亜鉛	レバー、ウナギ、貝類
鉄	レバー、卵、煮干、海藻	モリブデン	レバー、乳製品

〈6〉生理的作用を調節する栄養素「ビタミン」

◎ビタミンとは

　ビタミンは、ごくわずかな量でも、いろんな物質の合成や分解、代謝を補助・促進するなど、身体のさまざまな生理的作用を調整する役割を持っている栄養素です。体内では精製されず、欠乏すると調節機能が発揮されずさまざまな弊害を起こすので、毎日適度な量を摂取する必要があります。

　ビタミンは13種類あり、水に溶ける水溶性ビタミンと、水には溶けない脂溶性ビタミンがあります。水溶性ビタミンはすぐに体外へ排出されるため、特に毎日摂取する必要があります。逆に、脂溶性ビタミンは体内の脂肪組織に貯蔵されるため、過剰摂取をするとさまざまな弊害を生みます。代表的なビタミンとその機能を紹介しましょう。

●水溶性ビタミン

①ビタミンB1
　神経作用の調整や糖質が体内で燃焼してエネルギーを発生する際、補助的な役割を担う。欠乏すると食欲不振、神経障害を起こし、ひどいと脚気に。

②ビタミンB2
　たんぱく質、脂質、糖質の代謝を助ける。不足すると口唇炎、発達障害など。

③ビタミンB6
　たんぱく質、必須脂肪酸の燃焼を助ける。不足すると貧血、皮膚炎など。

④ビタミンB12
　たんぱく質や核酸の合成に関与。貧血を予防し、不足すると悪性貧血をまねく。

⑤葉酸
　造血作用に関与。ホウレンソウから抽出される。不足すると貧血、下痢などを起こします。

⑥ビタミンC

　毛細血管や骨を強化したり、精神的・肉体的なストレスを和らげる効果。不足すると疲れやすく、病気への抵抗力の低下、発育不良などが起こります。

⑦その他

　脂肪酸の代謝を助けるビオチン、酸化還元反応を助けるナイアシン、脂質や糖質、たんぱく質の代謝を助けるパントテン酸などがあります。

●脂溶性ビタミン

① ビタミンA

　視覚機能や皮膚を正常に保ち、美容にも効果。不足すると夜盲症、角膜乾燥症になり、過剰摂取すると骨や肝臓、視覚に障害が出ることがあります。

② ビタミンD

　カルシウムの吸収を助け、骨・歯の形成に関与。不足すると骨の発育不全。過剰摂取すると高カルシウム症、食欲不振、吐き気などをまねきます。

③ ビタミンE

　抗酸化作用があり、生殖機能を正常に保つ。不足すると不妊や筋肉の萎縮などが起こり、過剰摂取は出血性発作、ビタミンKの代謝阻害を起こします。

④ ビタミンK

　カルシウムの吸収を助け、血液を凝固させる作用。不足すると血液の凝固性が低下したり出血しやすくなります。

●ビタミンの種類と多く含まれる食品●

ビタミンA	レバー、アンキモ、牛乳、乳製品、卵黄、緑黄色野菜など
ビタミンB1	レバー、豚肉、牛乳、豆類、ウナギの蒲焼きなど
ビタミンB2	レバー、牛乳、卵、麦芽、緑黄色野菜など
ビタミンB6	レバー、カツオ、マグロ、肉、魚、卵、牛乳、豆類など
ビタミンB12	レバー、牡蠣、肉、魚、卵、乳製品など
ナイアシン	レバー、肉、魚、牛乳、乳製品、緑黄色野菜など
葉酸	レバー、菜の花、ほうれん草、緑葉野菜、麦芽など
パントテン酸	レバー、肉、魚、卵、牛乳、豆類など
ビオチン	レバー、肉、魚、卵、牛乳、豆類など
ビタミンC	レモンなどの果物、緑黄色野菜、トマト、芋類など
ビタミンD	アンキモ、魚、卵、牛乳、乳製品、レバーなど
ビタミンE	小麦の胚芽、ヒマワリ油、豆類、緑黄色野菜、レバーなど
ビタミンK	レバー、キャベツ、納豆、緑黄色野菜など

第2節

栄養と健康

病気になるのはどんな時なのか、1日どのくらいのエネルギーが必要なのかなど、栄養と健康について学びましょう。

〈1〉バランスのとれた食事で健康生活を!

◉ 現代人の栄養状態

　飽食の時代といわれて久しいですが、現在、世界中で肥満化が進み、日本でも20代で6人に1人、30代以上では5人に1人が肥満であるといわれています。また、予備軍を含めた糖尿病患者は、日本では2050万人、実に6人に1人は糖尿病、さらには日本人男性の3人に1人は高血圧であるといわれています。これらの症状は、まさに現代人の食生活と密接に関わっています。栄養学や栄養素の摂り方を学び、日頃から食事に気をつけることはその予防に大きくつながるといえるでしょう。

●炭水化物・たんぱく質・脂質の摂取比率推移●

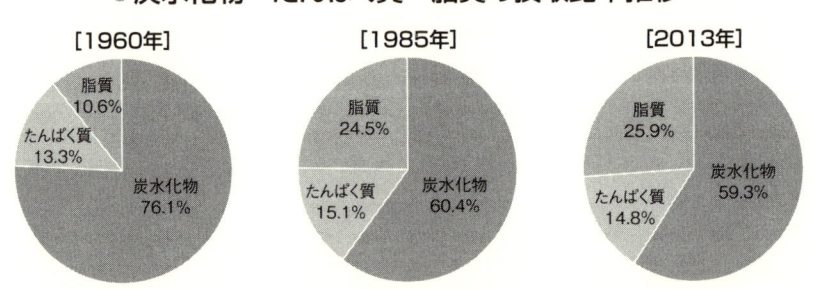

[1960年]
脂質 10.6%
たんぱく質 13.3%
炭水化物 76.1%

[1985年]
脂質 24.5%
たんぱく質 15.1%
炭水化物 60.4%

[2013年]
脂質 25.9%
たんぱく質 14.8%
炭水化物 59.3%

18歳以上の適正比率は、たんぱく質13%、炭水化物62%、脂質25%といわれています。
厚生労働省「国民栄養の現状」「国民健康・栄養調査」より。

◉ 肥満は食生活の変化が大きい

　肥満のいちばんの原因は、カロリーの摂取過多です。上のグラフを見て

もわかるとおり、炭水化物の摂取量がここ50年間で大きく減り、逆に肉を食べることが増えたため、脂質の摂取量が2倍以上になっています。肥満は、ストレスや運動不足、生活の乱れなども関与しますが、やはり食生活の変化が大きく影響していることは明らかです。肥満を防ぐには、適度な運動はもちろん、カロリーを考え、バランスのとれた食事を1日3回、規則正しく食べることが大切です。肥満は、高血糖や高脂血症、高血圧の原因になり、ほっておくと糖尿病や動脈硬化などの生活習慣病になります。

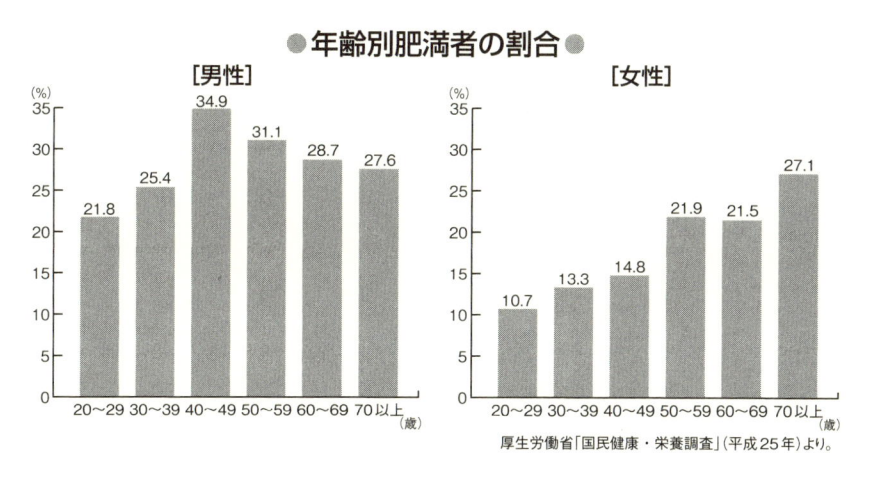

●年齢別肥満者の割合●

[男性]
- 20〜29: 21.8
- 30〜39: 25.4
- 40〜49: 34.9
- 50〜59: 31.1
- 60〜69: 28.7
- 70以上: 27.6

[女性]
- 20〜29: 10.7
- 30〜39: 13.3
- 40〜49: 14.8
- 50〜59: 21.9
- 60〜69: 21.5
- 70以上: 27.1

厚生労働省「国民健康・栄養調査」(平成25年)より。

○ 高血圧、動脈硬化、糖尿病を防ぐ

　高血圧も動脈硬化も食べ過ぎを防ぐことはもちろん、塩分、脂肪、コレステロールの摂りすぎに注意することが大切です。イワシ、アジ、サンマなどのいわゆる光ものの魚や納豆には、血栓を防ぐ働きがあるので意識して食べるようにするなど注意します。また、コレステロールを吸着して体外に排出してくれる食物繊維を多く摂るようにします。糖尿病を防ぐには、肥満と同じで自分にあった1日の摂取カロリー量を考え、バランスのとれた食事を1日3回規則正しく食べることです。このように食事の量や栄養バランス、摂り方を改善することで、病気を予防し、健康な生活を送ることが可能となります。また、病気になった場合でも、食事療法といわれるように、症状改善には食事の摂り方が大切になってきます。

〈2〉1日に必要なエネルギー

◉ エネルギーの代謝

　私たちの体は、安静にしていても日々、呼吸をしたり、心臓を動かしたり、体温を維持したりと、摂取した糖質、たんぱく質、脂質を消化・吸収し、燃焼して得たエネルギーを代謝して生きています。この精神的にも身体的にも安静な状態で代謝されるエネルギーのことを基礎代謝量といいます。

　この基礎代謝は、体格や体質、性別、年齢、栄養状態、体調や妊娠時、月経時などの健康状態によっても違いますが、それらも考慮しながら必要最小限のエネルギーを摂取するようにしましょう。この数字を無視してダイエットなどをすると、必要なエネルギーが送られず各臓器の機能が低下し、生命維持も困難になります。逆に過度なエネルギーを摂り続けると肥満の原因になり、さまざまな病気を誘発することになります。

●基礎代謝量と基礎代謝基準値●

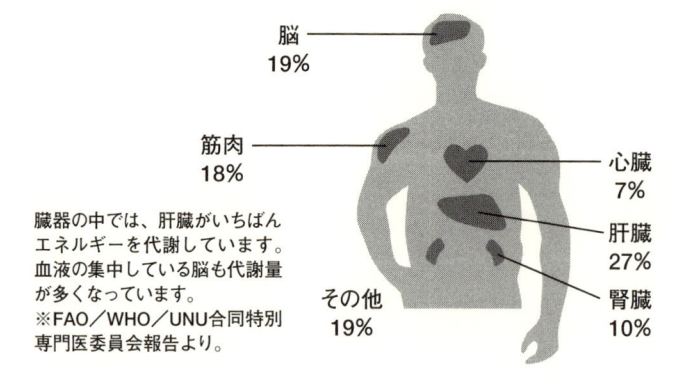

- 脳　19%
- 筋肉　18%
- 心臓　7%
- 肝臓　27%
- 腎臓　10%
- その他　19%

臓器の中では、肝臓がいちばんエネルギーを代謝しています。血液の集中している脳も代謝量が多くなっています。
※FAO／WHO／UNU合同特別専門医委員会報告より。

◉ 基礎代謝量の計算

　年齢や性別によって基礎代謝量の基準値が決められています。これと体重を掛け合わせることで基礎代謝量が計算できます。

●基礎代謝量と基礎代謝基準量●

年齢 (歳)	男性		女性	
	基礎代謝量 (kcal/日)	基礎代謝基準値 (kcal/kg体重/日)	基礎代謝量 (kcal/日)	基礎代謝基準値 (kcal/kg体重/日)
1〜2	700	61	660	59.7
3〜5	900	54.8	840	52.2
6〜7	980	44.3	920	41.9
8〜9	1140	40.8	1050	38.3
10〜11	1330	37.4	1260	34.8
12〜14	1520	31	1410	29.6
15〜17	1610	27	1310	25.3
18〜29	1520	24	1110	22.1
30〜49	1530	22.3	1150	21.7
50〜69	1400	21.5	1100	20.7
70以上	1290	21.5	1020	20.7

厚生労働省「日本人の食事摂取基準」(2015年版)より。

●基礎代謝量の計算式●

1日の基礎代謝量 (kcal) ＝ 基礎代謝量基準値 (kcal) × 体重 (kg)

○ 身体活動と特異動的作用

1日のエネルギー代謝の量は、安静時の基礎代謝量と、1日の生活の中での仕事や家事・運動といった身体活動によって代謝したエネルギー、栄養素を消化・吸収・代謝するためのエネルギー＝「特異動的作用」の総量で決まります。基礎代謝量は総消費エネルギー量の約70％、特異動的作用は、食事の10％のエネルギーがそのために使われているといわれています。

1日に必要なエネルギー量を計算するには、1日の基礎代謝量に身体活動強度（1日の生活のスタイルを大まかに3つに分けた身体活動レベルの指数）を掛け合わせた数字で概算できます。

●1日に必要なエネルギー量の計算式●

1日に必要なエネルギー量 (kcal) ＝ 1日の基礎代謝量 (kcal) × 身体活動強度

※身体活動強度指数／Ⅰ（低い：生活のほとんどはデスクワークで静かに過ごす＝1.50）、
　　　　　　　　　Ⅱ（普通：デスクワークでも通勤、移動、軽い運動を行う＝1.75）、
　　　　　　　　　Ⅲ（高い：立ち仕事、肉体労働、運動を行う＝2.00）

〈3〉消化と吸収のメカニズム

◉ 消化のメカニズム

　体内に摂取した食べ物は、まず口の中で咀嚼され、胃や腸のぜん動運動などによって細かく砕かれます。これを機械的消化といいます。さらに口の中、胃、すい臓、腸などの消化液の中の分解（消化）酵素によって、ブドウ糖やアミノ酸のような吸収されやすい状態に分解されます。これを化学的消化といいます。そして体内に吸収されますが、分解されず残ったものは大腸で腸内細菌によって、再度分解・消化が行われ、消化・吸収されなかったものは便や尿、また、汗となって排泄されます。これを生物的消化といいます。

　ちなみに食後2時間後には小腸内で吸収がはじまり、食後9時間でほとんどの栄養素は吸収され、未吸収分は大腸に18時間以上とどまり、その間に水は吸収、食後約24時間で便と尿として排泄されます。

●分解酵素と分解内容●

消化器官	消化液	分解酵素	分解の内容
口腔	唾液	αアミラーゼ	デンプンを麦芽糖に分解
胃	胃液	ペプシン	たんぱく質をペプトンプロテオースに分解
十二指腸	すい液	αアミラーゼ	デンプンを麦芽糖に分解
		トリプシン	たんぱく質をアミノ酸、ペプトンに分解
		すいリパーゼ	脂肪を脂肪酸とグリセリンに分解
		キモトリプシン	たんぱく質・ペプトンをポリペプチド、ジペプチドに分解
	胆汁		分解酵素を含まないが脂質を乳化させます
小腸	粘膜上皮細胞	マルターゼ	麦芽糖をブドウ糖に分解
		アミノペプターゼ	ポリペプチド、ジペプチドをアミノ酸に分解
		ジペプチダーゼ	ジペプチドをアミノ酸に分解
		シュクラーゼ	ショ糖をブドウ糖、果糖に分解
		ラクターゼ	乳糖をブドウ糖　ガラクトースに分解

●糖質、脂肪、たんぱく質の体内代謝●

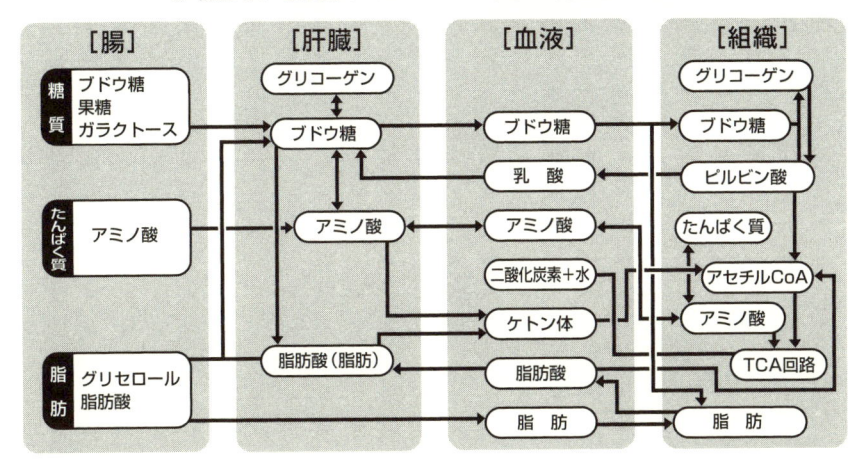

[腸]	[肝臓]	[血液]	[組織]
糖質: ブドウ糖／果糖／ガラクトース	グリコーゲン ／ ブドウ糖	ブドウ糖 ／ 乳酸	グリコーゲン ／ ブドウ糖 ／ ピルビン酸
たんぱく質: アミノ酸	アミノ酸	アミノ酸 ／ 二酸化炭素＋水 ／ ケトン体	たんぱく質 ／ アセチルCoA ／ アミノ酸 ／ TCA回路
脂肪: グリセロール／脂肪酸	脂肪酸（脂肪）	脂肪酸 ／ 脂肪	脂肪

○ 吸収のメカニズム

　分解された栄養素は、主に小腸で吸収されます。ちなみにアルコールは胃で、大腸では水が吸収されます。体内に取り入れられた栄養素がすべて体内で利用されるわけではありません。一部の未吸収の成分は便とともに排泄されるので成分量からこの分をひく必要がありますます。これで計算した数値を一般に消化吸収率といいます。

●消化吸収率の計算式●

$$消化吸収率(\%) = \frac{摂取食品中の成分量 - 糞便中の排泄成分量}{摂取食品中の成分量} \times 100$$

　なお、消化吸収率は、食品の種類や組み合わせ、加工方法、調理方法、咀嚼の回数などによって変わります。また、栄養素によっても吸収率が糖質は99%、たんぱく質は80〜85%、脂肪は75〜83%、カルシウムが20〜40%、鉄が10%など違います。いわば、食品の選択や加工や調理次第で、栄養の吸収効率を高めたり、バランスのいいものにするなどの工夫ができるのです。加工や調理は、利用効率をあげる人間の知恵ともいえます。

第3節

食品と栄養価

人は1日にどのくらいの栄養素が必要？ 食品にはどれくらいの栄養素が含まれている？ ここでは栄養価について考えてみましょう。

〈1〉1日に必要な栄養素の量

● 食事摂取基準とは

　1日にどのくらいの栄養素が必要なのか。栄養の欠乏や過剰摂取を避けるために、国で摂取の基準が定められています。これを「日本人の食事摂取基準」といいます。保健所、保健センター、民間健康増進施設などで、生活習慣病予防のために実施される栄養指導や、学校などの給食提供は、この「日本人の食事摂取基準」を基にして行われています。1969年に設定されて以降、食生活の変化などに合わせて、5年ごとに改定。2005年4月からは、以前の「日本人の栄養所要量」から現在の名称に変更されました。

　「日本人の食事摂取基準」では、男女の性別、年齢別にエネルギーの

●日本人の食事摂取基準の指標●

[推定平均必要量]
特定の集団を測定し、推定した性別・年齢別の各栄養素の取得量の平均値。

[推奨量]
栄養素の欠乏を予防する観点から、1日に摂りたい摂取量。

[目安量]
推定平均必要量・推奨量を算定する科学的根拠が得られなかった場合の目安の数値。
良好な栄養状態を維持するために十分な数値を示します。

[上限量]
過剰摂取により健康障害を起こさないための最大限度量。

[目標量]
生活習慣病の一次予防のために現在の日本人が当面の目標とすべき摂取量。
目標量は、推奨量または目安量と、現在の摂取量中央値から算出します。

必要量と、各栄養素の「推定平均必要量」「推奨量」「目安量」「上限量」に加えて、2005年版からは新たに「目標量」が提示されています。

◯ 2015年版「日本人の食事摂取基準」

2015年版「日本人の食事摂取基準」では、生活習慣病の発症予防・重症化予防を目的に、特に高血圧予防の観点から、18歳以上のナトリウム（食塩）の「目標量」を低めに変更。6～17歳については、新たに食物繊維、カリウムの「目標量」が示されている。また、エネルギーに関する指標として、目標とする「体格（BMI）」の範囲を提示。ここでは2015年版の報告書を基に、30～40代の男女の食事摂取基準を紹介します。

●30～40代の食事摂取基準●

栄養素	推奨量 男性	推奨量 女性	上限量
エネルギー (kcal)	2650	2000	—
脂質 (％・目標量)	20～30％のエネルギー		—
たんぱく質 (g)	60	50	—
ビタミン A (μgRAE)	900	700	2700
ビタミン B_1 (mg)	1.4	1.1	—
ビタミン B_2 (mg)	1.6	1.2	—
ビタミン B_6 (mg)	1.4	1.2	60/45
ビタミン B_{12} (μg)	2.4	2.4	—
ビタミン C (mg)	100	100	—
ビタミン D (μg・※)	5.5	5.5	100

栄養素	推奨量 男性	推奨量 女性	上限量
ビタミン E (mgα-TE・※)	6.5	6	900/700
ビタミン K (μg・※)	150	150	—
ミネラル カルシウム (mg)	650	650	2500
ミネラル 鉄 (mg)	7.5	6.5/10.5	55/40
ミネラル リン (mg・※)	1000	800	3000
ミネラル マグネシウム (mg)	370	290	—
ミネラル カリウム (mg・※)	2500	2000	—
ミネラル マンガン (mg・※)	4.0	3.5	11
ミネラル 銅 (mg)	1.0	0.8	10
ミネラル 亜鉛 (mg)	10	8	45/35
ミネラル ナトリウム (mg・目標量)	8.0未満	7.0未満	—

単位：μgはマイクログラム（1/1000mg）、mgはミリグラム（1/1000g）、RAEはレチノール活性当量（ビタミンAの効力をレチノール換算したもの）、α-TEはα-トコフェノール当量（ビタミンEの効力をα-トコフェノール換算したもの）。※は目安量。

厚生労働省「日本人の食事摂取基準」(2015年版) より。

〈2〉食品標準成分表と食品分類法

● 食品標準成分表とは

　食品にどのくらいのエネルギーと栄養素が含まれているのでしょうか。保健所、保健センターなどで栄養指導をしたり、学校給食を提供するための基準値として、栄養成分値も国で決められています。「五訂日本標準成分表」では、18食品群1878食品の100g中に含まれる成分値が記載されています。

　ただし、これを使って日々のエネルギーや各栄養素の摂取量を計算しようとするとかなり面倒です。そこで、ひとつひとつのカロリーや成分値を計算せずに、誰もできる比較的簡単な方法でバランスのいい食事が摂れたり、エネルギーの計算ができる食品分類法が考え出され、使われています。

● 3色食品群とは

　簡単にバランスのとれた食事ができる分類法です。食品を栄養素の観点から赤・黄・緑の3つに分け、2種類以上の食品を食べるようにします。これだけでバランスよく栄養素が摂取できます。

●3色食品群●

分類	主な働き	食品	主な栄養素
赤色群	血や肉となるもの	肉類、魚介類、牛乳、乳製品、卵類、豆類	たんぱく質
黄色群	力や体温になるもの	穀類、芋類、砂糖類、油脂類	糖質、脂質
緑色群	体の調子を整えるもの	緑黄色野菜、淡色野菜、海藻類、キノコ類	無機質、ビタミン

● 4つの食品群とは？

　バランスと、およその摂取エネルギーのわかる分類法です。栄養素の働

きから4つに分け、各食品の80kcalを1点と換算。1～3群で各3点合計9点720kcalを摂取。残りの必要なエネルギーを4群で調整して摂るようする方法です。慣れると比較的簡単に栄養価が計算できるようになります。

● 4つの食品群 ●

分類	種類	食品	主な栄養素
1群	豊富な栄養素を含んだ食品	牛乳、乳製品、卵類	たんぱく質、脂質、カルシウム、ビタミンA・B1・B2
2群	血や肉となるもの	肉類、魚介類、豆類	たんぱく質、脂質、カルシウム、ビタミンA・B2
3群	体の調子を整えるもの	緑黄色野菜、淡色野菜、海藻類、キノコ類、芋類	無機質、ビタミンA・C、繊維
4群	力や体温になるもの	穀類、砂糖類、油脂類	糖質、脂質、たんぱく質

※資料：「四群点数法のすべて」（女子栄養大学出版部）より

◯ 6つの食品群とは？

3色食品群をさらに詳細に分類したものです。1群・2群が主に体のもとになるもので、3群・4群が主に体の調子を整えるもの、5群・6群が主にエネルギーとなるものです。各郡から2～3品を組み合わせて料理に取り込むと必要な栄養素をバランスよく摂ることができます。

● 6つの食品群 ●

分類	主な働き	食品	主な栄養素	副次栄養素
1群	エネルギー源／筋肉・骨・血液をつくる	肉類、魚、卵、豆類	たんぱく質	ビタミンB2／脂肪
2群	骨・歯をつくる／各種機能調節	牛乳・乳製品・海藻・小魚類	無機質（カルシウム）	たんぱく質／ビタミンB2
3群	皮膚粘膜の保護／各種機能調節	緑黄色野菜	カロテン	ビタミンC／無機質
4群	各種機能調節	淡色野菜・果実	ビタミンC	無機質
5群	エネルギー源／各種機能調節	穀類・芋類・砂糖	炭水化物	ビタミンB1
6群	エネルギー源	油脂類・脂肪の多い食品	脂肪	ビタミンA・D

※厚生労働省「6つの基礎食品」より

食のミニ知識 4°

おいしい料理の合言葉「サシスセソ」

　調理をする際に、よく「サシスセソ」という言葉を聞きますね。これは、一体どのような意図があるのかご存知でしょうか？

　「サ」は砂糖、「シ」は塩、「ス」は酢、「セ」は醤油（旧仮名遣いでは「せうゆ」と呼んでいました）、「ソ」は味噌のソ。

　一般的に、料理をつくる際には、この順（砂糖→塩→酢→醤油→味噌）に味つけをしていくとよいとされています。

　これには理由があります。

　「サ」砂糖を最初に入れるのは、素材を柔らかくするため。砂糖には、食品の細胞を膨張させ、ほかの調味料を吸収しやすくする作用があります。

　「シ」塩には砂糖とは反対に、食品の水分を外に出す作用があります。そのため、塩の後に砂糖を入れると、食品に味つけをする前に水分と一緒に砂糖が外に出されやすくなってしまいます。

　「ス」酢・「セ」醤油・「ソ」味噌は、香りや風味、味をつけます。いずれも香りや風味が飛びやすいため、下味がつき、食品にしっかり火が通ったことを確認してから、火を止める寸前に入れます。

　これらの特徴を知ったうえで、調味料の持ち味を生かした料理をつくり、味わっていただきたいものです。

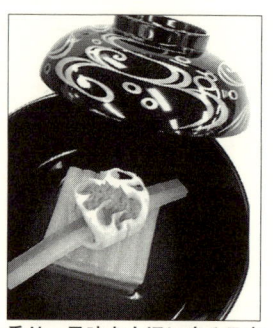

香り、風味を大切にする日本料理にも「サシスセソ」。

第5章

ワインとチーズ

第1節

ワイン

西洋料理をはじめ、各国の料理とともに楽しむお酒として、ワインは欠かせないものになっています。ここでは、ワインについて学びましょう。

<1> 酒類の定義

● 発酵が必要不可欠

　ワインを掘り下げる前に、最低限知っておいたほうがいい酒類全体の話をしましょう。酒は、原料の糖分を酵母が発酵によって、アルコールに変えたものであり、次のような化学式で表されます。

●発酵の化学式●

［ブドウなど果物を原料とした場合］

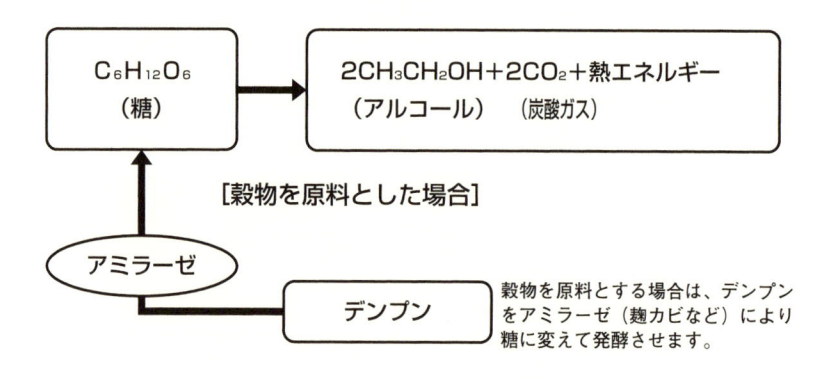

$$C_6H_{12}O_6 \text{（糖）} \rightarrow 2CH_3CH_2OH \text{（アルコール）} + 2CO_2 \text{（炭酸ガス）} + 熱エネルギー$$

［穀物を原料とした場合］

アミラーゼ → デンプン

穀物を原料とする場合は、デンプンをアミラーゼ（麹カビなど）により糖に変えて発酵させます。

　これはワインなどの果物を原料とする酒の発酵式です。酒としては、このほかに穀類を原料にするものもあり、この場合は発酵性糖類ではなく主成分はデンプン（多糖類）になり、酵母でもいきなり発酵しません。そこで、デンプンを酵素（アミラーゼ）によって一度、麦芽糖などに分解させる必

要性があります。これを糖化といいヨーロッパでは麦芽の酵素を、日本など東南アジアでは麹カビなどの酵素を利用しました。

ちなみに、日本の法律（酒税法第2条）では、「酒類とはアルコール分1度以上の飲料」をいいます。

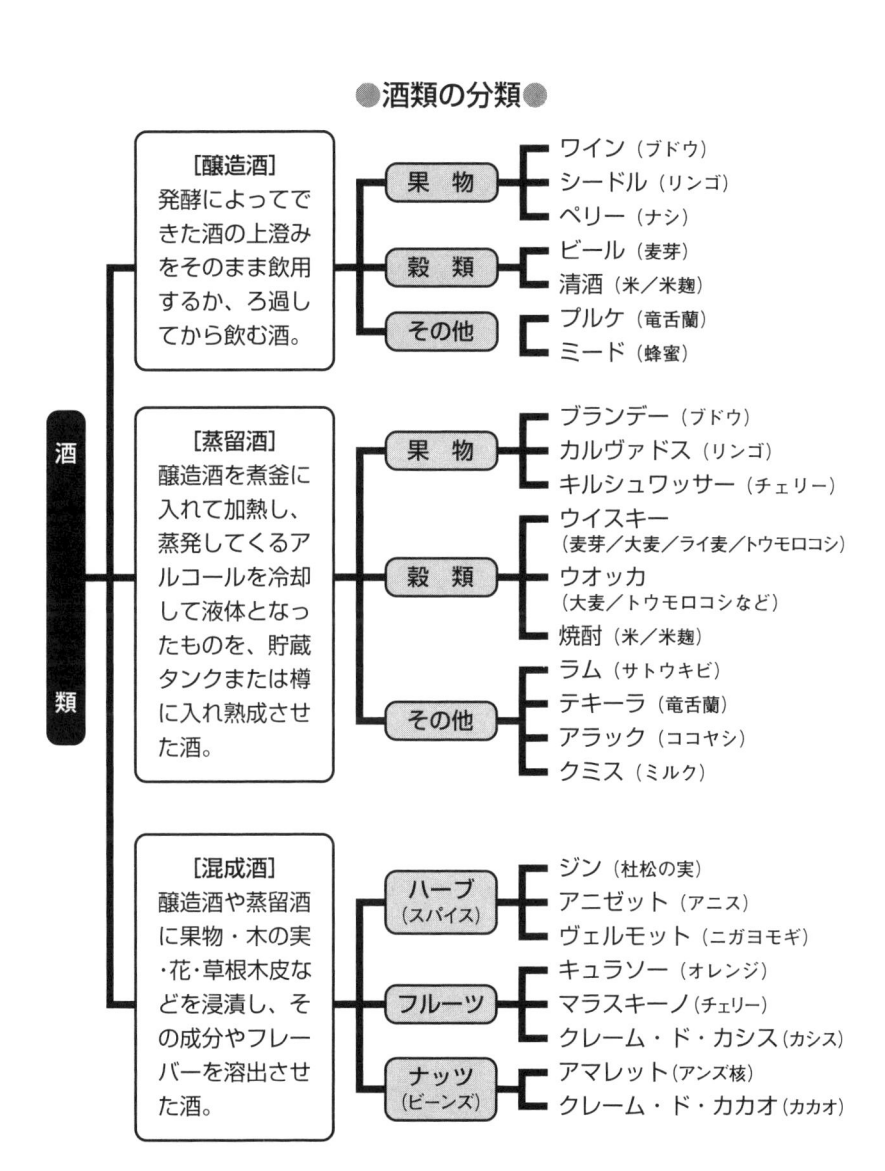

● 酒類の分類 ●

酒類
- [醸造酒] 発酵によってできた酒の上澄みをそのまま飲用するか、ろ過してから飲む酒。
  - 果物
    - ワイン（ブドウ）
    - シードル（リンゴ）
    - ペリー（ナシ）
  - 穀類
    - ビール（麦芽）
    - 清酒（米／米麹）
  - その他
    - プルケ（竜舌蘭）
    - ミード（蜂蜜）
- [蒸留酒] 醸造酒を煮釜に入れて加熱し、蒸発してくるアルコールを冷却して液体となったものを、貯蔵タンクまたは樽に入れ熟成させた酒。
  - 果物
    - ブランデー（ブドウ）
    - カルヴァドス（リンゴ）
    - キルシュワッサー（チェリー）
  - 穀類
    - ウイスキー（麦芽／大麦／ライ麦／トウモロコシ）
    - ウオッカ（大麦／トウモロコシなど）
    - 焼酎（米／米麹）
  - その他
    - ラム（サトウキビ）
    - テキーラ（竜舌蘭）
    - アラック（ココヤシ）
    - クミス（ミルク）
- [混成酒] 醸造酒や蒸留酒に果物・木の実・花・草根木皮などを浸漬し、その成分やフレーバーを溶出させた酒。
  - ハーブ（スパイス）
    - ジン（杜松の実）
    - アニゼット（アニス）
    - ヴェルモット（ニガヨモギ）
  - フルーツ
    - キュラソー（オレンジ）
    - マラスキーノ（チェリー）
    - クレーム・ド・カシス（カシス）
  - ナッツ（ビーンズ）
    - アマレット（アンズ核）
    - クレーム・ド・カカオ（カカオ）

〈2〉ワインの歴史

◎ 紀元前から広まったワイン

　人類の歴史上最初のアルコール飲料はワインであるといわれています。文献上に出てくるもっとも古いワインの記述は、古代バビロニアの戦記「ギルガメシュ叙事詩」（紀元前5000年〜4000年頃のできごとを記したもの）にみられます。

　紀元前3500年〜1500年にかけて栄えたエジプト第1王朝から第18王朝では、ピラミッドの壁画にブドウ栽培やワイン醸造が描かれており、それをみると現在のワイン醸造と基本的にあまり変わらない方法であったことがわかります。

　紀元前1700年頃には、バビロン王朝にハムラビ王が現れ、バビロニア最盛期を迎えます。このハムラビ王がつくった法典に「酒癖の悪い者にはワインを売るべからず」と、ワインの商いに関する規定も載っています。しかし当時は、まだワインは神や王族の特別な飲み物であり、一般庶民には縁遠いものでした。

　その後、紀元前1500年頃、ワインはクレタ島やエーゲ海諸国に伝わり、さらにギリシャやローマへと広まり庶民の酒として定着していきました。

　また、紀元前600年頃には、フェニキア人によって南フランス（現在のマルセイユ）にも伝えられ、その後に勢力を強めたギリシャ人、ローマ人によってフランスの北部方面に至るまで、ブドウ栽培やワイン醸造が広められたといいます。

　現在のフランスワインの重要な産地となっているローヌ、ブルゴーニュ、シャンパーニュ、ロワール地方は、ジュリアス・シーザー（紀元前102年〜44年）によって広められました。また、ボルドー地方や西南地方は、ローマの三執政の一人であるマルクス・ルシニウス・クラッス（紀元前114年〜53年）によって広められました。このようにローマ帝国が領土を拡大していくにつれ、ブドウの栽培とワインの醸造は、フランス、ドイツ、スペイン、ポルトガルへと広まっていきました。

〈3〉ワインのタイプによる分類

○ スティルワイン(Still Wine)

●赤ワイン (RED WINE／VIN ROUGE)

　赤ワイン用の黒ブドウを破砕し、果梗を取り除き発酵させた後、圧搾機にかけ果皮・種皮を取り除きます。発酵終了後、ワインを樽やタンクに入れて熟成させます。

●主な国の品質ランク●

●白ワイン (WHITE WINE／VIN BLANC)

　収穫したブドウを除梗、破砕した後、すぐに圧搾してその果汁だけを発酵させたものです。発酵後タンクで熟成させ、フレッシュでフルーティなワインとなります。一部の品種、つくりで樽熟成を行うものもあります。

　糖分がなくなるまで発酵した辛口タイプから、遅摘みをしたり、氷結果実を原料として糖度を高めて、ベーレンアウスレーゼやアイスヴァインといわれる甘口タイプがつくられます。

●ロゼワイン (ROSE WINE／VIN ROSE)

　黒ブドウを原料にして、赤ワインと同様に醸造しますが、ピンクに色づいたところで圧搾し、その後、白ワインと同様に発酵させ熟成させたワインです。これ以外に、黒ブドウを破砕、圧搾する際に自然に果汁に移る色がロゼのようになる直接圧搾法もあります。

　ストレートに赤ワインと白ワインを混ぜてつくる方法もありますが、ヨーロッパにおいては、フランス・シャンパーニュ地方以外では、この方法は禁じられています。

◉ スパークリングワイン（Sparkling Wine）

　発泡性ワインのこと。発酵の際に発生する炭酸ガスをワインの中に溶け込ませたワインです。製法としては、以下のようなものがあります。

●伝統的製法（Methode Traditionnelle／Methode Champenoise）
　シャンパン方式とも呼ばれ、瓶内で2次発酵と熟成を行う伝統的製法です。

　　　　　［代表的なもの］
①シャンパン（Champagne／フランスシャンパーニュ地方で生産される発泡酒）
②クレマン（Cremant／フランス）
③スプマンテ（Spumante／イタリア）
④カバ（Cave／スペイン）

●トランスファー法（Transfer Method）
　瓶内2次発酵は行いますが、ルミアージュ（動瓶）とデゴルジュマン（澱抜き）を各瓶ごとに行わず、2次発酵・熟成後に発泡したワインを加圧タンク内に移し、ろ過して瓶づめにしたものです。

　　　　　［代表的なもの］
ニューワールド（ヨーロッパ以外）のワイン

●密閉タンク法（Methode Charmat／Methode Cuvee Close）
　2次発酵を瓶内ではなく、密閉したタンクの中で行う方法です。

　　　　　［代表的なもの］
①ゼクト（Sekt／ドイツ）
②スプマンテ（Spumante／イタリア）

さわやかな口当たりの発泡性ワインは、日本でも人気があります。

◉ フォーティファイドワイン（Fortified Wine）

酒精強化ワイン。発酵中または、発酵終了後のワインにアルコールもしくはブランデーを添加して、アルコール度数を約16度～22度くらいに高め、発酵を終了させたものです。

発酵途中で残糖分が残っている時点で酒精強化したものが甘口タイプ、完全発酵後に酒精強化したものが辛口タイプとなります。代表的なワインに、ポルトガルのポートワインやスペインのシェリー酒などがあります。

〈4〉ワインの品質・味わいを決める要素

ワインにはさまざまなスタイルや味わいがあります。辛口か甘口か、軽いタイプか重いタイプか、酸味が強いか穏やかな酸味か、渋味が強いか穏やかな渋味か、長期熟成型か早飲み型かなどです。これらの特徴は個々のワインが、どのブドウ品種から・どこで・どのようにつくられたか、によって異なったものとなります。

◉ ブドウ栽培に適した気候

ワインの味は、ブドウの品質が大きく関わってきます。ブドウは、成熟するまでに最低でも1500時間以上の日照が必要といわれています。同時に、かなりの水分吸収が行われ、一般に年間降水量は、最低でも700ミリは必要とされています。

実際のブドウの栽培地を地球規模で見てみると、北半球は北緯30～50度、南半球は南緯20～40度の地帯に分布していることがわかります。この範囲が気温、日照時間、降水量などのバランスの取れている地域といっていいでしょう。

もちろん、地形や標高などの条件もあります。栽培地が暖流の流れる海の近くだったりすると気候は温暖なものとなります。たとえば、フランスのボルドー地方は大西洋に面しており、夏は涼しく冬は暖かい海洋性気候

で、品質のいいブドウを産出します。また、川や湖など水が近くにあると湿度も高くなり、貴腐現象（カビの一種「ボトリチスシネレア」がブドウの皮のろう質を壊し、ブドウの水分を蒸発させることによって糖度の高いブドウになること）から生み出され甘いブドウができ、それをもとに上質な甘口ワイン「貴腐ワイン」ができたりします。

このように同じ地方であっても地形や、それによる気候条件の違いで収穫されるブドウに微妙な差が出てきます。これが、ワインのラベルにごく狭い範囲の栽培地の名前を入れることにこだわる所以なのです。

● ブドウの品種

ワインの味を決める要件としては、「気候」「土壌」「品種」「ブドウ栽培法」「醸造技術」などですが、ここではなんといってもいちばんの基本ともいえるブドウの品種について見てみましょう。ワインのラベルには、基本的にブドウ名が記されていますからスペルも覚えておくといいでしょう。

ワイン用のブドウは、ヴィティス属（Vitis）のヴィニフェラ（Vinifera）種というものです。文字通り「ワイン用のブドウの樹」という意味で、世界のワインの99％はこの種からつくられているといっていいでしょう。ちなみに、一般に食べられたりジュースにされるブドウは、ヴィティス・ラブルスカ（Vitis Labrusca）と呼ばれるもので、ワイン醸造にはフレーバーなどで適さないようです。

良質なワインは、良質のブドウがあって生まれるのです。

●主な白ワイン用品種●

品　種	解　説
アリゴテ種 （Aligote）	早期熟成する品種、主としてブルゴーニュ地方で栽培され、AOCブルゴーニュ・アリゴテを生産します。一般に酸味が強く、早飲み用のワイン向き。ブルガリアでも広く栽培されています。
ミュスカデ種 （Muscadet）	もともとはブルゴーニュの品種で、「ムロン・ドゥ・ブルゴーニュ（Melon de Bourgogne）種」とも呼ばれています。現在は、フランスではロワール川流域の辛口白ワイン用として栽培されています。酸味が強くライトボディのきりっとしたワインになります。
リースリング種 （Riesling）	ドイツの伝統的ワインの原料となる主要品種。フランスでは、アルザスで主に用いられています。ライトボディからミディアムボディのワインで、酸味のしっかりとしたフレッシュなワインになります。ブドウの樹は丈夫で、遅摘みブドウでつくるワイン用として理想的な耐寒性も備えています。
セミヨン種 （Semillon）	ボルドーの白ワインの主要品種。砂利混じりの粘土石灰質土壌に適し、ボルドー全般で栽培されるが、グラーブ地区（Graves）やアントル・ドゥ・メール地区（Entre-Deux-Mers）、ソーテルヌ地区（Sauternes）で著名です。ソーヴィニヨン・ブラン種とブレンドして用いられます。貴腐の影響を受けやすいため、甘口ワインもつくられます。
ソーヴィニョン・ブラン種 （Sauvignon Blanc）	さわやかな酸味のキリッとしたスリムな白ワインとなります。フランスではボルドー地方の主力品種（セミヨンとブレンドされます）で、ロワール川流域のサンセール地区やプイ・フュメ地区では単品種として使われています。そのほかの国でも軽めでフレッシュなタイプの白ワインに多く使われています。
シャルドネ種 （Chardonnay）	ブルゴーニュ地方原産の偉大な白ワインを生み出す品種。現在では世界中で栽培されています。最近は発酵時にリンゴ酸の酸味を残した、ライトからミディアムボディのフルーティなワインも多くつくられています。反面、伝統的な醸造法を踏襲した木樽発酵・木樽熟成では、バターや蜂蜜のような香りとまろみ、コクのあるフルボディなワインとして各国で栽培されています。
ピノ・グリ種 （Pinot Gris・Pinot Grigio）	香味の強い品種で、洋ナシやバナナ・スパイシーな香りがあり、アルザスの指定品種のひとつです。芳醇でアルコール分の高いワインを生み出します。北イタリアでも栽培されています。
パロミノ種 （Palomino）	スペインのシェリー酒（酒精強化ワイン）の主要品種です。シェリー酒は、スペイン南部、アンダルシア州のヘレス（Jerez）の町が名前の由来で、この地域のチョークを多く含んだアルバリサ土壌で栽培されます。

●主な赤ワイン用品種●

品　　種	解　　　　説
ガメイ種 (Gamay)	ブルゴーニュ地方原産の品種。ボジョレー地区が主要栽培地域で、花崗岩土壌に適したブドウ品種です。タンニンが少なく早飲み用のワインに適しています。毎年11月の第3木曜日に解禁となる、ボジョレー・ヌーボーの品種として世界的に知られています。サクランボやキイチゴのような果実香味がし、紫がかった色合いのワインができます。
グルナッシュ種 (Grenache)	原産地はスペインで、ガルナッチャ（Garnacha）と呼ばれています。ナバーラ地区の主要品種です。フランスでは南部のコート・デュ・ローヌやシャトー・ヌフ・デパプのブレンド用の品種として用いられています。糖分を多く含みアルコール分が高いワインになります。
メルロ種 (Merlot)	サン・テミリオン、ポムロールの主要品種。ボルドー地区で二番目に有名な黒ブドウです。タンニンが低くまろやかで柔らかい味が特徴です。ハンガリーでは「メドック・ノワール種」といわれています。最近では、イタリアや米国カリフォルニア、オーストラリアなどでも栽培されています。
ピノ・ノワール種 (Pinot Noir)	ブルゴーニュ地方を代表する主要品種。イタリアでは「ピノ・ネロ種」、ドイツでは「シュペートブルグンダー種」といわれています。この品種からできる最高のワインは、サマー・プディング（スグリやキイチゴを甘く煮たプリン）の味がするといわれています。ブルゴーニュワインをめざし、ニューワールドの冷涼な気候の地域でも栽培されています。
カベルネ・ソーヴィニヨン種 (Cabernet Sauvignon)	主にフランス・ボルドー地方および南西地方で栽培されている最高級品種。深みのある濃い色合いと独自の香りが特徴。コシが強く辛口で、タンニンと酸が豊かな長期熟成型ワインです。
シラー種 (Syrah)	フランス、ローヌ川流域北部の赤ワインの品種として有名。その土壌はけして肥沃ではありませんが、この世界でも優秀な品種を生み出しています。ワインの味わいは、ブラックベリーを思わせるような果実香味があり、重厚なものがあります。
ネッビオーロ種 (Nebbiolo)	イタリア、ピエモンテ州で栽培されているイタリア赤ワインの伝統的品種。バローロやバルバレスコといったイタリアを代表するワインを生み出します。酸味が強くタンニンのきいた飲みごたえのある味です。
サンジョヴェーゼ種 (Sangiovese)	イタリアで広く栽培されている品種。キアンティ、ブルネッロ・ディ・モンタルチーノといった果実香味の強い上質なワインをつくります。カベルネ・ソーヴィニヨン種とブレンドされスーパー・タスカンという超高級トスカーナワインを生み出しています。
テンプラニーリョ種 (Tempranillo)	スペインで栽培されている品種。早期に成熟し、上質なリオハの主要品種となっています。モロッコ皮の香りがして熟したイチゴの味がするといわれています。

○ ブドウ栽培の土壌

　上質なワインを生むブドウは、往々にして、やせた土壌に育つ傾向にあります。これは、やせている土地に育つブドウの木は、少しでも土中の水分やミネラルなど、必要とする元素を吸い上げようと、下層深く根をしっかりと張り、たくましく育ちます。これが肥沃な土地だと根は表面を這うように伸びるだけで十分育つので、結果として地中深くにあるミネラルや元素を吸い上げることが少なく大味になるといわれています。

　他方で、土壌でもっとも大切な条件は、水はけのいいことです。ドイツのモーゼル川流域には、南向きの斜面でブドウ栽培が行われています。これは、北限に近いドイツ北部の気候において、南向きで日照時間を稼ごうということもありますが、斜面によって水はけがよくなる効果もあるのです。

　このように、上質のワインを生み出すブドウの栽培は、気候、土壌、地形など微妙に影響を受けます。それだけに、良質なブドウのできる土地は評価も高く、大切に扱われるのです。

ワインが食卓で飲まれるまでには、ブドウ栽培から細心の注意が払われています。

〈5〉ヨーロッパのワインのランク

● 国レベルで定めるワインの品質

　ワインの本場ヨーロッパでは、各国でワインの品質によるランクを決めています。ここでは、フランス、イタリア、ドイツの品質評価の分類を見てみましょう。

●主な国の品質ランク●

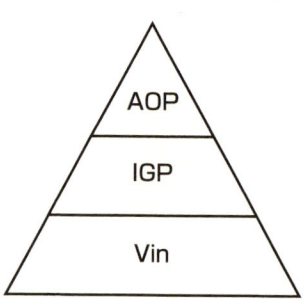

[フランス]

　フランスでは、「AOP」「IGP」「Vin」の3つのランクに分類し、ラベルに表示しています。
●AOP（Appellation d'Origine Protégée：アペラシオン・ドリジーヌ・プロテジー）
　特定の地域、品種などが細かく定められている、原産地呼称保護ワイン。長い間フランスワインの品質を保証してきた1935年に制定された原産地呼称統制法に基づく上質ワインにつけられていたAOC（Appellation d'Origine Contrôlée：アペラシオン・ドリジーヌ・コントローレ）に該当するもので、現在のワイン法の規定では最高ランクになります。

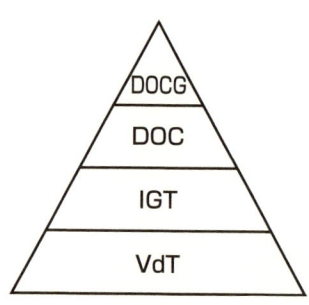

[イタリア]

　イタリアは、原産地呼称法やEU規定などで「DOCG」「DOC」「IGT」「VdT」の4つに分類しています。
●DOCG（Denominazione di Origine Controllata e Garantita：デノミナツィオーネ・ディ・オリジーネ・コントロラータ・エ・ガランティータ）
　統制保証原産地呼称といい、イタリア最高級のワインの中から十数銘柄が指定されています。生産量としてはイタリア全体の1〜2％程度です。

[ドイツ]

　ドイツでは、「QmP」「QbA」「Landwein」「Tafelwein」の4つのランクに分類し、ラベルに表示しています。
●QmP（Qualitatswein mit Pradikat：クヴァリテーツヴァイン・ミット・プレディカート）
　ドイツの最高級ワイン群をこう呼び、ブドウの糖度の低い順に「Kabinett（カビネット）」「Spatlese（シュペトレーゼ）」「Auslese（アウスレーゼ）」「Beerenauslese（ベーレンアウスレーゼ）」「Eiswein（アイスヴァイン）」「Trockenbeerenauslese（トロッケンベーレンアウスレーゼ）」の6段階があります。

〈6〉ワインの醸造

◎ 風味を決める２つの発酵方法

　ワインの醸造過程は、「収穫」「破砕」「除梗」「圧搾」「発酵」「熟成」、そして「瓶づめ」して出荷になります。次ページの図は、白ワインと赤ワインの醸造の流れを示しています。赤ワインの色はブドウの果皮の色素（アントシアニン）から由来するもので、皮を含めた果実すべてを発酵し、その色素を抽出します。白ワインは圧搾を先にして、果汁のみを発酵させますので果皮の色はつきません。皮や種に含まれるタンニンなどの成分は少なく、フレッシュ感のあるフルーティーなワインとなります。

　ここでは、直接的に味に影響する２つの発酵方法を紹介します。

●炭酸ガス浸漬法（マセラシオン・カルボニック）

　ブドウを破砕せずに花梗のついた房ごと発酵層に入れ、あいたスペースを炭酸ガスで満たします。すると、ブドウの内部で発酵が始まり、やがて破裂すると通常の発酵になります。こうすることによって、色素は抽出されますが、タンニンの抽出は抑えられるので、できあがったワインは、フルーティでソフトに仕上がります。フランスのボジョレー地区では、ほとんどのワイン醸造で使用されており、日本でも人気のボジョレー・ヌーボーのように、甘みのある飲みやすさを実現しています。

●マロ・ラクティック発酵

　発酵時に乳酸菌を入れることによって、リンゴ酸による舌を刺すような酸味を乳酸のまろやかさに転化します。発酵温度を高くして二酸化イオウの量を低く抑えることによってその転化を促進しています。赤ワインにはこの発酵法が必要とされており、ほとんどの赤ワインで行われています。

　ただし、樽熟を伴わない白ワインはさわやかな酸味を出すために、マロ・ラクティック発酵は行われていません。

●スティル・ワインの醸造●

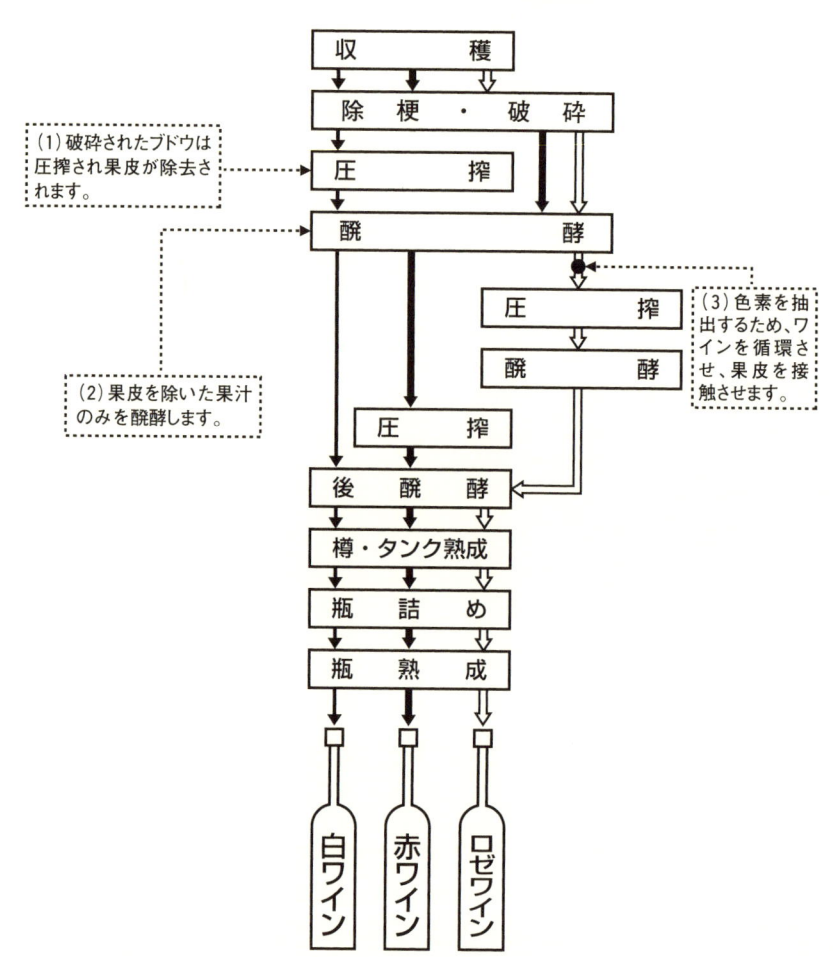

```
          収　穫
           ↓
        除梗・破砕
           ↓
         圧　搾
           ↓
         醗　酵
        ↓  ↓  ↓
              圧　搾
               ↓
              醗　酵
               ↓
         圧　搾
           ↓
         後醗酵
           ↓
       樽・タンク熟成
           ↓
         瓶詰め
           ↓
         瓶熟成
        ↓  ↓  ↓
       白  赤  ロゼ
       ワ  ワ  ワ
       イ  イ  イ
       ン  ン  ン
```

(1) 破砕されたブドウは圧搾され果皮が除去されます。

(2) 果皮を除いた果汁のみを醗酵します。

(3) 色素を抽出するため、ワインを循環させ、果皮を接触させます。

〈7〉ワインの楽しみ方

◉ ワインの飲み頃温度

　白ワインは冷やして、赤ワインは常温で……といわれていますが、もう少し厳密にいうとワインがよりおいしく飲める温度があります。

　まず白ワインですが、これはマロ・ラクティック発酵（p 107参照）をしているか、していないかによって飲み頃の温度が違ってきます。マロ・ラクティック発酵とは、リンゴ酸を乳酸に変換し、酸味を抑えて味をまろやかにする方法ですが、次のようなことがいえます。

①マロ・ラクティック発酵をしている→11〜14℃
②マロ・ラクティック発酵をしていない→8〜11℃

　①は、10℃以下に冷やすと、熟成香（ブーケ）が香りにくくなってしまい、乳酸のやや渋みを伴う酸味を強く感じてしまいます。②は、12℃以上にすると、リンゴ酸の酸味が強く感じられます。

　次に赤ワインですが、この場合は、ブドウの品種によって飲み頃の温度を設定してみます。

③ピノ・ノワール、カベルネなど酸とタンニンがしっかりしている品種→18℃前後
④メルロ、グルナーシュなど丸みのあるタンニンの品種→16℃前後

　③は樽熟成の場合の温度で、タンク熟成ではもう少し下げて16℃くらいでもいいようです。また、より熟成したヴィンテージワインになると、タンニンがより丸くなり、複雑なブーケを楽しむために18〜20℃が適温です。

　ちなみに、ロゼワインは12〜13℃、貴腐ワインは8℃または13℃の2つ温度ポイントに飲み頃があります。

　いずれにしても、ワインの飲み頃温度は、白ワインは冷やして、赤ワインは常温で、という単純なものではなくて、発酵方法や熟成方法によって微妙に変わっていくということです。［太田悦信著「大人のワイン塾」（時事通信社刊）参考］

◯ ワインとグラス

　ワイングラスといえば、底が丸まっています。コップのように底が角ばっていないのはなぜでしょう。

　底が丸まっているグラスに液体を注ぐと、液体は円形に沿って回転します。これがワインの香味を丸くするのです。ブランデーを飲むときにブランデーグラスを回すようにすると、香りが引き立ちます。その理屈と同じです。ためしにビールを普通のコップとワイングラスの両方に注いで飲んでみてください。ワイングラスのほうがまろやかに感じられるはずです。

　さて、ワイングラスの大きさもさまざまあります。一般的には、赤ワインは大型のグラス、白ワイン、ロゼワインは小型なものを選びます。赤ワインは大型のグラスに注ぐことによって、空気の接触面を多く取り、タンニンの渋みを和らげる効果があります。一方、渋みの少ない白ワインは、小型なグラスで本来持つ果実の風味を楽しむわけです。

　さらには、同じ赤ワイン用・白ワイン用のグラスでも下図のように丸みの角度が違うものがあります。これは、回転時の空気の接触面を変えるもので、広がっているもののほうが空気との接触面が増え、よりまろやかな味になります。

　実際に、フランスではワインの産地ごとに伝統的なグラスの形があります。これは長年の伝統により、そこで生産されるワインがいちばんおいしく飲めるグラスの形を体験的に理解しているからです。

●ワイングラスの形●

[小樽型] [小風船型] [大風船型] [大樽型]

小樽型・小風船型は白ワイン、大風船型・大樽型は赤ワインに使用。それぞれ大きさ、底の丸みの曲線が違っています。

ワイングラスを回転する効果

　ワインをグラスに注ぐと、多くの人が何回かグラスを回転させてから飲むはずです。実はこのときの回転の仕方によって味が変わります。

　たとえば、赤ワインを2つの大樽型グラスに同量入れます。一方を通常やるように横方向に16回ほどまわします。そしてもう一方は、下図のように前方に傾けて8回まわしたあと、手前に傾けて8回まわします。
これで同じ分量のワインを同じ回数まわしたわけですが、この両者を飲み比べると味が違うはずです。

　通常の16回まわしたほうは、香りは薄く味もシンプルに感じます。前後に傾けて8回ずつまわしたほうは、香りは広がり、味は果実を連想させるほどくっきりとしたものになります。つまり、8回ずつに分けて傾けまわしたグラスは、傾けることにより空気に触れる面が多くなったことと、ランダムに混ざることによって香りと味が際立ったわけです。

　このようにワインは、製造工程や保存状態でも微妙な味の変化がありますが、飲み方、飲む直前まで変化し続ける繊細な飲み物です。この奥の深さがワインの楽しみを増幅させてくれるのです。

●ワイングラスの回転●

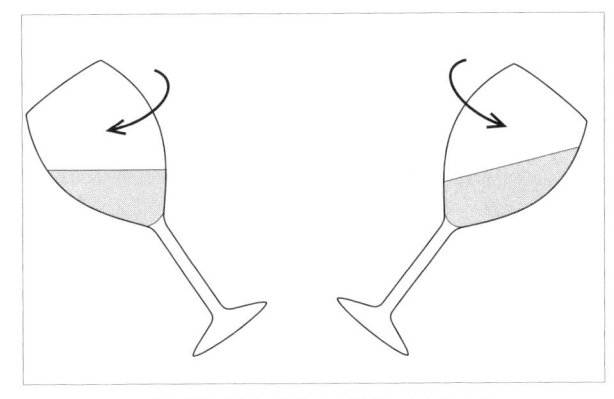

それぞれ前後に傾けて8回ずつまわします。

第2節 チーズ

フランス料理を始め、西洋の料理に欠かせないのが乳製品。その中でもチーズは、重要な位置を占めています。

〈1〉チーズの歴史

◉ 紀元前から存在したチーズ

　紀元前約3000年前、チグリス・ユーフラテス河畔に人類史上初めて都市を築いたとされるシュメール人は、チーズをつくっていました。紀元前800年代になると、ギリシャの詩人ホメロスによって書かれた叙事詩「オデッセィアー」には、巨人がヒツジやヤギの乳を搾り、固まらせて、それを籠に入れてチーズをつくったという記述があります。さらにアラビアの古い民話には、こんな話があります。アラビアの商人がヒツジの胃袋でつくった水筒に乳を入れてラクダの背に乗せて旅に出ました。灼熱の砂漠の中で水筒の乳を飲もうとすると、乳はなく白い固まりが出てきました。それを恐る恐る食べてみると、見た目に反しておいしかったというのが、チーズの誕生物語とされています。民話とはいえ、実際にありそうな話です。

　これは、ヒツジの胃袋に含まれている「レンニン」という酵素とラクダの振動によって、チーズになったという話です。基本的には、チーズの製法として今でも通用する原理で、まさに理にかなっているわけです。

　このように古い歴史を誇るチーズは、その後ギリシャからローマへと伝わっていきます。ローマ時代には、一部の裕福な人たちのみならず、平民や兵士も毎日チーズを食べるほど普及していたということです。

ローマ帝国がヨーロッパ制覇を果たしていくにしたがって、チーズはヨーロッパ全土に広がり、やがて15世紀になり大航海時代になると、ヨーロッパ各国の船によって、チーズの文化は世界中に広がっていきました。

〈2〉チーズの種類

● ナチュラルチーズとプロセスチーズ

チーズには、大きく分けて「ナチュラルチーズ」と「プロセスチーズ」があります。ナチュラルチーズは、チーズの中に菌や酵素が生きているもので、種類も多く、それぞれの味わいを楽しめます。

プロセスチーズは、このナチュラルチーズを砕いたり熱を加え溶かしたりして殺菌し容器につめたものです。プロセスチーズは、保存性に優れていて、いろんな料理に汎用性があります。日本では、プロセスチーズのほうが馴染みがありましたが、最近ではナチュラルチーズも豊富に出回るようになってきました。

●チーズの種類別名称および規格●

```
                  チ ー ズ
                 ┌────┴────┐
          ナチュラルチーズ    プロセスチーズ
```

ナチュラルチーズ
① 乳（乳および乳製品の成分規格等に関する省令のもの）、クリーム、バターミルク、またはこれらを混合したものを凝固させたあと、乳清を除去して得られる生鮮のもの、または熟成したもの。
② 前項に掲げるもののほか、乳、クリーム、バターミルクまたはこれらを混合したものを原料として、凝固作用を含む製造技術を用いて製造したものであって、前項に掲げるものと同様の科学的、物理的および官能的特性を有するもの。
・香りおよび味を付与する目的で香辛料として乳に由来しない天然の風味物質を添加することができる。

プロセスチーズ
① 一種、またはそれ以上のナチュラルチーズを用いて食品衛生法で認められている添加物を添加するか、または添加せず砕いたり、混合し、加熱溶融し、乳化してつくられるもので、乳固形分が40％以上のもの。ただし、
・脂肪量の調整のためクリーム、バター、またはバターオイルを加えることができる。
・香り、および味を付与する目的で香辛料、調味料、または食品を加える場合は、製品固形分の6分の1以内とする。ただし、脱脂粉乳、全粉乳、乳糖、ミルクカゼイン、ホエイ、または乳に由来しない脂肪、たんぱく質、または炭水化物を加えないものとする。

〈3〉ナチュラルチーズの分類

◉ チーズの基本はナチュラル

　チーズには、ナチュラルチーズとプロセスチーズがありますが、プロセスチーズはナチュラルチーズを加工したもので、基本はナチュラルチーズです。

　チーズは微生物を利用した発酵食品です。乳酸菌やカビなどの微生物が乳の中で活動し、アミノ酸などの旨み成分をつくります。つまり、ナチュラルチーズは、常に変化を続けているわけで、熟成の度合いによって、味、匂いはもちろん、外観まで変化してきます。

　特に固さは、フレッシュタイプのように柔らかいものからハードタイプのように固いものまで、熟成の度合いによっていろいろできあがるといっていいわけです。

　ここでは、大きく7つに分けたナチュラルチーズの分類を見てみましょう。

●ナチュラルチーズの分類●

フレッシュタイプ
乳に酸や酵素を加え凝固させ、水分を取ると白い固まりができます。つまり、最初にできるいちばん柔らかいチーズです。非熟成タイプといえます。味にクセがなく、食べやすいものです。
主なチーズ：モツァレラ、クリームチーズ、カッテージ

ウォッシュタイプ
チーズ表面に付いた特殊な微生物（リネンス菌など）により、表面から熟成していくタイプのチーズです。匂いが強烈になるため、熟成中は表面を塩水、ワイン、ビール、ブランデーなどで洗います。中はマイルドながらコクのある味です。
主なチーズ：ポンレベーク、リヴァロ、マロワール

セミハードタイプ

水分38〜46％の比較的固いチーズです。脂肪の多いものから少ないものなど、もっとも種類が多いタイプです。穴が開いたようにガスホールのできるのはこのチーズです。

主なチーズ：コンテ、エメンタール

ハードタイプ

水分38％以下のもっとも固いタイプのチーズです。熟成期間は6〜10か月とじっくり寝かせて水分をとばします。削って使用するパルメザンチーズは2年以上も熟成させます。重厚な味が特徴。

主なチーズ：ゴーダ、パルミジャーノ

シェーブルタイプ

シェーブルとはフランス語でヤギのこと。ヤギの乳でつくったチーズです。ヤギ特有の臭みがありますが、それが好きだというファンも多いようです。多くが白カビで熟成させます。

主なチーズ：サントゥモール、ピラミッド、クロタン・ドゥ・シャビニョル

白カビタイプ

チーズの表面に白カビを植えつけて熟成させるチーズです。白カビがたんぱく質を分解し、表面から内部へと熟成させていきます。

主なチーズ：カマンベール、ブリー、ヌシャーテル

青カビタイプ

青カビはチーズの内部から熟成させていきます。青カビは、チーズを固めて水分を切った乳の固まりにまぶします。すると、チーズ内部の隙間に青カビが繁殖しチーズを熟成させます。塩味が強いのが特徴です。

主なチーズ：ロックフォール、ゴルゴンゾーラ、スチルトン

〈4〉チーズができるまで

◎ 各種チーズの製造、基本は同じ

　チーズの原料は、多くが牛乳ですが、羊乳、山羊乳も使われています。搾られた乳は、低温で加熱し撹拌しながら殺菌し、「スターター」といわれている乳酸菌などを入れ発酵させます。このとき、白カビチーズや青カビチーズは、乳酸菌に加えてカビを入れます。その後、「レンネット」と呼ばれる凝乳酵素を入れ、乳を固めます。レンネットは、仔牛の第四胃から得られるものが一般的ですが、ほかにイチジクなどから抽出される植物性のものも使われます。

　乳が固まったものを「カード」といい、カッターでサイコロ状に切ります。それを熱しながら撹拌し水分を排出。カードが小さく粒々になったら布でこして型に入れます。さらに圧搾機にかけ水分を取り去ったあと、食塩水に24時間浸けます。ここで、一応のできあがりです。

　その後、数週間から長いもので2年以上、熟成・発酵させます。熟成期間によりチーズの固さが変化し、いろいろな固さのチーズ（下表参照）ができます。なお、熟成させないチーズに、モツァレラ、フロマージュ・ブランなどがあります。

●主なチーズの熟成期間●

固さ	名　称	熟成期間	固さ	名　称	熟成期間
軟質	カマンベール	3週間〜	半硬質	スチルトン	3〜6か月
	ポン・レヴェック	2〜6週間		ゴーダ	4〜6か月
	リヴァロ	3〜8週間	硬質	プロヴォローネ	2〜4か月
	ブリー	4〜8週間		エメンタール	4〜6か月
	マンステール	2〜3か月		エダム	4か月以上
	マロワール	2〜3か月		チェダー	5〜8か月
半硬質	カンタル	1か月以上		グリュイエール	6〜12か月
	サン・ネクテール	3〜8週間	超硬質	グラナパダノ	1〜2年
	ゴルゴンゾーラ	2か月		パルメザン	2年以上

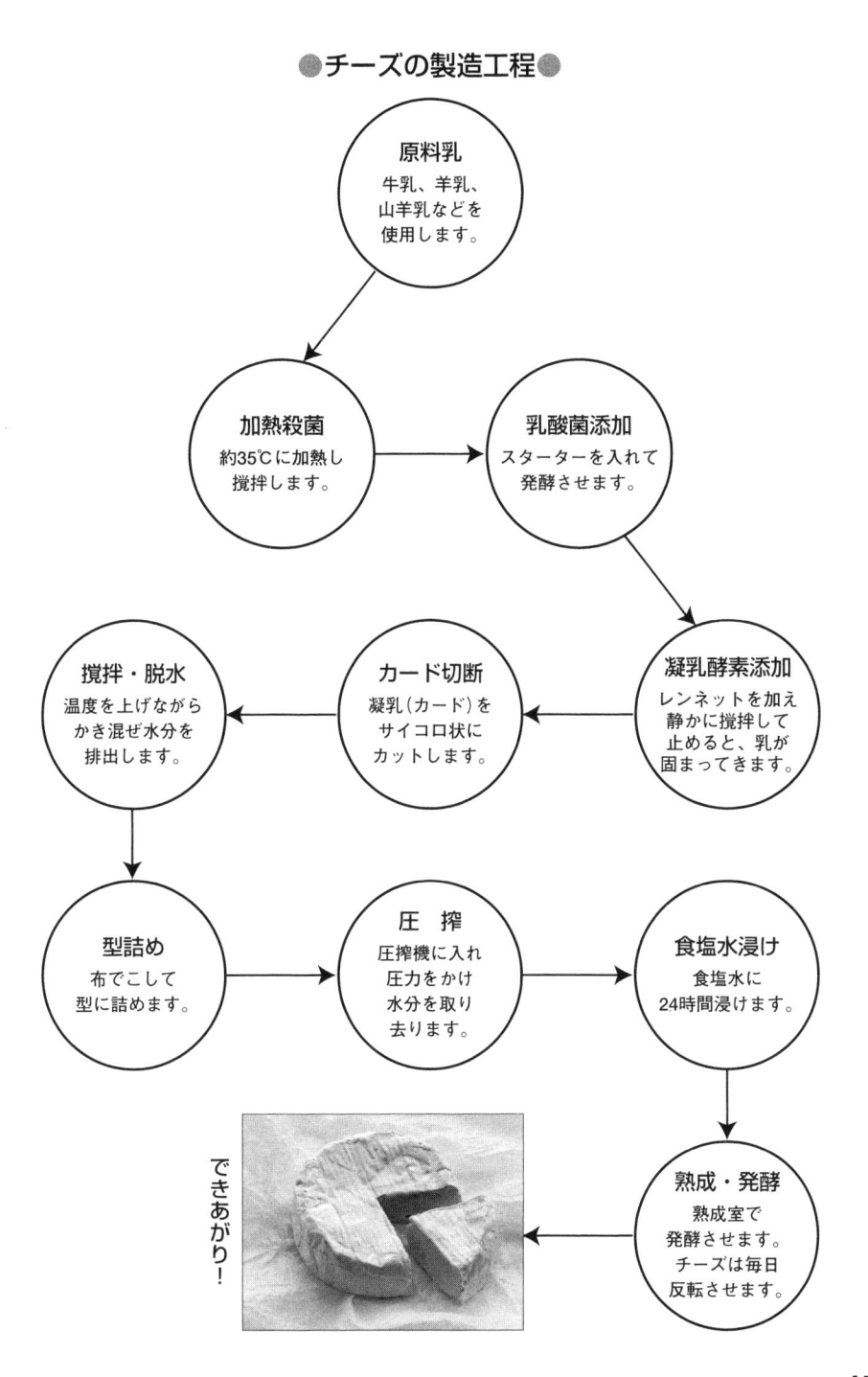

●チーズの製造工程●

```
原料乳
牛乳、羊乳、山羊乳などを使用します。
   │
   ▼
加熱殺菌                  →  乳酸菌添加
約35℃に加熱し                スターターを入れて
撹拌します。                  発酵させます。
                                │
                                ▼
撹拌・脱水   ←  カード切断   ←  凝乳酵素添加
温度を上げながら   凝乳（カード）を   レンネットを加え
かき混ぜ水分を    サイコロ状に      静かに撹拌して
排出します。      カットします。    止めると、乳が
                                  固まってきます。
   │
   ▼
型詰め        →  圧搾        →  食塩水浸け
布でこして        圧搾機に入れ       食塩水に
型に詰めます。    圧力をかけ         24時間浸けます。
                  水分を取り
                  去ります。
                                    │
                                    ▼
できあがり！  ←                   熟成・発酵
                                   熟成室で
                                   発酵させます。
                                   チーズは毎日
                                   反転させます。
```

〈5〉チーズとワインのマリアージュ

◎ チーズとワインとパンの相性

　良質なチーズを食べながら好みのワインを楽しむ。このマリアージュにも基本的な相性があります。ここでは、チーズのタイプに分けて相性のいいワインとパンを選んでみました。基本的なラインとして覚えておきましょう。

●チーズ・ワイン・パンの組み合わせの一例●

タイプ	チーズ	ワイン	パン
フレッシュタイプ	●フロマージュブラン 　（仏／牛乳） ●モツァレラ 　（伊：ラッツィオ州・ 　　カンパーニャ州／水牛乳・牛乳） ●リコッタ 　（伊／牛乳ほかの乳清）	○酸味のある軽い白 　モーゼルワイン／ 　ヴーブレー ○軽い赤 　ボジョレー	◎バケット ◎パン・オ・レ
ウォッシュタイプ	●エポワス 　（仏：ブルゴーニュ地方／牛乳） ●ラミ・デュ・シャンベルタン 　（仏：ブルゴーニュ地方／牛乳） ●ポン・レヴェック 　（仏：オージュ地方／牛乳） ●ヴァシュラン・モンドール 　（仏：フランシュ・コンテ地方／牛乳）	○フルボディ赤 　ジュヴレ・シャンベルタン 　コートロティ／ボルドー 　（ポムロール／メドック）	◎ローゲン・ 　ミッシュ・ 　ブロード ◎サワードゥー 　パリジャン
セミハードタイプ	●トム・ド・サヴォワ 　（仏：サヴォワ地方／牛乳） ●サン・ネクテール 　（仏：オーヴェルニュ地方／牛乳） ●ラクレット 　（スイス：ヴァレ州／牛乳） ●カンタル 　（仏：オーヴェルニュ地方／牛乳）	○辛口の白 　サンセール／プイフュメ ○ライトボディ赤 　コートデュローヌ／ 　シノン／ボジョレー	◎パン・ド・ 　カンパーニュ ◎パン・ 　コンプレ

タイプ	チーズ	ワイン	パン
ハードタイプ	●エメンタール 　（スイス：エメンタール地方／牛乳） ●グリュイエール 　（スイス：フリブール州 　　　　　グリュイエール村／牛乳） ●ミモレット 　（仏：フランドル地方・ 　　　ブルターニュ地方他／牛乳） ●パルミジャーノ・レジャーノ 　（伊：エミリア・ロマーニャ州／牛乳）	○辛口の白 　シャブリ／サンセール／ 　プイフュメ ○フルボディ赤 　（熟度の高いチーズ） 　キャンティ・クラシコ／ 　ボルドー	◎パン・ド・ 　カンパーニュ ◎パン・ 　コンプレ
白カビタイプ	●カマンベール 　（仏：ノルマンディ地方／牛乳） ●ブリー 　（仏：イル・ド・フランス地方／牛乳） ●クローミエ 　（仏：イル・ド・フランス地方／牛乳） ●ブリヤ・サヴァラン 　（仏：ノルマンディ地方／牛乳）	○コクのある辛口の白 　ブルゴーニュ／グラーブ ○ライト～ミディアムボディの赤 　コートデュローヌ／ 　サンテミリオン	◎バケット ◎クルミ入り 　ライ麦パン ◎パン・ド・ 　カンパーニュ
青カビタイプ	●ロックフォール 　（仏：ラングドック地方 　　　　ロックフォール村／羊乳） ●ゴルゴンゾーラ 　（伊：ロンバルディア州 　　　　ゴルゴンゾーラ村／牛乳） ●スティルトン 　（英：レスターシャ・スチルトン村／牛乳） ●フルム・ダンベール 　（仏：オーヴェルニュ地方／牛乳）	○甘口ワイン 　ソーテルヌ／ 　バルザック／トケイ ○酒精強化ワイン 　ポートワイン ○フルボディ赤 　ポムロール／カオール／ 　エルミタージュ	◎ライ麦パン ◎ドライフルーツ 　入りの 　ライ麦パン
シェーブルタイプ	●ヴァランセ 　（仏：ベリー地方ヴァランセ／山羊乳） ●サント・モール・ド・トゥレーヌ 　（仏：トゥレーヌ地方／山羊乳） ●ピコドン 　（仏：アルデシュ県・ドローム県／山羊乳） ●クロタン・ド・シャヴィニョル 　（仏：ベリー地方／山羊乳）	○同地域の白ワイン 　（ロワール地方） 　サンセール／ヴーヴレー ○ややコクのある赤 　（熟度の高いチーズ） 　シノン／コートデュローヌ	◎パン・コンプレ ◎ライ麦パン

食のミニ知識 5

国によって変化するチーズの味

　ヨーロッパには、「国境を越えるとチーズが変わる」ということわざがあります。チーズの風味は、産地の気候風土によってつくられます。この点は、発酵食品のワインと共通しています。

　また、その気候風土の違いが、産地によってチーズの味わいを変え、異なった銘柄のチーズを生み出す要因となり、ヨーロッパだけで数百種以上のチーズが存在する所以（ゆえん）でもあります。

　土質の違いは牧草の質を微妙に変え、その土地で生育する動物の乳質も変化させます。また、伝統的製法でつくられるチーズには、それぞれ「旬」があります。（1年中つくられている工場生産のチーズは除きます）

◆イタリアの「(パルミジャーノ・レッジャーノ」「ペコリーノ・ロマーノ」
◆フランスの「ヴァシュラン・モン・ドール」

などは、チーズをつくる時期を青草の生えている時期だけに製造限定しているチーズでもあります。

　いい季節のおいしい牧草を食べたウシ、ヤギ、ヒツジの乳は、もっとも良質とされ、おいしいチーズとなります。フランスのあるチーズ通は、おいしいチーズができる時期を「ミルクシーズン」とも称しています。

　代表的なチーズの旬は表の通りです。

チーズのタイプ	一番草の頃	開花期の頃	二番草の頃
白カビタイプ	4月初旬～5月中旬	5月中旬～7月下旬	9月下旬～11月下旬
ウォッシュ・タイプ	7月初旬～8月中旬	8月中旬～9月下旬	11月初旬～1月下旬
硬質タイプ（大型）	8月中旬～9月下旬	9月下旬～11月中旬	12月中旬～3月下旬
シェーブル・タイプ	4月中旬～5月中旬	5月中旬～7月下旬	9月下旬～11月中旬

一番草：牧草が最初に芽を出す頃（3～5月）、開花期：牧草の花が開いた頃（4月中旬から6月）、二番草：牧草が2回目の芽を出した頃（9～10月）。（チーズの種類によって熟成期間は違います）

第6章 ヨーロッパ菓子

第1節 ヨーロッパ菓子の歴史

さまざまな国や時代を経て洗練されてきたヨーロッパのお菓子も、始まりは水で練った小麦粉を焼いたものでした。

〈1〉菓子の誕生

● もっとも古い練り粉菓子

　練った小麦粉を焼いてつくるお菓子のスタイルは、もともと砕いた穀物に水を加え加熱して、かゆ状にして粉食したことに端を発します。次いで、人類初のパン種による発酵生地が、メソポタミアや中東でガレットとして作られています。

　現在スポンジ生地をさすビスキュイという言葉は、語源はラテン語のバイ（2回）とキュイ（焼く）で、2度焼いたものを意味します。元々は保存のために乾燥するまでしっかり焼くものであり、古フランス語に由来し、小麦粉、塩、水で作るパンを意味していました。

　ギリシャ人、ローマ人、そしてガリア人も、パン生地に卵やチーズ（凝乳）、蜂蜜を加えてお菓子を作りました。それには、アニス、クミン、ケシの実を加えるという手法も見られます。

　古代の製菓ではプラコン（麦、チーズ、蜂蜜で作るビスキュイ）とアルトス（後にパンとなるもの）は区別されていました。これらやパンデピス（スパイス入りパン）は、ギリシャ語ではオベリオスと呼ばれました。これが最古の菓子といわれるウブリの語源で、ウブリを作る職人はウブリューと呼ばれました。ウブリはゴーフルの原形ともいわれます。

● 製パンから製菓へ

　歴史的にヨーロッパ菓子を紐解くと、ブーランジェ（製パン業）とパテ

ィシエ（製菓業）の職種は、1440年の菓子専門の同業者組合の発足まではっきりとは区別されていません。これは当時、砂糖など甘味の材料がとても少なかったからです。

結果的には甘味のお菓子、当時のビスキュイ（乾パン）、クラクラン（ビスケットの一種。中世までさかのぼる伝統菓子）、タルムズ（チーズを生地で包んだ塩味の菓子。中世までさかのぼる伝統菓子）、塩味のプティフールなどを作る権利を、菓子専門の同業者組合が製パン職人から取りあげたことで一応の分断が見られます。しかしそれではっきりと別れたわけではなく、パンドエピス、ショートブレッド、クイニアマン、パンドナント、パンドサボア、パンドジェーヌ、パンドラメックの名で現在知られるものと同様のものが、両者で作られています。

〈2〉菓子と古代文明

◉ エジプト

最初に製パンの仕事を始めたのは、エジプト人でした。紀元前12世紀、当時の首都であったテーベにあるラムセス3世の墳墓には製パン所を描いた壁画があり、いろいろな形のパンのほか、数種類のケーキを製造している様子が描かれています。その中で、神に捧げるパンの中に動物の形をしたものがあり、手で形を作り出したのではなく、すでに「型」の存在が認められます。

エジプトのケーキ、パンは、バビロニアから技術を学び取り独自に発展させたものです。その一つであるウテントは、当時の聖なる動物の一つだった蛇の形を模してとぐろを巻いた形状で、油で揚げてありました。

当時のこうしたケーキは、かまどで焼くか、脂肪を熱して揚げていました。そして紀元前7年頃のエジプトの市場では、砂糖で甘味を付けた粉菓子が売られました。この古代の王国には、14種類のベーカリー製品、5種類のワイン、10種類の肉が存在したとされています。

● ギリシャ

　エジプト文明が最盛期のころ、パンを焼く技術はギリシャもすでに確立していたことが知られています。古代アテナイの喜劇作家、アリストファネス（紀元前450年頃 - 385年頃）の著書でも、粉菓子をつくるさまざまな器具について言及した箇所が見られます。

　古代ギリシャ人たちは、そば粉、脂、蜂蜜（または砂糖）を使って、次のようなケーキを作っていました。フリッターの一種、エンクリス。平たいケーキで、焼きたてをワインに浸して食べる、ディスヒュルス。イチジクの葉でブドウやアーモンドを包んで焼いた、タルトの一種、トリオン。2枚の鉄板に挟んで焼いた、ウエハースの原型、オベリオス。そして、ウーブリ。当時は小麦粉で作られた一種のパンで、ひも状にしたパン生地を木の棒に巻き付け、直火で焼いたものと考えられています。「1～3タント（約30～80kg）の小麦粉で作るもの」と文献に残されるくらい一般的でした。

● ローマ帝国

　紀元前の数百年は、ギリシャ文明がローマの国々に浸透し、またそれを土台にしたローマ文明が出来上がっていきました。それを背景に、女性による家事の一部として行なわれてきたパンを焼く作業が、男性の職業の一つとして社会的な位置を占めるようになっていきました。

　彼らがつくったドゥルキアリウスと呼ばれる粉菓子は、一般の市民にも手の届く庶民的な的なものでした。ドゥルキアリウスにはいくつか種類があり、平たいチーズケーキやクリームタルトなどがありました。とりわけ人気のあったのがアルトクレアスと呼ばれる、ミートパイのような菓子でした。これは当時の政治家たちや、マルクス・ポルキウス・カトーによる記述も多く残っています。

　4世紀頃になると、パスティラリと呼ばれる技術者組合が現れることから、かなりの消費があったと考えられています。

〈3〉菓子屋

● ヴェニスの菓子店

　記録に残るもっとも古い菓子屋は1150年頃のもので、ヴェニスで数軒の店が開いていました。東洋では同じ時期、砂糖の消費量が著しく伸び、飲みものにまで使われる程でした。

　砂糖とアーモンドのペースト状の混合物をマジパンといい、当時は「甘い肉」と言われていました。これもヴェニスで扱われていたようですが、ペーストにするには大変高度な技術を必要とします。

　こうした付加価値の高い加工品は一方で、まがい物を生み出しました。高価なアーモンドをドングリに替えたり、でんぷんを混ぜるなどした、偽マジパンです。16世紀に色のシンボリズムの著作があるフルヴィオ・ペレグリノは、マジパンを偽りのシンボルとして語っています。

● 薬剤師による製菓業

　1231年、神聖ローマ帝国皇帝フリードリヒ2世はシチリア法典の中で、ウィーンの原材料を扱う商人たちから、砂糖を扱う権利を剥奪し、砂糖を扱う権利は薬剤師のみに与えることとしました。1294年、中世ドイツのザクセン地方・フライベルク市長はこれを受けて、薬剤師に限って菓子の販売権をゆだねました。1300年になるとフィレンツェの法令では、蜂蜜、蜜蝋、アーモンド、マジパン、スパイスなどをはじめとする砂糖を専門に扱ってきた専門商人を100社指定しました。アウグスブルクの町でも1386年、数軒の菓子屋の営業記録があります。1432年、オーストリア公アルブレヒト2世は、ウィーンにおいてヴェニスからの菓子の持込を禁じ、その製造・販売を薬剤師にのみ認可しました。

　ペーストリーが製造業者として登場するのは13世紀。その後、祭壇用のパンをつくる権利も得て、ギルドが構成されます。

第2節 ヨーロッパ焼菓子の種類

長い歴史を持ち、さまざまな種類があるヨーロッパの菓子。ここではその基本となる伝統的なペーストリーについて見てみましょう。

〈1〉蜂蜜のケーキ

● もっとも古いケーキ

　ハニーケーキ、ジンジャーケーキ、ペパーケーキなど、蜂蜜で甘味をつけた焼き粉菓子が最古の菓子といえます。いろいろな種類がありますが、全て祝祭日と何らかの関係があります。これらのケーキは、粘度製の特別な型でつくられたので、捧げ物に使用されたと思われます。

　アニスで香味づけされたハニーケーキは、古代ローマでも一般的で、新年を祝うサタンの祭りである農神祭やその最終日に焼かれました。当時、アラビア人はすでに重曹（トロナ鉱石）を使っていましたが、古代ローマでは発酵の方法として酸敗した生地を使うしかなかったため、今日のような柔らかい軽い生地ではありませんでした。

ケーキは日本でも一般的なデザートになったが、そのルーツはヨーロッパの焼菓子です。

イギリスで特別な日に焼くハニーケーキは700年を過ぎてからできました。ハニーケーキに使用するスパイスは、乳鉢ですりつぶし生地に混ぜたり、上にのせる飾りとしても多く使われました。よく知られているスパイス類は、ジンジャー、クローブ、シナモン、レモンの皮、アーモンドで、ローズマリーの小枝を使用することもありました。

　こうした蜂蜜のケーキはすぐに食べるのではなく、貯蔵を目的とし、いろいろな料理に欠かせない材料として、風味づけや、ねばりを出すために用いられました。現在でも黒ビールとレープクーヘンを煮込んだソースを使うドイツの鯉料理などが有名です。

　1577年頃からつくられていたとされるカタリヒェンはトルンの町で、レープクーヘンはニュルンベルクで有名になりました。こうした製造地はいずれも蜂蜜のとれるところばかりで、収穫高は現在より格段に多く、価格もマジパン、砂糖菓子よりはるかに安く買えました。逆に価格が高くて有名だったのは、フランスのランス、ベルダン、メッス産のハニーケーキです。

　そのほか、オランダのデフェンテル、スイスのバーゼル、ダンチッヒなども有名でした。スイスのもっとも古い特産菓子はビベールで、ザンクトガーレン州のヴァディアナ市立図書館に所蔵されている作り方が最古のレシピとなっています。これは、木の型に生地を詰め、熊の姿に飾るものです。材木の運搬をした熊にご褒美としてパンを与えたという聖ゴールの伝説を象徴したものとされます。またレッケルリ（正しくはバーセラー・レッケルリ）は、1600年頃から知られた菓子です。

◯ ビスキュイ

　中世の吟遊詩人タンホイザーは地中海を航行中、「我が海は曇り、我がビスコットは堅し」とつぶやきます。このビスコットは、航海用の小麦粉で焼いたパンを薄切りにして、乾燥させた、乾パンのようなものと考えられます。この乾パンが、長年にわたり航海、軍用食料の一つとされていることは、歴史が記すところです。近代になって、改良を重ね高級食品とな

ったツヴィーバッケンブロート、ビスコクテン、ブスキット、クレンゲルなどは、いずれも小麦、卵、砂糖から作られています。

1699年のシェルハマー女史による著作『オケージョナル・コンフェクショテリー』では、温めたビスキュイの種を「French Sweet Bread」と記しています。本書では、アーモンドをはじめとした木の実やスパイスがしばしば登場し、砂糖とともにアニスの種がふりまかれ、オレンジ花水、ローズオイル、マラガ産のワインも登場し、改良に腐心している様子がうかがえます。

1700年以降になると、ビスキュイをつくる際にいわゆる別立ての技術が使われはじめ、以前より軽く優れた製品がつくられるようになります。

◉ レープクーヘン

レープクーヘンは、ドイツ南のニュルンベルクで600年前からつくられてきた伝統的ペーストリーです。古くはエジプトでつくられていた蜂蜜のケーキ原型といわれます。13世紀、ニュルンベルクは東方からの交易の要所として栄えていました。その地の利を生かし、蜂蜜のケーキに高価なスパイスを生地に調合したものが、レープクーヘンとなりました。以来、現在もスイス、ドイツの家庭には欠かせないものとなっています。

〈2〉パイ生地

◉ パイ生地の意外に古い歴史

　パイ生地の誕生は早く、エジプトの全盛時代にはすでに、薄い生地を層にして何枚も重ねて焼くという技法がとられていました。ただし油脂はバターではありませんでした。ローマ帝国の初期キリスト教時代には、原始的なパイのようなものがバラエティー豊かに存在しており、皿で焼かれたのでディッシュパイと呼ばれ、これはパフペーストリーとタルトの基礎となりました。

　これに比べると、生地で縁をつくって型を使わないものは歴史が浅く、もっとも古いもので600年程前です。1350年頃のヴィルツブルクの文献で、5つのパイのつくり方が述べられています。その中で、小麦粉とワインと卵でつくった生地を使用する際は、腰を強くした生地にして薄く伸ばすことと強調されています。

　パフペーストリー、もしくはパイペーストリーもほぼ同じくらいに古く、1525年ヴェニス市議会が、当時のあまりにも派手であった結婚式を抑えるためにつくった目録で、ベーカリー製品の中にパフ／パイペーストリーを表す単語が見られます。

　1635年以降、フランスの画家クロード・ロランという人物が、所々で自らの創作として広めていたのが、今日でも作り続けられているスパニッシュパフ／パイペーストリーです。1600年ロンツィエールが名づけ創作したものですが、当のクロード・ロランは、1665年に『ザ・フレンチ・ベイカー』というバラエティーあふれるパイの本を書きました。一方オランダでは、エンゲルンが本を出しています。

　この頃から20世紀初頭まで、パフ／パイペーストリーは、バターペーストと呼ばれるようになりました。

　トルコでは、バクラヴァという、スパニッシュパフ／パイペーストリーと同じ製法のペーストリーがあり、バターの代わりにオリーブオイルや山羊

の脂でつくり、熱いうちにオレンジやレモンのシロップをかける手法を使っています。

ハンガリーでは、シュステル・シュトルーデルがあり、ロシアのようにピロギをパフケースでつくるものがあります。

コペンハーゲンでつくられているデニシュペーストリーは、パフペーストとイースト生地の中間にあたるものです。プランダーと呼ばれる生地で、バターと砂糖、マジパン、レモンピールを同量で包み込みます。

〈3〉トルテ

◉ 2つのトルテ

西ライン地方のケーニッヒスクーヘン（王のケーキの意）が古来のトルテの代表といえます。粉菓子の初期の時代は、皿で焼かれたものならば、たとえ詰め物が野菜や魚であったとしてもトルテでした。

ケーニッヒスクーヘンはクリスマスから新年にかけて作られる、バターや卵黄を豊富に使った一種のスポンジケーキです。文献に記されたケーニッヒスクーヘンには、例えば1474年ナポリに記録のあるネロのウォームタルトのような温かいデザートタルト、1581年マルクス・ランポルトのスパニッシュタルトなどがあります。

トルテは進歩するにつれ、大きく2種に分かれました。1つは、パイ生地を使用することで進歩を遂げたもの。2つ目は、イタリアを発祥とする、アーモンドをたっぷり使用した詰め物をしないアーモンドトルテです。

初期のトルテは、レモンの砂糖煮、スライスアーモンドに糖衣をかぶせ、ローズマリーで飾ったものでした。1500年にライプチヒでドミニコ教派の信者たちの焼いたトルテンや、1525年のヴェニス市議会が、結婚式の派手さを抑えるための目録に、アーモンドトルテを意味する単語を使っています。

現在のようなトルテになった最古のものは、リンツァートルテです。1719年ハーゲルが数種のつくり方を残していますが、スイスでも現在残っ

ているように、小さなものからディスプレイに使える程の大きさまで、無数につくられています。現在はスパイスによる茶色の生地がリンツァートルテの主流ですが、昔の配合では生地は白い色をしていました。また、詰め物が現在のようなフレッシュフルーツやフレッシュクリームになるには、長い年月を要しました。

● ザッハートルテ

　ザッハートルテはウィーンの代表的菓子の一つです。1832年、デリカテッセンの店主、フランツ・ザッハーは、初めてクリームチョコレートケーキの生地からトルテを作りました。これは、詰め物はせず、口当たりの良い糖衣の下に薄くアプリコットジャムを塗ったものでした。これはウィーン会議の折、オーストリア宰相メッテルニヒ公にデザートとして献上されました。

　彼の息子エデュベルトも卓越したシェフであったので、父のレシピを受け継ぎました。彼は世界的名声を博しているザッハーホテルの創始者です。

　その子息がデメル洋菓子店の娘と結婚しましたが、レシピが流出しデメルでもザッハートルテが売り出されました。ザッハーはデメルを相手取り商標権について争いましたが、これは「甘い7年戦争」と呼ばれます。結局ホテル側の勝利に終わりましたが、同時にザッハートルテは他店での製造・販売も認められるようになりました。

第3節 ヨーロッパ菓子とティー

植民地時代に東方よりイギリスにもたらされた紅茶は、今ではイギリスの生活になくてはならない文化そのものとなっています。

〈1〉イギリスの伝統菓子

● メイズオブオナー

　イギリス人は1日に7回も紅茶を飲むといわれます。目覚めのベッドに運ばれるアーリーモーニング・ティー、朝食のティー、11時のティー、アフタヌーン・ティーと続きますが、今日のイギリスではそれ以上です。

　お茶は中国からインド、トルコ経由でもたらされたものですが、スパイスと同様、17世紀のヨーロッパでは貴重品でした。17世紀半ばに、イングランド王チャールズ2世にポルトガル王女カタリナが嫁ぎ、その手土産としてボンベイ（インド）などの輸出権をイギリスにゆずりました。これにより、イギリスは19世紀初頭までお茶の貿易を独占することとなり、大英帝国繁栄の基礎を築きました。ただし、当初のお茶はグリーンティーで、現在のようなブラックティー（いわゆる紅茶。イギリスでは茶葉の色から緑茶に対して「黒い茶」と呼んで区別する）は19世紀からです。

　ティーといえば有名なのはスコットランドの菓子パン、スコーンですが、さらに有名なイギリスを代表する伝統菓子といえるのがメイズオブオナーです。エッグタルト風のチーズケーキで、ヘンリー8世の妻アン・ブーリンと、メイズオブオナーと呼ばれたその女官たちに人気が高かったというのが名前の由来です。

　オリジナルのメイズオブオナーは現在でも、1850年から門外不出のレシピを受け継いでいるニューエンズ家の経営するティーハウス、ニューエンズで売られています。

⟨2⟩イギリスとティー

● お茶の始まり

　お茶が最初にどうやってイギリスにもたらされたのか、詳細は不明です。かつてエリザベス1世の特許状によって成立し、ヨーロッパ以外からの輸入を独占していた東インド会社の船が、1637年にイギリスに到着したという記録があります。ところが、中国人商人とお茶の取引をしたという記録は、1644年のものです。乗組員が東方からのお土産として1袋のお茶を持ち帰り、その後次第にロンドンのコーヒーハウスでも飲まれるようになったともいわれています。

　イギリスで初期にお茶の商売を始めた一人に、トマス・ギャラウェイがいます。彼はシティにあった自分のコーヒーハウス、イクスチェンジ・アレイでお茶をだすようになり、1657年に初めて公式に販売を開始しました。1660年、ギャラウェイはお茶を重さ1ポンド当たり金額6ポンドと10ポンドで販売するという1枚刷り広告を出しています。ギャラウェイはお茶を「体に良く、年を取っても健康を保つことができ、かすみ目にもよい。そして内臓強化や風邪、浮腫、壊血病にも効果的で、活動的で丈夫な体をつくることができる」と宣伝しました。

　1658年9月30日には、お茶の史上初の新聞広告が、サルタネス・ヘッド・コーヒーハウスのオーナーによって出されました。それは『マーキュリアス・ポリティコス』紙に、「チャイナ・チャ（ティ）発売」として打ち出されたものです。お茶はこうしたコーヒーハウスですぐに大人気となり、1700年頃には、ロンドンにある500軒以上もの店で売られるようになりました。タバーン（居酒屋）経営者たちはこうしたコーヒーハウスの流行によって大打撃を受け、また酒の売り上げ低下により税収入が減少したイギリス政府も同様に打撃を受けました。

　18世紀半ば頃には、お茶はエールやジンにとって代わる国民的飲み物として定着し、イギリス人の大好物となりました。

〈3〉文化として根づいたお茶

● アフタヌーンティー

　アフタヌーンティーは1800年代初頭、7代目ベッドフォード公爵夫人であったアンナが始めた、といわれています。昼食の後、夕食までの間の空腹をまぎらわせようと、午後4時か5時頃にお茶を飲むことを思いついたといいます。その少し以前には、サンドイッチ伯爵により、2枚のパンの間に具をはさんで食べるという方法が考案されていました。

　こうした習慣が次第に社交的集まりと結びついてアフタヌーンティーが流行し、今やイギリス人のライフスタイルの一部となっています。

● ティーガーデンとティーダンス

　家の外でもお茶は楽しまれ、1732年までには、ボクソール・ガーデンやラニラ・ガーデンでダンスをしたり、花火を見たりして過ごす夕べに、お茶は欠かせないものになっていました。イギリス各地で週末にはティーガーデンがオープンし、午後の真っ盛りにお茶が楽しまれました。集いにはダンスがつきもので、ティーガーデンでもダンスが楽しまれるようになりました。

　ティーガーデンは第二次世界大戦頃まで大流行し、その後人気がなくなりましたが、ティーダンスは今でも開催されています。

● 禁酒のためのティーミーティング

　ティーガーデンは閉められましたが、その後にお茶は、アルコールの大量消費に反対する禁酒運動に重要な役割を果たすようになりました。禁酒を奨励し、禁酒のための募金を集めるティーミーティングが英国各地で開催されるようになったのです。ティートータル（絶対禁酒）という単語は、ティーから由来するとされています。

● ハイティー

　労働者や農民の間では、アフタヌーンティーはハイティーとなりました。ハイティーは一日のいちばんのごちそうで、応接間で優雅に楽しむ午後の食事と、夜7時、8時に食べる夕食との中間のようなものなのです。ハイティーには熱いお茶と肉やパン、ケーキが出されます。

● ティーショップ

　1864年、無酵母パン会社が経営する店の女性マネージャーが、会社役員たちを説得し、その店で食べ物と飲み物を出すことになりました。彼女が得意客に対しお茶を出すようになると、すぐに他の客もそのお茶を飲みたいと言いはじめました。ここから始まったのがティーショップです。

　ティーショップの流行は、女性解放の基礎も作ることになりました。当時のレディが付き添いなしで友人に会える場になったのです。

　ティーショップはイギリス中に広まり、今では紅茶そのものに並ぶイギリスの伝統となりました。ファストフードやドリンクの店が氾濫する今日でさえこの伝統は消えず、国の内外を問わず多くの人々を魅了しています。

● ティーブレーク

　ティーブレークは、ほぼ200年間にわたりイギリスの伝統として定着しています。労働者の一日の始まりが朝5時か6時だった頃、午前中に雇い主が従業員に休憩を与え、お茶と食べ物が出されたのがもともとの始まりでした。そして中には午後にもこの休憩を与える雇い主もいました。

　1741年から1820年の間、実業家や地主、聖職者などが、お茶を飲んで休憩すると労働者が怠け者になると主張し、ティーブレークをやめさせようとした時期もあります。しかし現在では、ティーブレークは日々の大切な時間であり、心のバランスと健康な体を保つのに役立つと考えられています。

食のミニ知識 6

お菓子の名前の由来は

　日本でも馴染みの深い「シュークリーム」ですが、この名前はフランス語の「シュー」に英語の「クリーム」を組み合わせた和製外語です。フランスでは「シュー・ア・ラ・クレーム」と表記されています。

　シューは「キャベツ」のことで、ボコボコと膨らんで焼けた形が似ているところから、「クリーム入りのキャベツ」と呼ばれるようになったといわれています。

　また、フランスでは「ボンボン・オ・ショコラ」、ドイツでは「プラリネ」と呼ばれている一口サイズのチョコレート菓子「プラリネ」。これは、ルイ13世からルイ14世に移る時代、戦場外でも数々の武勇伝で名を馳せたショワズール・プララン公爵の司厨長クレマン・ジュリュゾがつくったナッツの砂糖がけが発祥。このお菓子が列席者の貴婦人たちを魅了し、公爵に名前をたずねたところ、当時はまだ名がついておらず、「名前は皆様にお任せしましょう」と言うと、「プラリーネ」の声が上がったということです。これは公爵の名「プララン」の女性形の読み方です。

　この糖菓がいつしか一口チョコレート菓子そのものを指す語になりました。
「プラリネ」は、プララン公爵に由来するプラリーネのドイツ語読みといわれています。

　ちなみに、近年、日本でよく見かけるプラリネには、ヘーゼルナッツやアーモンド主体のペーストにカカオバターや特別なフレーバーを加えたものが多く、粒チョコレートのフィリング（中身）として使われています。

シュークリームは
日本でも人気です。

第7章

食と芸術・文化

第1節

食と絵画

食物や食事のシーンは絵画でもよく描かれるテーマです。食が描かれた代表的な絵画を紹介してみましょう。

〈1〉絵画に出てくる食

◉ 紀元前からある食と絵画の関係

　料理と食する人の関係は絵画と鑑賞する人との関係に似ています。料理の素材を熟知し、ソースを味わい、色、香り、形を五感で感じることができれば、より一層心身を豊かにしてくれます。絵画もまた、主題や造形的特質を理解していれば、より一層深く味わうことができます。人類は紀元前15000年頃、北スペインのアルタミラや南フランスのラスコーに最古の洞窟絵画「傷ついた野牛」を描きました。また古代エジプトには、ナイルの氾濫による穀物の生産や神々への供物を主題にした壁画が残されています。

　それらが描かれた目的は何であったのか？　絵を描く行為は人類が生きていくための食料供給への祈りや大切な自然の恵みへの感謝を表す手段であり、絵画は神と人のコミュニケーションの場であったと考えられています。飲食が絵画の世界にどのような役割を果たしたかを知ることで食の世界もさらに豊かに広がるでしょう。

●古代●

タイトル	内容
搾乳の情景を描いた浮き彫り	搾乳とバターがつくられる様子が描かれています。（初期王朝期・紀元前2523－2484年）アル・ウバイド出土・大英博物館蔵
ビールを飲むシュメール人	ストローを使ってビールを飲むシュメール人の宴会の様子が円筒印章に彫られています。（初期王朝期・前2600年頃）ウルの王墓出土・大英博物館蔵
アッシュルバニパル王の饗宴	盃を手にした王と王妃、そして、たわわに実るブドウの木と料理を運ぶ女官たちが宴を開いている様子がアラバスターのレリーフに描かれ

タイトル	内容
	ています。(メソポタミア南部に生まれた世界最古の文明であるシュメール人都市国家では大麦を主体としてエンマー麦、小麦、豆類、大蒜・玉葱・胡瓜などの野菜が栽培され、主食の大麦からは多種多様なパンや、30種類以上のビールがつくられていました。また、ぶどう酒が輸入され、「ブドウ酒の水」と呼ばれる酢も存在していました。)(前7世紀)ニネヴェ出土・大英博物館蔵
宴 会 図 (漆喰の塗ってある 石灰岩の壁画)	ネブアメンの墓の礼拝所にたくさんの食べ物がのったテーブル宴会を楽しむ様子が描かれています。(新王朝第18王朝時代)ルクソール西岸出土・大英博物館
供 物 の 図 (漆喰の塗ってある 石灰岩の壁画)	イチジク、パン、ワイン、鳥、マンダラケの果実などが描かれています。(新王朝第18王朝時代)ルクソール西岸出土・大英博物館蔵

● 14世紀〜16世紀 ●

作 者	タイトル	内容
ランブール兄弟 (1390−1416年頃 活動/オランダ)	ベリー公の いとも豪華なる 時禱書	1月(宴会)、9月(ブドウの収穫)の図。ブルゴーニュ宮廷の暮らしは礼儀正しく、富と権力により豪華なものでした。(1413年頃)シャンティイ(フランス)コンデ美術館蔵
マザッチョ (1401−1428年/ イタリア)	聖母子	聖母が差し出したブドウを食べている幼子イエス。ブドウは聖餐の葡萄酒の象徴です。(1426)ロンドン/ナショナル・ギャラリー蔵
ボッティチェリ (1445−1510年/ イタリア)	ザクロの聖母	ザクロはキリストの受難の象徴。ザクロを抱えた幼子イエスを聖母が支えています。(1487年頃)ウフィツィ美術館蔵
ラファエロ (1483−1520年/ イタリア)	魚の聖母	魚はキリストを表した初期のシンボル。マドリード/プラド美術館蔵
デューラー (1471−1528年/ ドイツ)	カニ	木版画や銅版画で有名な北方ルネサンス最大の画家。ヴェネツィアを訪れたとき、ニュルンベルクにはない珍しい甲殻類を市場で眼にして描いた水彩画。(1495年)ロッテルダム/ボィマンス＝ファン・ベーニンゲン美術館蔵
レオナルド・ダ・ヴィンチ (1452−1519年/ イタリア)	最後の晩餐	最後の晩餐は修道院の食堂の絵にしばしば取り上げられている主題です。(1495−97年頃)ミラノ/サンタ・マリーア・デッレ・グラーツィエ聖堂蔵
ティツィアーノ (1485−1576年/ イタリア)	果物皿を持つ ラヴィーニア	ティツィアーノの娘ラヴィーニアが果物の大皿を持ち上げている様子が描かれています。ベルリン国立美術館絵画館蔵

作者	タイトル	内容
ヴェロネーゼ (1528－1588年／ イタリア)	レヴィ家の饗宴	サンティ・ジョヴァンニ・エ・パオロ聖堂修道院食堂を飾った絵です。（1573年頃）ヴェネツィア／アカデミア美術館蔵
クラナハ (1472－1553年／ ドイツ)	ヴィーナスと蜜を盗むキューピット	蜂の巣から蜜（快楽）を盗もうとしているキューピットが蜂に刺され（苦痛）ヴィーナスに救いを求めている場面が描かれています。（1537年頃）ローマ／ボルゲーゼ美術館蔵
ブリューゲル(父) (1525－1569年／ ベルギー)	婚礼の宴会	「暴飲暴食」という「大食の罪」が主題で食物と飲物が強調されて描かれています。（1568年頃）ウィーン美術史美術館蔵

● 16～18世紀 ●

作者	タイトル	内容
カラッチ (1560－1609年／ イタリア)	肉屋の店	肉屋の店先を描いています。日々の生活がテーマ。（1582-1583年　オックスフォード／クライスト・チャーチ蔵）
カラヴァッジョ (1571－1610年／ イタリア)	エマオの晩餐	テーブルの上には聖餐の象徴のパンとワインそして受難の果実（ブドウ、イチジク、ザクロ）、あぶった鶏が描かれています。ブドウは、聖餐式のブドウ酒を表しキリストの流した血を、ザクロはキリストの復活を象徴しています。（1601年　ロンドン／ナショナル・ギャラリー蔵）
ベラスケス (1599－1660年／ スペイン)	卵を料理する老女と少年	初期にボデゴン（飲み物や食べ物／スペイン語で「居酒屋」「安食堂」を意味する）で名をなしたスペインが生んだ最高の画家。（1618年　エディンバラ／スコットランド国立美術館蔵）
フランス・ハルス (1582－1666年／ オランダ)	謝肉祭の酒宴	ハンス・ヴルスト（ソーセージの意）とペーケル・ハーリング（塩漬けニシンの意）が登場人物の当時の寓意文学の象徴として描かれています。
レンブラント (1606－1669年／ オランダ)	ベルシャザルの饗宴	ソロモンの宮殿から盗んだ金銀の酒器でバビロニア王ベルシャザルが異教神たちと乾杯をしたとき、そこに「不思議な文字」が表れたという『ダニエル書』の場面。（1630年　ロンドン／ナショナル・ギャラリー蔵）
ホガース (1697－1764年／ イギリス)	ビール通り／ジン横丁	2枚の絵にビールを飲むこと（健全なイギリス人の健康的な習慣とみなされていた）とジンを飲むことによる影響（社会に悪がはびこる原因とみなされていた）の対比が描かれています。（1751年　ロンドン／大英博物館蔵）

作　　者	タイトル	内　　　　容
フェルメール (1632 - 1675年／ オランダ)	牛乳を注ぐ女	フェルメールが生涯過ごしたデルフトの町の暮らしぶりを知ることができます。（1658 - 1660年頃　アムステルダム国立美術館蔵）
ティエポロ (1696 - 1770年／ イタリア)	クレオパトラの宴	伝説によるとマルクス・アントニウスはクレオパトラの宴の壮麗さに驚嘆し、クレオパトラは貴重な真珠のイヤリングをはずし自分の飲みかけのワインの中で溶かして飲み、富を誇示したという場面が描かれています。真珠は中国では「珍珠」と呼ばれる生薬。（1743 - 44年　メルボルン／ヴィクトリア国立美術館蔵）
シャルダン (1699 - 1779年／ フランス)	オリーブの瓶 （1760年　パリ／ルーヴル美術館蔵） 食前の祈り （1740年　パリ／ルーヴル美術館蔵） 鍋と卵のある静物 （1734年　パリ／ルーヴル美術館蔵） 乳棒と乳鉢のある静物 （1732年　パリ／コニャック＝ジェイ美術館蔵） 買物帰りの女中 （1739年　パリ／ルーヴル美術館蔵）	シャルダンは、台所道具、魚、肉、野菜などを描き、1728年9月25日、アカデミーの会員に応募して、動物と果物の画家としての資格を得ました。彼が活躍した時代はピクニックが流行し、大きな屋敷ではお菓子づくりも自前で行われていました。
ブーシェ (1703 - 1770年／ フランス)	朝　　食	ブーシェ夫人と2人の子供、女中、召使が一緒にショコラを飲んでいる様子が描かれています。（1739年　パリ／ルーヴル美術館蔵）

●19世紀～●

作　　者	タイトル	内　　　　容
マネ (1832 - 1883年／ フランス)	ペール・ラテュイユの店にて	シェ・ル・ペール・ラテュイユはマネの行きつけのカフェ・ゲルボワの近くにあったパリの粋なレストラン（1879年　トゥルネ美術館蔵）
ルノワール (1841 - 1919年／ フランス)	船遊びの昼食	セーヌ川のシャトゥー島にあるレストラン・フルネーズのテラスで昼食をとる楽しそうな友人たちの情景を描いたものです。（1881年　ワシントンDC／フィリップス・コレクション蔵）

作 者	タイトル	内 容
ドガ (1834－1917年／ フランス)	アブサント	カフェ・ヌーヴェル・アテーヌで「アブサン」を前にうつろな表情の労働者階級の女性が描かれています。(1876年　パリ／オルセー美術館蔵)
セザンヌ (1839－1906年／ フランス)	リンゴと オレンジ	リンゴやオレンジや日常品でキャンバスに幾何学的なフォルムを生みだしました。(1895－1900年　パリ　オルセー美術館)
	リンゴの バスケット	キュビズムから抽象画に至る20世紀の美術の基礎を築いたセザンヌは生涯200点にのぼる静物画を描いています。(1890－1894年　パリ／オルセー美術館蔵)
ファン・ゴッホ (1853－1890年／ オランダ)	馬鈴薯を食べる 人たち	「ジャガイモを食べる人々は、皿に伸ばしているその手で大地を耕しています。つまり『手の労働』をした結果その分だけ正直に糧が得られます」テオへの手紙より。(1885年　アムステルダム／国立ゴッホ美術館蔵)
	夜の カフェテラス	アルルの町のフォーラム広場にはゴッホが描いたカフェが再現されています。(1888年　オッテルロー／国立クレラー・ミュラー美術館蔵)
ロートレック (1864－1901年／ フランス)	ムーラン・ ルージュにて	多くの作品はモンマルトルのナイトクラブ(バル・デュ・ムーラン・ルージュ)を舞台に描かれています。1889年に開店した当時からロートレックは常連客でした。(1892年　アート・インスティテュート・オブ・シカゴ蔵)
マティス (1869－1954年／ フランス)	赤の食卓	ロシアの貴族シチューキンの食堂にかけられた『青のハーモニー』は、マティスの作品へのこだわりから赤に塗り替えられ『赤の食卓』として生まれ変わりました。(1904年　サンクト・ペテルブルグ／エルミタージュ美術館蔵)
クールベ (1819－1877年／ フランス)	リンゴと ザクロのある 静物	クールベは服役していたときには静物しか描けませんでした。(1871年　ロンドン／ナショナル・ギャラリー蔵)
ボナール (1867－1947年／ フランス)	フランス シャンパーニュ・ ポスター	シャンパンの泡と女性が主題です。(1889年入選)
デュフィ (1877－1953年／ フランス)	アペリティフ (食前酒)	人や飲みものが色彩のアラベスク模様のように描かれています。(1908年)パリ市立近代美術館蔵
	西洋かぼちゃ	詩人アポリネールと知り合い、『動物誌』の「20日鼠」の章の下書き。かぼちゃ、ぶどう、いちごが描かれています。(1910年　ギヨン・ラファイユ画廊蔵)

作者	タイトル	内容
ピカソ （1881－1973年／スペイン）	テーブルの上のパンと果物鉢	アヴァンギャルドの旗手として君臨し、多くの芸術家に影響を与えてキュビズムに貢献しました。（1908年）
シャガール （1887－1985年／ロシア）	誕生日	シャガールの誕生日に花束を抱えてやってきた恋人ババとバースデーケーキが描かれています。（1915年）
リベーラ （1886－1957年／メキシコ）	われらのパン	共産主義者を食物配給者の姿で表している《プロレタリア革命のバラード》の一部をなす壁画。（1923－1928年　メキシコ文部省蔵）
	粉をひく人	メキシコの主食であるとうもろこしからトルティーリャをつくっている女性を描いています。（1924年　メキシコ国立近代美術館）
エドワード・バラ （1905－1976年／イギリス）	スナック・バー	サンドイッチをかじる女とハムをスライスする男が描かれています。（1930年　ロンドン／テイト・ギャラリー蔵）

第2節

食と音楽

食卓を演出するアイテムとして音楽はかかせない存在です。どういう音楽がいいのか、食と音楽について考えてみましょう。

〈1〉食の場の雰囲気と音楽

● BGMとしての実用音楽

　食事のシーン、部屋でくつろいでいるときの音楽……。それぞれ生活のシーンには、その場の雰囲気にふさわしい音楽というものがあります。

　例えば、運動会の徒競走に、バッハの『G線上のアリア』はどう考えても場違いでしょう。走る意欲が一気に失せてしまいます。やはり、ここはネッケ（1850 - 1912年／ドイツの作曲家）の『クシコスの郵便馬車』か、カバレフスキー（1904 - 1987年／ロシア（ソビエト）の作曲家）の『ギャロップ』という曲がふさわしでしょう。洒落たレストランで、カップルがグラスを合わせているときに、ベートーヴェンの『運命』がかかったら雰囲気が台なしになってしまいます。その場には、その場の雰囲気にあった音楽があり、最適な音楽がBGMとして選ばれると、気分が高揚したり、リラックスしたりして、より食事が楽しめたり、おいしく感じたりします。

　その場にふさわしい音楽を選択できるかどうかは、選ぶ者の知識とセンス次第。食事シーンのBGMについて学びましょう。

● 宗教音楽と世俗音楽

　西洋のいわゆるクラシック音楽には、大別して2つの流れがあります。宗教音楽と世俗音楽です。

　前者はバッハのミサ曲（キリスト教の典礼の音楽）や受難曲（キリスト

の受難を描いた福音書に基づく音楽）に代表される荘厳な作品が中心を成します。古くは8〜9世紀のグレゴリオ聖歌があり、20世紀にもポーランドの現代作曲家ペンデレツキ（1933年-）やエストニアの異才アルヴォ・ペルト（1935年-）などが、ミサ曲や受難曲を書いています。

一方の世俗音楽には、それ以外のあらゆる音楽が含まれます。

世俗音楽は、本来はすべてBGMでした。人々が集い、楽しく踊るときに演奏されるダンスミュージック、祭を盛り上げる軽快な音楽（日本の祭囃子に相当するものは洋の東西を問わずあります）、軍隊の進軍に合わせて奏される意気軒昂なマーチ、そして、料理の並ぶテーブルの向うで奏でられる食卓の音楽。いずれも世俗音楽に属するBGMです。ちなみに、ヨハン・セバスチャン・バッハ（1685-1750年）の鍵盤音楽の頂点をなす作品『ゴールドベルク変奏曲』は、演奏会で聴くと誰もが眠くなるものですが、もともとカイザーリング伯爵が不眠症を緩和するために作曲を依頼したという逸話も残っています。また、オーストリアのザルツブルクで生まれたモーツァルト（1756-1791年）の作品のなかには、ザルツブルク大学の終了式の際に使用する目的で作曲された音楽＝「フィナール・ムジーク」というジャンルに属するものがいくつかあります。

〈2〉食卓にふさわしい音楽

● BGMとなる音楽の特徴

BGMの特徴は、BGM（back ground music）ということばの通り、背景として存在する音楽であり、いずれも音楽自体が主眼ではなく、いわば音楽は、「添え物」である点です。視点を変えれば、これらの音楽には前景を成すものがある、つまりBGMには実用性が伴うといえます。実用目的のある音楽である以上、目的に合った音楽が選択されなければ、いかに芸術として優れていようとも、場違いなものになります。

先ほど、食卓の音楽についてふれましたが、まさにそのものズバリ「食卓の音楽」と題するすばらしい作品があります。バロック時代のドイツの

作曲家ゲオルク・フィリップ・テレマン（1681 - 1767年）による『ターフェルムジーク』です。

テレマンはバッハやヘンデルなどとほぼ同時代の作曲家でしたが、当時はバッハをはるかに凌ぐ人気と名声とを誇っていました。ターフェルムジーク（Tafelmusik）とは、「tablemusic」に相当するドイツ語で、まさしく「食卓の音楽」。貴族社会における晩餐などで、食事の味を引き立たせ、食の宴をいっそう豊かなものとするための演出として作曲・演奏されたものでした。

優美を極めた実に典雅な音楽。こんなに美しい音楽をBGMとして生演奏させながら、当時の貴族たちは贅を尽した料理を楽しんでいました。なんと贅沢なことでしょう。

この『ターフェルムジーク』は、優れた芸術音楽であると同時に最高のBGMでもありました。この作品は当時の貴族社会にたいそう気に入られ、盛んに演奏され、楽譜もかなり売れたと記録に残っています。

●「ながら聞き」の音楽

ここで、逆説的に、生活のさまざまシーンで音楽が主役になってしまったらどうなるかを考えてみましょう。

軍隊が進軍することを忘れて聞き入ってしまう行進曲はどうでしょう？踊ることを忘れさせてしまうダンスミュージック、ナイフやフォークを持つ手の動きがとまってしまったうえ、そしゃくする口の動きさえ止まってしまう音楽……。こうした音楽は、音楽として大変なものでしょうが、BGMとしては失格です。

BGMに求められるのはあくまで優れた黒子であること。晩餐の席での主役は食卓を彩る料理たちであり、その料理を味わう人々。決してBGMを作曲した音楽家でも音楽でも楽器を奏でる演奏者たちでもありません。その意味で『ターフェルムジーク』はまさに最高の黒子の例なのです。

宗教音楽でも事情は同じです。宗教音楽の代表であるミサ曲や教会カンタータは、キリスト教の礼拝のための音楽であり、「典礼」というはっき

りとした使用目的を持っています。ここでの最高の主人公は神であり、司祭であり、参列した人々です。宗教音楽は神への捧げものであり、礼拝への奉仕を義務づけられた道具なのです。

その意味では、日本の雅楽やインドネシアのガムラン、オペラなども「ながら聞き」の音楽です。音楽のみが存在しているのではなく、音楽は総合芸術の一部です。こういった音楽は使い方を間違わなければ、ＢＧＭに向いているといえます。

ＢＧＭとクラシック

レストランのＢＧＭに、テレマン、バッハ、ヘンデル、ヴィヴァルディなどバロック時代の音楽がよく用いられます。これも理由のないことではありません。これらの作曲家の手になる作品は実用音楽が主流を占め、その目的からはずれなければ、食卓の雰囲気を大いに盛り上げてくれるからです。

ただし、ベートーヴェン以降のクラシック音楽は根本的にはＢＧＭとしてあまりふさわしくないといえるかもしれません。

自律的芸術であるベートーヴェン以降の音楽作品は、あくまで鑑賞の対象として創造されたものであり、「私の音楽は、ながら聞きをするな！」というベートーヴェンの強い思いが以降の音楽芸術を支配しているからです。音楽が主流となったのではＢＧＭとしての意味はなくなってしまいます。ベートーヴェン以降の音楽を用いる際には、よく吟味し、ＢＧＭとして流すことに問題がないかどうかをしっかり検討しましょう。

ともかく、料理と音楽は互いを引きたてあう関係こそが理想です。料理や雰囲気にふさわしいＢＧＭを選ぶようにしましょう。

●食とポピュラー音楽●

料 理	
アーティスト名	曲名（料理名）
DREAMS COME TRUE	『PROUD OF YOU』（もんじゃ焼き）
KAN	『カレーライス』（カレーライス）
Mr.children	『UFO』（スパゲティ）
ウルフルズ	『大阪ストラット』（ケーキ、うどん）
ケツメイシ	『1日』（カレー）、『あなたに冷やし中華』（冷やし中華）
シブがき隊	『スシ食いねえ』（寿司）
スピッツ	『うめぼし』（梅干）、『エスカルゴ』（エスカルゴ）
ソニン	『カレーライスの女』（カレーライス）
モーニング娘。	『Mr. Moonlight～愛のビッグバンド～』（ハンバーグ）
かぐや姫	『妹』（味噌汁）、『好きだった人』（ハンバーグ）
遠藤賢司	『カレーライス』（カレーライス）
大塚愛	『黒毛和牛上塩タン焼735円／680円』（黒毛和牛）、『本マグロ中トロ三〇〇円(緑)』（マグロ）、『ラーメン3分クッキング』（ラーメン）
桑田佳祐	『僕のお父さん』（カレーライス）
千昌夫	『きんぴら』（きんぴら）、『味噌汁の詩』（味噌汁）
広瀬香美	『お引越し』（ハンバーグ）
森山直太朗	『マリア』（オムライス）

食 材 （全般）	
アーティスト名	曲名（食材名）
Aqua Times	『ハチミツ～Daddy, Daddy～』（ハチミツ）
DREAMS COME TRUE	『あなたにサラダ』（サラダ、レタス、トマト、リンゴ）
THE YELLOW MONKEY	『JAM』（ジャム）
SMAP	『セロリ』（セロリ）
キグルミ	『たらこ』（たらこ）
スピッツ	『ハチミツ』（ハチミツ）
かぐや姫	『赤ちょうちん』（おでん、酒、キャベツ）
大滝詠一	『恋はメレンゲ』（メレンゲ）
奥田民生	『BEEF』（ビーフ、ビール）

果物／果実			
アーティスト名	曲名（果物名）	アーティスト名	曲名&果物名
CHAGE and ASKA	『クルミを割れた日』（クルミ）	大竹しのぶ	『みかん』（ミカン）
CHAGE and ASKA	『野いちごがゆれるように』（野イチゴ）	太田裕美	『りんごのひとりごと』（リンゴ）
オオゼキタク	『レモン』（レモン）		

チョコレート			
アーティスト名	曲名	アーティスト名	曲名
TOKIO	『愛はヌード』	宇多田ヒカル	『ぼくはくま』
スピッツ	『クリスピー』	尾崎豊	『Teenage Blue』
テゴマス	『Chocolate』	反町隆史	『二人きりの場所』
ポルノグラフィティ	『ビタースイート』	竹内まりや	『涙のワンサイデッド・ラヴ』
モーニング娘。	『いきまっしょい！』	松任谷由実	『Choco-language』
ゆず	『チョコレート』	美空ひばり	『東京キッド』
今井美樹	『amour au chocolat』		

食空間（レストラン・カフェなど）	
アーティスト名	曲名（店舗の種類）
DEEN	『ROUTE 466』（メキシカン・レストラン）
EPO	『疑似恋人達の夜』（レストラン）
ハイファイセット	『スカイレストラン』（スカイレストラン）
SMAP	『星空の下で』（レストラン）
ZARD	『Seven Rainbow』（レストラン）
ZARD	『こんなにそばに居るのに』（レストラン）
ガロ	『学生街の喫茶店』（喫茶店）
シャ乱Q	『ズルい女』（レストラン）
パープル・シャドウズ	『小さなスナック』（スナック）
あべ静江	『コーヒーショップで』（コーヒーショップ）
飛鳥涼	『バーガーショップで逢いましょう』（バーガーショップ）
井上陽水	『エンジの雨』（レストラン）
井上陽水	『ナビゲーション』（レストラン）
狩人	『コスモス街道』（レストラン）
米米CLUB	『グラデーション・グラス』（カフェテラス）
佐野元春	『ボヘミアン・グレイブヤード』（レストラン）
佐野元春	『こんな素敵な日には(On The Special Day)』（レストラン）
清水健太郎	『失恋レストラン』（レストラン）

食空間（レストラン・カフェなど）	
アーティスト名	曲名（店舗の種類）
徳永英明	『恋人』（カフェテラス）
広瀬香美	『I Wanna Be Your Love』（チャイニーズ・レストラン）
松浦亜弥	『GET UP!ラッパー（松浦 Version）』（ケーキ屋）
松浦亜弥	『絶対解ける問題X=』（ケーキ屋）
松任谷由実	『サーフ天国、スキー天国』（カフェテラス）
松任谷由実	『ランチタイムが終わる頃』（レストラン）
松任谷由実	『海を見ていた午後』（レストラン）
森田童子	『ぼくたちの失敗』（ジャズ喫茶）
森高千里	『晴れ』（カレーライス,イタリア・レストラン）
渡辺美里	『虹をみたかい』（イタリアン・レストラン）
グラス&スプーンなど	
アーティスト名	曲名&グラス
石原裕次郎	『ブランデーグラス』（ブランデーグラス）
稲垣潤一	『LONG AFTER MID-NIGHT』（ワイン・グラス）
ツイスト	『Party, Party, Party』（ワイン・グラス）
大黒摩季	『チョット』（ワイン・グラス）
小椋佳	『めまい』（ワイン・グラス）
加藤登紀子	『まっすぐ見つめたい』（ワイン・グラス）
辛島美登里	『ラプソディ・ラプソディ』（ワイン・グラス）
工藤静香	『らしくない』（シャンパン,グラス）
佐野元春	『Night Life』（シャンペン・グラス）
庄野真代	『飛んでイスタンブール』（グラス）
杉山清貴	『最後のHoly Night』（シャンペン・グラス）
竹内まりや	『夏の恋人』（ワイン・グラス）
三原順子	『セクシー・ナイト』（カクテル・グラス）
矢沢永吉	『魅惑のメイク』（シャンペン・グラス）
渡辺真知子	『メソポタミア・ダンス』（ワイン・グラス）
河村隆一	『SPOON』（スプーン）
長渕剛	『僕だけの メリークリスマス』（スプーン）
森山直太朗	『SHARAKUSAY』（スプーン）

ワイン			
アーティスト名	曲名（店舗の種類）	アーティスト名	曲名（店舗の種類）
B'z	『恋じゃなくなる日』	工藤静香	『ワインひとくちの嘘』
チャゲ&飛鳥	『Sea of Gray』	〃	『奇跡の肖像』
ケミストリー	『Running Away』	桑江知子	『黄昏をワインに染めて』
Hitomi	『Hard Days Night	小泉今日子	『華麗なる休暇』
〃	(One More Beauty)』	倖田來未	『Let's Party』
ジュディ&マリー	『Hello! Orange Sunshine』	米米CLUB	『Party Joke』
〃	『くじら12号』	酒井法子	『くちびるに、ね』
TMネットワーク	『RHYTHM RED	佐野元春	『99 Blues』
〃	BEAT BLACK』	柴咲コウ	『Glitter』
THE ALFEE	『Nouvelle Vague』	杉山清貴	『ASPHALT LADY』
〃	『WEEKEND SHUFFLE』	高橋真梨子	『桃色吐息』
〃	『ラブレター』	谷村新司	『英雄』
ザ・イエローモンキー	『TACTICS』	広瀬香美	『Search-Light』
チューブ	『SUMMER CITY』	竹内まりや	『コンビニ・ラヴァー』
ZARD	『月に願いを』	松本英子	『ワインの匂い』
オフコース	『やさしさにさようなら』	山下久美子	『宝石』
安全地帯	『ワインレッドの心』	エリック・クラプトン	『Bottle Of Red Wine』
ケツメイシ	『夜の天使』	アンディ・ウィリアムス	『Days Of Wine And Roses』
稲垣潤一	『SHYLIGHTS』	フランク・シナトラ	『Days Of Wine and Roses』
〃	『メリークリスマスが言えない』	ディーン・マーチン	『Hey Brother Pour The Wine』
井上昌己	『恋が素敵な理由』	クリフ・リチャード	『Mistletoe And Wine』
〃	『愛されてばかりいると』	オアシス	『Old Red Wine』
今井美樹	『LONELY』	ザ・フー	『Pass Me Down The Wine』
〃	『アラビアン・ナイト』	ナイル・ダイヤモンド	『Red, Red Wine』
〃	『カリビアン・ブルーの夜明け』	ムーディ・ブルース	『Send Me No Wine』
大塚愛	『ふたつ星記念日』	クリーム	『Sweet Wine』
荻野目洋子	『Moonlight Blue』	ジャミロクワイ	『Seven Days In Sunny June』
奥田民生	『ワインのばか』	リンゴ・スター	『Wine, Women And
小沢健二	『痛快ウキウキ通り』		Loud Happy Songs』
甲斐バンド	『地下室のメロディー』	エルトン・ジョン	『Elderberry Wine』
辛島美登里	『赤わいん』（ワイン）	パット・ベネター	『Strawberry Wine
〃	『星とワインとあなた』		(Life is Sweet)』
河村隆一	『Virginity』	ナンシー・シナトラ	『Summer Wine』
岸田智史	『あんたの純情』	ボンジョヴィ	『bitter wine』

ビール			
アーティスト名	曲名	アーティスト名	曲名
BEGIN	『MOON BEACH』	尾崎豊	『Get it down』
DREAMS COME TRUE	『たかが恋や愛』	華原朋美	『You don't give up』
GLAY	『FRIEDCHICKEN & BEER』	河島英五	『地団駄』
		河村隆一	『あの日の忘れ物』
プリンセス・プリンセス	『海賊と私』	郷ひろみ	『ヴィーナスたちのシエスタ』
ウルフルズ	『サマータイム・ブルース』	浜田省吾	『AMERICA』
オフコース	『ぜんまいじかけの嘘』	平松愛理	『もう 笑うしかない』
ケツメイシ	『夏とビールとロックンロール』	三好鉄生	『すごい男の唄』
コブクロ	『同じ窓から見てた空』	森高千里	『気分爽快』
スピッツ	『ルナルナ』	吉田栄作	『おまえがいなけりゃ』
ムーンライダーズ	『冷えたビールがないなんて』	渡辺美里	『みんないた夏』
ゆず	『GO★GO!!サウナ』	長山洋子	『父さんの詩』
杏里	『缶ビールとデニムシャツ』	ビリー・ジョエル	『Root Beer Rag』
忌野清志郎	『パパの歌』	ダイアナ・ロス	『Gimme A Pigfoot (And A Bottle Of Beer)』
大塚愛	『ポンポン』		
奥田民生	『BEEF』	ZZ トップ	『Beer Drinkers and Hell Raisers』

カクテル			
アーティスト名	曲名	アーティスト名	曲名
1986オメガトライブ	『君は1000%』	高橋真梨子	『my singer』
globe	『Precious Memories』	舘ひろし	『朝まで踊ろう』
ZARD	『私だけ見つめて』	中村あゆみ	『エデン』
安室奈美恵	『PLEASE SMILE AGAIN』	浜田省吾	『あの娘は誰』
石野真子	『失恋記念日』	八代亜紀	『カクテル』
五輪真弓	『熱いさよなら』	氷川きよし	『銀座九丁目水の上』
岡本真夜	『ゆらゆら』	川中美幸	『麗人麗歌』

シャンパン			
アーティスト名	曲名	アーティスト名	曲名
BoA	『HOLIDAY』	大黒摩季	『BLUE CHRISTMAS』
EPO	『涙のクラウン』	氷室京介	『VIRGIN BEAT』
ハウンドドッグ	『嵐の金曜日』	THE 虎舞竜	『ひとりぼっちのクリスマス』
KAN	『Happy Birthday』	平松愛理	『Rose の花束』
ZARD	『Take me to your dream』	松任谷由実	『ダイアモンドダストが消えぬまに』
稲垣潤一	『Congratulations』	矢沢永吉	『Rambling Rose』
井上陽水	『長時間の飛行』	オアシス	『Champagne Supernova』

●食とクラシック音楽●

食に関する事柄が登場する作品			
作曲家名	作品	作曲家名	作品
テレマン (1681 - 1767年)	曲集『ターフェルムジーク（食卓の音楽）』。原題はフランス語「Musique de table」。	シューベルト (1797 - 1828年)	合唱曲 酒宴の歌『友よ、輪になれ』『兄弟たちよ、わが人生の行路』に洋酒が登場。重唱曲『婚礼の焼肉』に肉料理、『ポンス酒の歌』『冬の酒宴の歌』『5月の酒宴の歌』に洋酒が登場。
J.S.バッハ (1685 - 1750年)	カンタータ第211番『おしゃべりはやめてお静かに（コーヒー・カンタータ）』。バッハは、コーヒーハウスで自作を演奏するなど、コーヒーとの関わりも深かったようです。	シューマン (1810 - 1856年)	合唱曲「ライン・ワインの歌による祝典序曲」、「酒を飲みながら」に洋酒が登場。
ベートーヴェン (1770 - 1827年)	歌曲『別れに歌う酒の歌』『ポンス酒の歌』に洋酒が登場。	マーラー (1860 - 1911年)	交響曲第4番より 第4楽章『天上の生活』にワインやパン、野菜、葡萄、料理人が登場。『大地の歌』より『大地の悲しみに寄せる酒の歌』『青春について』『春に酔える者』などに中国酒が登場。
料理・飲食シーンが登場するオペラ作品			
作曲家名	作品	作曲家名	作品
モーツァルト (1756 - 1791年)	歌劇『ドン・ジョヴァンニ』の第1幕で酒宴の場面が登場。	J.シュトラウス (1825 - 1899年)	歌劇『ジプシー男爵』の第2幕で酒を飲む場面が登場。歌劇『ウィーン気質』の第3幕で酒宴の場面が登場。歌劇『こうもり』の第3幕で酒宴の場面が登場。
ドニゼッティ (1797 - 1848年)	歌劇『愛の妙薬』の第1幕でボルドー・ワインを飲む場面が登場。	プッチーニ (1858 - 1924年)	歌劇『西部の娘』の第1幕で酒場の場面が登場。歌劇『ボエーム』の第2幕にパリのカフェの場面が登場。
ヴェルディ (1813 - 1901年)	歌劇『マクベス』の第2幕で酒宴の場面が登場。マクベス夫人の乾杯の歌。歌劇『椿姫』の第1幕で酒宴の場面が登場。アルフレードの乾杯の歌	マスカーニ (1863 - 1945年)	歌劇『カヴァレリア・ルスティカーナ』の全1幕・後半（間奏曲後）で酒場の場面が登場。
オッフェンバック (1819 - 1880年)	歌劇『天国と地獄』の第4幕で神々による酒宴の場面が登場。歌劇『ホフマン物語』の第5幕で酒場の場面が登場。	ショスタコーヴィチ (1906 - 1975年)	歌劇『ムツェンスク郡のマクベス夫人』の第2幕で殺人の手段にキノコ料理が登場。第3幕で酒倉の場面が登場。
スメタナ (1824 - 1884年)	歌劇『売られた花嫁』の第2幕で酒場の場面が登場。		

音楽と料理に才能を発揮した **グルメ作曲家ロッシーニ**

● 人生半ばで作曲の筆を折ったロッシーニ

さてここでイタリアのグルメな作曲家を紹介しましょう。

大作曲家ジョアッキーノ・ロッシーニ（1792 - 1868年）は、39曲にものぼる、ドラマとして楽しめ、聴き栄え、見栄えのする多数のオペラを作曲したことで知られています。

日本でも『ウィリアム・テル』『セヴィリアの理髪師』などの名は、コアなクラシック・ファンでなくても聞いたことのある人は多いのではないでしょうか？

彼は、筆が早く、年に数作のオペラを量産しました。2時間を越える傑作『セヴィリアの理髪師』の楽曲は、わずか2週間弱で書き上げたといわれています。『ドン・ジョヴァンニ』の序曲を一晩で書いたといわれるモーツァルトに勝るとも劣らないスピードです。

このロッシーニ、76年の生涯を過ごしながらその半ば、わずか37歳で音楽家としての活動をほとんどやめてしまいます。純粋に音楽上の問題（ロッシーニが得意としたジャンルであるオペラ・ブッファの人気が衰えてしまった）がいちばんの理由ですが、それでは残りの後半生はいったい何をして過ごしたのでしょうか。何もせず、悠々自適の日々を送ったのでしょうか？

実はこれにはもうひとつ、決定的な理由があったのです。それは、料理への専念。彼はたいへんなグルメとしても有名で、食通として名を馳せたのみならず、自ら厨房に立ち、腕をふるい、そればかりか独自の料理の研究にも余念がありませんでした。ワインに対する造詣も並外れて深かったといわれています。そしてついに音楽をやめ、料理に集中していくのです。

◉ 料理でも非凡さを発揮

　ロッシーニの打ち込み方は半端ではありませんでした。

　パリではレストラン「グルメ天国」を経営し、美食家たちをうならせました。ボローニャでは養豚に精を出し、トリュフのために日夜汗を流したと伝えられています。イタリアの芸術家で料理に無頓着な人はまずいませんが、彼ほどの情熱を注いだ人物もまずいないでしょう。

　そういえば、確かイタリア料理の店の名前に「ロッシーニ」というのがあった、料理の名前に「ロッシーニ風」と入ったものがいくつかある、と思った人もいるかもしれません。

　それは、人違いではありません。勘違いでもありません。そう、そのロッシーニこそ、まさしく大作曲家ロッシーニその人なのです。

　ロッシーニは、父親が食肉工員であり、母親がパン職人の娘であったといいます。しかも、音楽の面でも父が管楽器の演奏をたしなみ、母が声楽家だったといいます。天は彼に音楽と料理という2つの才能を与えたのです。

　芸術家というものは基本的に「快」というものに敏感で、同時に貪欲ですが、彼の場合はそれが音と食というものに特化し、しかもほかに類例がないほどの熱中ぶりであったことが特筆すべき点です。

　「玄人はだし」という言葉がありますが、ロッシーニは音楽と料理という異なる2つの分野で非凡さを発揮しました。ロッシーニの音楽を聴きながら「ロッシーニ風」の料理を食べるのも"食通"としては興味深いかもしれませんね。

第3節 食と映画

映画には、食べものや食事のシーンは欠かせません。思い出さずにはいられない名作シーンを紹介してみましょう。

〈1〉映画に出てくる食事シーン

◎「ショコラ（CHOCLAT）」(2000年／米国)

「ショコラ」は「魔法のチョコレート」が出てくる映画です。1959年の冬、仏の片田舎ランスケネ村に赤いマントを着た美しい母親「ビアンヌ」とその娘「アヌーク」母娘が現れ、母親はマヤ時代から伝わっているという不思議なチョコレートの店「マヤ」を村で開きます。

村は因習深く保守的な土地で、村人との間にも隙間風が吹く毎日でしたが、ビアンヌは人々の心が病んでいることに気づき「夫の暴力に耐え続けているジョセフィーヌ」や「情熱が覚めた倦怠期の夫婦」、「15年も夫の喪に服している婦人に恋をした老人」などに、それぞれの悩みや苦しみに合わせて処方した「魔法のチョコレート」を分け与えます。

ビアンヌ親子を迫害する中心人物であった伯爵も人には言えぬ心の病で悩んでいました。その伯爵もふとしたことでチョコレートを口にし、穏やかな人間に変わっていきます。するとスクリーンの中の風景もモノトーン色から少しずつ鮮やかなオレンジ色に変わっていきます。まるですさんだ気持ち、諦めた気持ち、そんなこころに熱い血が流れ込むように……。チョコレートが何とも象徴的に描かれています。

◎「アラビアのロレンス」（1962年／英国）

映画の中で水や料理が印象的に描かれているのが「アラビアのロレ

ンス」です。映画は、第1次世界大戦さなか、アラビア半島を舞台にアラブ人による対トルコ叛乱の物語。トルコ・ドイツ・フランスそしてイギリスの諜報戦が渦巻く中、ピーター・オトゥールが演じる英国軍将校ロレンスがアラブの動向を調査する任務を超え、アラブ人と一体になって戦い、独立を勝ち取るという大スペクタル。

　アラブ王子ファイサルの真意を知るべくアラブ人ガイドの「タファス」との出会い、お互いを計りあっているなかで、水を使った象徴的なシーンが登場します。タファスはロレンスに水袋の水を分け与えようとしたところ、節約のために自分が飲もうとしないタファスの心情に気づき、「あなたが飲むとき、一緒に飲む」と辞退します。このあたりからお互いを認めはじめます。今度はロレンスの銃に興味を示すタファスにロレンスが銃を与えます。そのお礼にタファスは食事をすすめます。そのメニューは羊肉の部族料理で、ロレンスはおいしいかと聞かれ「おいしい」と応えます。しかし、英国育ちのロレンスには羊肉はいささか抵抗があったようで、再度、肉をすすめられた際には断ります。劇場で数少ない笑いが漏れるシーンです。命を懸けた戦友になりつつある二人が心を通わしはじめた「友情」の前には、その気持ちが大切で「料理の味」など二の次だったのでしょう。

◉「シックス・センス」（1999年／米国）

　食事が終わってすでに料理のないレストランのひとつのテーブルがなんとも悲しく、せつなく描かれているのが「シックス・センス」です。夫マルコム（ブルース・ウィリス）が待ち合わせの時間に遅れて来たとはいえ、妻アンナ（オリヴィア・ウィリアムス）はひとりで結婚記念日の食事を済ませ、謝る夫を前にもの悲しげな表情でそっけなく足早にレストランを出て行きます。夫は著名な小児精神科医。この1年前にアンナの目の前でマルコムは以前患者であったヴィンセントに銃で撃たれます。

10年後、マルコムは死者が見えるという心を閉ざした少年コールと出逢って、彼の治療を懸命に行います。そのコールのアドバイスによりマルコムは結婚式のビデオを見ながら寝入ってしまったアンナにささやきます。するとアンナは寝言で「どうして私を残して逝ってしまったの」と呟きます。その瞬間、マルコムはすべてを理解します。10年前、ヴィンセントに撃たれたときに彼はすでに死んでいたのです。食事が終わってすでに料理のないレストランのテーブル。10年間、ひとりだけで何度も迎えた結婚記念日。どんなにゴージャスな料理でも愛する人がそばにいない食事は、なんとも寂しく味気のないものです。

●食事・食事シーンが出てくる映画●

タイトル（邦名）	製作年国	主な出演者	食事・食事シーン
ターミナル	04年／米国	トム・ハンクス	機内食アレンジディナー
ペーパームーン	73年／米国	テイタム・オニール	コニーアイランドホットドッグ
グッドバイレーニン	03年／ドイツ	ダニエル・ブリュール	共産圏のコカ・コーラ
マイ フェア レディ	64年／米国	オードリー・ヘップバーン	チョコレート
ダイハード	88年／米国	ブルース・ウィルス	カンパニーパーティー
プリティーウーマン	96年／米国	リチャード・ギア	食事マナー
ローマの休日	53年／米国	オードリー・ヘップバーン	スペイン階段のジェラード
太陽がいっぱい	59年／フランス	アラン・ドロン	貧富と食と欲
セブン	95アメリカ	ブラッド・ピット	食と七つの大罪
沈黙の戦艦	93年／米国	スティーブン・セガール	巨大戦艦料理長
エイリアン	79年／米国	シガニー・ウィーバー	食と遺子存続活動
タクシー	97年／フランス	サミー・ナセル	ピザデリバリーのスピード感
トップガン	86年／米国	トム・クルーズ	恋人との朝食
ゴッドファーザー	72年／米国	マーロン・ブランド	血と家族と食事
トランスポーター	02年／フランス	ジェイソン・ステイサム	男の朝食
００７シリーズ	62年～／アメリカ	ショーン・コネリーなど	美女とお酒
少林サッカー	01年／香港	ヴィッキー・チャオ	屋台料理
チャーリーとチョコレート工場	05年／米国	ジョニー・デップ	チョコレートと御菓子帝国
キムチを売る女	05年／中・韓	リョ・ヨンヒ	キムチ
グランブルー	88年／フランス	ジャン・レノ	タオルミーナ
トスカーナの休日	03年／米・伊	ダイアン・レイン	キャンティクラシコ
ミュンヘン	05年／米国	エリック・バナ	ユダヤの晩餐
プラダを着た悪魔	06年／米国	メリル・ストリーブ	カクテルパーティー

●スイーツなどが出てくる映画●

タイトル(邦名)	製作年国	食事・食事シーン
アメリ	01年/フランス	クレームブリュレ
マーサの幸せレシピ	01年/ドイツ	フランボワーズのミルフィーユ
ショコラ	00年/米国	チリ・スパイス入りトリュフ
フライド・グリーン・トマト	91年/米国	レモントマト・パイ
バッファロー'66	98年/米国	チョコドーナツ
点子ちゃんとアントン	00年/ドイツ	ストロベリーアイスクリーム
ノティングヒルの恋人	99年/米国	ブラウニー
ヴァージン・スーサイズ	99年/米国	カシス・フルーツ・パンチ
チャーリーズ・エンジェル	00年/米国	バナナ&チョコチップマフィン
ロッタちゃんと赤いじてんしゃ	92年/スウェーデン	ワッフル
麗しのサブリナ	54年/米国	チーズスフレ
アップタウン・ガールズ	03年/米国	チョコチップクッキー
ノット・ア・ガール	02年/米国	ストロベリー・チョコショート
ウーマン・オン・トップ	00年/米国	バナナ・フランベ
バベットの晩餐会	87年/デンマーク	サヴァラン
愛と哀しみの果て	85年/米国	紅茶のパウンドケーキ
若草物語	94年/米国	ソーセージとリンゴのオーブン焼き
クレイマー、クレイマー	79年/米国	フレンチ・トースト
ムッシュ・カステラの恋	00年/フランス	ストロベリータルト
フェアリーテイル	97年/英国	素朴なスコーン
ベイビー・オブ・マコン	93年/英・独・仏	おっぱいプリン
花様年華	00年/香港	黒胡麻汁
初恋のきた道	00年/米国	ねぎ餅
木曜組曲	02年/日本	ヨーグルト・ゼリー
アタック・ナンバーハーフ	00年/タイ	パークモー
阿修羅のごとく	03年/日本	かきもち
モンスーン・ウェディング	01年/インド	チャイ
パンチドランク・ラブ	02年/米国	ハワイアンドリンク
卵の番人	95年/ノルウェー	バナナミルク
永遠の片思い	02年/韓国	ストロベリージュース
妹の恋人	93年/米国	タピオカミルク
夏休みのレモネード	01年/米国	レモネード

第4節

食と文学

文学作品の中にもさまざまな料理が出てきます。作品の中で料理の描写がどのように生かされているのか見てみましょう。

〈1〉文学作品に出てくる料理

◉ 作家たちが愛した料理

　本を読んでいると、作家が表現する豊かな料理の世界に出会うことがよくあります。そんな作品は文章を読んでいるだけで、作中の人物とともにその料理を味わったような気分になれます。優れた描写であればあるほど、作家自身のその料理への愛着も強いものなのでしょう。豊かな食文化は、こういった作品を通しても学ぶことができます。

　『源氏物語』では、常夏の巻で、六条院の釣殿でのちょっとした宴の模様が書かれており、具体的に鮎、いしぶし、大御酒（おおみき）、氷水（ひみず）、すいはむ（水飯）などの食材も登場します。しかし、このような王朝文学では、食について描写することを基本的に軽視しています。和歌にいたっては食の表現自体が排除されています。これは、食は欲の一種であるため、あまりつまびらかにすべきでないとする向きもあったのかもしれません。とはいえ、文学とは人間の探究というテーマを核として持つため、食は大きな表現的要素の一つです。

　これが俳諧では大いに取り上げられるようになり、「あら何ともなやきのふは過てふくと汁」（芭蕉）、「入道のよゝとまいりぬ納豆汁」（蕪村）などさまざまに食の描写が見受けられます。また、西鶴や近松門左衛門の作品にも多く登場します。『日本永代蔵』では、客を呼んで、台所からすり鉢の音を響かせてあれこれご馳走を想像させながら、何も出さずに長者になる心得を説くという話があります。

近代に入ると文学が大いに発達し、人間探求についての表現の模索がさまざまな食の描写を生み出しました。いくつかの作品をみてみましょう。

日本人の主食たる米について見ると、有名な宮沢賢治の『雨ニモマケズ』では、1日に玄米4合と味噌と少しの野菜という質素な食事が理想であるとする描写があります。当時は食べ物のバリエーションが少なく、農業に従事するために必要なカロリーを得るためにはこの程度の量が必要でした。料理では、美食家としても有名な谷崎潤一郎の『細雪』の中で、四姉妹の三女・雪子の最初と最後の見合いのエピソードにフランス料理を絡めています。最初の見合いでは相手のフランス系会社社員・瀬越とフランス料理を話題にし、最後の見合い相手の御牧子爵はフランスで絵や料理を研究した人物です。また、子爵の雅な品のよさの表現に懐石料理が登場します。雪子と姉夫婦が御牧子爵の別荘を訪ねた場面で、料理は心のこもったもので、京の料理に詳しい姉が柿伝あたりの仕出しであろうと推測しています。さらにこの作品では、人形の個展で収入を得た四女・妙子が、東雅楼という広東料理の一膳めし屋で姉たちにご馳走する場面もあります。妙子は「支那料理は汚い店ほどおいしい、神戸ではここがいちばん」と教わったといいます。

酒類では、夏目漱石の『吾輩は猫である』の中で、苦沙弥（くしゃみ）先生が届けもののビール1ダースを、「おれはジャムは毎日なめるがビールのような苦いものは飲んだことがない」と言って突き返しています。阿川弘之の『暗い波濤』には、尉少尉が江戸城の蔵にあったものというワインを飲んだ話が登場します。これに関して、寛文8年の『徳川実記』では貢ぎ物のリストに沈多酒（ワインのこと）も記されているため、江戸城の蔵にワインがあっても不思議ではないのです。

堀辰雄の『旅の絵』には、シャンパンが登場します。クリスマスの朝、宿泊した神戸のホテルで食堂に向かうとシャンパンの栓が落ちているのを見つけ、神戸では自分が何か得体の知れない異邦人であると感じる描写です。また、森鴎外の『普請中』では、昔の恋人と再会した渡辺参事官が采女橋の精養軒ホテルで食事しますが、最後にシャンパンがそそがれ、彼女の新しい恋人の健康を祝して乾杯します。

食のミニ知識 7

ポップコーンはなぜ弾けるの？

　映画館では必ずといっていいほど売店で扱われているお馴染みのお菓子が「ポップコーン」です。

　ポップコーンは、その名の通り、トウモロコシの実を煎ってつくるのはご存知だと思います。トウモロコシは、煎ると弾けてポップコーンになるわけですが、さて、いったいなぜ弾けるのでしょうか？

　ポップコーンに使われているトウモロコシの名前は「ポップコーン（はぜトウモロコシ）」と呼ばれています。

　ポップコーンの内部には、水（水分）があります。煎ることによって、中の水分が熱せられ、水が気化し、体積が何倍にも膨れ上がるため、ポップコーンの実の皮が耐え切れず、破裂するのです。破裂のあまりの勢いでポップコーンは裏返しになり、外と中が入れ替わって、あのような白い食べ物に変身するのです。そして塩やキャラメルなどで味つけされて、おいしいスナック菓子になります。

　また、トウモロコシの品種は数種類（デントコーン、スイートコーン、ヤングコーン・ポップコーンなど）がありますが、その中できれいに弾けるのは「ポップ種」だけだそうです。

第8章 インテリアとテーブルデザイン

第1節 インテリア

レストランの良質なインテリアは、おいしい料理をさらにおいしくしてくれます。居心地のいい食空間を具体的に考えてみましょう。

〈1〉テーブルと椅子

◉ 店空間とテーブル・椅子のバランス

　食空間において必要不可欠なテーブルと椅子。インテリアとしてお店の雰囲気を大きく左右するとともに、実用面においても、テーブルの高さや椅子の座り心地はとても気になります。

　レストランのテーブルの大きさはさまざま。メニューの種類によってや、レストランの広さ・用途によって異なり、特注することも多いといいます。4人席、2人席の割合については、4人席に2人しか座らないとせっかくのスペースが生かされません。2人席を組み合わせて4人席としているレストランは、このようなことを考えているのです。組み合わせる場合は四角のテーブルが基本で、その上からテーブルクロスをかけているお店は気が利いているといえます。

　人が座らない状態で、テーブルの下に椅子がきちんと入ることも大切です。レストランの広さに対して、たくさんのテーブルが置かれ、さらに椅子が出ていると動きにくくなります。また、このように動線の計画がきちんとできていない空間はなんとなく不快に感じ、食事もおいしくいただけません。

　無理なテーブル配置をせず、動線が交差しないように動線計画をきちんと立てているか。ときにはこんな目線でチェックすることもお店の評価するうえで大切です。

　テーブルと椅子の大きさをきちんと確認し、その広さに対して、動ける

スペースを確保しながら客席数を決めてあるレストランは、ゆっくりと食事を味わうことができます。いわば、お店の空間の寸法とテーブル・椅子のバランスが、そのお店の居心地を決めるひとつの大きな要素なのです。

● 食事中のテーブル・椅子の関係

　食事をするために最低限必要なスペースの目安は、1人あたり幅60cm、奥行45cmぐらいといわれています。また、椅子をテーブルから引き出すとき、奥行きは約60cm必要。ちなみに、その後ろをトレーを持って楽に通れるスペースは、少なくとも約70cmは必要です。

　テーブルの高さと椅子の座面の高さを引いた寸法を差尺といいます。この寸法は人間工学上、もっとも重要な寸法で、28～30cmが適当といわれています。ただし、身長・体重や座高などで個人差があります。ちなみにテーブルの高さは70cm前後が一般的。

　もし、レストランでなんとなく落ち着かないと思ったら、この「差尺」を確認してみてはいかがでしょう。

店の空間とテーブル・椅子のバランスが居心地のいい空間を作ります。

◉ テーブルの塗装と椅子の素材

　塗装の目的は、大きく2つあります。色彩や光沢で家具を装飾することと、表面に塗装膜をつくり表面を保護することです。

●家具塗装（表面加工）の種類と特徴●

塗装（表面加工）	特　徴
ラッカー	古くからある合成樹脂塗料のひとつで、輸入家具に多く使われています。塗膜は薄く、表面がなめらかで柔らかい光沢があります。熱・水・薬品に弱いので、熱い器やぬれたコップなどを直に置くとその部分が白くなります。一度白くなると簡単には直せません。クロスやマット、コースターを使い大切に使えば、深みを帯び味わいのある家具になります。細かい傷は研磨修理ができ、塗り直しも容易です。
ポリエステル樹脂	厚塗りできるのが特徴。硬く艶のある仕上がりになります。摩擦に強く、耐薬品性・耐水性・耐湯性などに優れていますが、その反面、柔軟性に欠け、衝撃に弱く傷がつきやすい塗装でもあります。傷がつくと修理が困難です。
ウレタン樹脂	艶ありから艶消しまで対応でき、高級家具にも使われます。ポリエステル樹脂より強く、耐久性・耐湯性・耐薬品性などすべてに優れていますが、傷がつくと修理が困難です。日本の家具の塗装の主流です。
UV塗装	UV塗料に人工紫外線を照射することで硬化する特殊な塗装。非常に硬い仕上がりになります。耐磨耗性、耐薬品性に優れ傷がつきにくい反面、修理は困難です。水ぶきでお手入れは簡単。量産家具に適した塗装といえます。
オイルステイン	木目の美しさや質感を生かした油性の着色剤。木部に浸透し透明感のある仕上がりとなり、通常はニスやラッカーを塗って仕上げます。水や汚れに弱くシミになりやすいので注意が必要ですが、補修や塗り直しは容易です。
オイルフィニッシュ	植物油を主成分とした塗料を木に浸透させながら磨く塗装方法。無垢材の家具の仕上げなどに使用します。表面に塗膜をつくらないので、木の呼吸を妨げず、木目の美しさやしっとりした質感を損ないません。保護膜としての塗装膜がないので傷や汚れがつきやすく、狂いが生じやすいという欠点がありますが、傷や汚れの補修は容易です。表面に顔料をのせるオイルステインと比べると、より木目を生かす仕上げといえます。

●椅子の素材●

素材	特徴
ビニールレザー	塩化ビニールを発泡させて、そのシートをメリヤス織の基布に接着したもの。表面に艶出し加工したものやエンボス加工したものなどがあります。丈夫でメンテナンスしやすいですが、ただし通気性・吸湿性が乏しいため、夏はべたべたして安っぽい印象です。
天然皮革(レザー)	吸湿性、耐熱性、通気性に優れ、ムレたり汗をかいたりしない素材。平面的にも立体的にも伸び縮みが均一。染色性に優れ、深みのある色合いをもち、高級感があります。使い込むと味がでて、上品な美しさと艶を持っていますが値段が高いのが難点です。
布地	色・柄・材質による装飾性が豊かでさまざまなデザインのものがあります。優しい雰囲気がありますが、汚れやすいのが難点。

〈2〉トイレ

◉ 客が望むトイレとは

　トイレ空間はレストランの「第二の顔」です。「トイレを見ればすべてがわかる」、「トイレもおもてなし空間の一部」ともいわれるように、トイレ空間の良し悪しが大きくレストランの評判を左右します。店のトイレが汚いと「キッチンは大丈夫だろうか」という印象を与えます。

　ある調査によると、食事中に最少でも1回、女性は2回、トイレを利用することがわかっています。その1～2回の利用の中で、客はレストランのトイレに何を求めているのでしょうか？　女性の場合は、メイク直しのできるパウダールーム的な要素ですが、多くの客が望むトイレとは、次のようなものです。

①洗練されたデザイン
②清潔で臭いがないこと
③ある程度の広さ
④男女別であること

⑤カウンターのある手洗いスペース＋鏡

⑥個室にハンドバックを置く場所がある（ドアや壁にフック・バックをおく台またはカウンターがある）

⑦メイクができる照明（暗すぎないこと）

⑧スイッチ、水の流し方、ドアの閉め方などがわかりやすいこと（自動洗浄のトイレが多いので注意が必要）

⑨プラスアルファの要素……音楽（スピーカーが天井に埋め込まれているなど）・花瓶・置物・絵・スタンド・写真など

⑩トータルコーディネート空間

　ほかには、男女ともに望むのは、全身を見ることのできる鏡。最低30㎝の幅があり高さが１ｍ20㎝もあれば、ほぼ全身をチェックすることができます。トイレ空間をどのようにするかで、レストランの印象を大きく左右します。お店づくりでも、おろそかにできない場所といえるでしょう。

◉ トイレの機能とは

　今のトイレは防汚加工がされています。さらに便器自体の出っ張りが少なく、掃除などのメンテナンスが楽なように設計されています。

　収納については、必要なものが必要な場所にあることが基本。トイレに必要なものは、掃除道具、トイレットペーパーなどで、それらの収納スペースをしっかり確保することが大切です。限られた空間だからこそコーナーや壁面を上手に活用したり、広く見せるインテリアの工夫が必要です。

　カウンターもインテリアの一部として考え、花を飾ったり、小物を置いたり、おしゃれなソープやスタンドを置いたり……。季節ごとの自然のものを取り込みながら、さまざまな工夫がなされているトイレ空間からは、その店のオーナーのこだわりやホスピタリティが伝わってくるものです。

　また、掃除の行き届いているトイレは好感が持てます。トイレが清潔に保たれていると、使う側にも次の人が気持ちよく使えるよう使用後に洗面

カウンターのシンクをふいたりする心遣いも出てきます。レストランと客、双方の心遣いが大切といえます。

◉トイレ事情

　最近、レストランなど公共の場のトイレはタンクレスが主流です。今までのタイプは、トイレ内にタンクがあり、水がタンクにたまらないと流せませんでしたが、タンクレスのタイプは水道直結でいつでも水を流すことができます。

　タンクレストイレなど高機能トイレの特徴は、次のようなものです。

①すっきりしていてデザイン性がある
②水道直結なのでいつでも水が流せる
③タンクがない分、コンパクト
④便座機能が満載（洗浄機能：おしり洗浄・ビデ洗浄など／快適機能：暖房便座・着座センサー・オートパワー脱臭・温風乾燥など）
⑤手入れがしやすい抗菌・防汚機能
⑥節水・節電タイプ（大洗浄6リットル、小洗浄5リットルの超節水タイプでは、旧来型と比べ60％節水）
⑦音楽付の機能
⑧トイレ空間を暖める暖房機能
⑨自動洗浄

　トイレに入れば便器のふたが開き、終われば自動的に水が流れます。手洗いも、手を出せば自動的に水が出て自動的に止まる、というものも珍しくなくなりました。

第2節
テーブルデザイン

テーブルデザインの基本がわかっているとレストランが楽しくなります。テーブルクロスから洋食器までテーブルの上を見てみましょう。

〈1〉テーブルクロス

● テーブルクロスの素材

　ヨーロッパでのテーブルクロスの歴史は古く、8〜10世紀頃に使用されていたという記録が残っています。日本では、テーブルを本格的に使うようになったのは、明治以降のこと。

　歴史の今昔はあるものの、テーブルを使うようになるとテーブルクロスが重要なのは東西共通です。テーブルクロスの選び方、使い方はテーブルデザインの大事なポイントとなります。

　テーブルクロスにはランクがあります。上位から「麻→綿→化繊」とされています。また、無地で繊維が細くなるほど格が上がります。もっとも格が高く正式なクロスは、極細の麻の繊維から織られた無地の白い麻のクロスや白のダマスク織りのものです。正式な席ではナプキンもクロスも同じ生地を使います。そのほか、撥水加工のものや表は塩化ビニール、裏が綿100％のものなど、いろいろなクロスがあります。

　ヨーロッパのレストランでは、テーブルにかかっているクロスを見れば、そのレストランのランクがわかるといいます。高級なレストランになると、布製のクロスがかかっています。大きなクロス1枚がかかっていたり、さらにその上にトップクロスがかかっている場合もあります。

　ランナーはテーブルの中央、または側面を対面に走らせる幅30〜40cmの布で、長さはクロスと同じ。テーブルマットは一般的にはカジュアルなテーブルに使われるものです。

●素材の種類と特徴●

素材	特徴
麻 （天然繊維＝ 植物繊維）	麻の種類はたくさんありますが、テーブルリネンとしては亜麻（リネン）やラミーが使われます。テーブルリネンという言葉は、この「麻＝リネン」からきています。光沢があり、伸びが少なく、吸湿性に優れ、熱や洗濯にも強い素材。使い込むほどに柔らかくなり、使いやすくなります。洗濯するとシワになるのが弱点ですが、洗って生乾きのときにアイロンがけをするとシワはとれます。麻の中でも最高級なのが亜麻。高価ですが美しい光沢があります。
レーヨン （化学繊維＝ 再生繊維）	木材パルプを原料にした繊維。吸水性、吸湿性があり、発色性がよく色が鮮やかで、シルクに似た光沢と風合いを持っています。水洗い後、乾燥させると縮みやすく、摩擦に弱いのが欠点。ドライクリーニングに適しています。
ポリエステル （合成繊維）	石油・石炭を原料にした繊維。風合いが天然繊維に近く、適度な張りとコシがあるためシワになりにくいです。また、熱にも強いためメンテナンスが楽で、テーブルクロスとして使いやすい素材です。吸湿性が少なく、静電気を帯びやすいのが欠点。アイロンは不要ですが、かけるときは中温でかけます。比較的安価なのでホテル、レストランでの業務用にも多く使われています。

●テーブルクロスの用途と素材●

用途	素材
フォーマル	麻・綿のダマスク織
セミフォーマル	綿
カジュアル	化学繊維
ティー	レース・オーガンジー
アンダークロス	フェルト・ネル

〈2〉洋食器

◉ 陶磁器の始まり

　陶器は、西洋では古代エジプト時代からつくられてきたとされています。しかし現在、洋食器として広く使われている白い器肌の磁器は、18世紀から始まったという比較的歴史の浅いものです。

　磁器は、白陶土とよばれるカオリン、長石、珪石などを主原料にし、1280～1400℃くらいの高い温度で焼成されます。素地は白く、わずかに透光性があり、非常に硬質で、たたくと金属的な音がするのが特徴です。

　磁器質の焼き物を最初に創始したのは中国で、磁器のことを英語で「チャイナ」といいます。素材が、陶器は土質であるのに対して、磁器は石質である長石が主成分を成しているのが大きな特徴で、見分けは誰にでもできます。磁器の素地はあくまで白く、透明性に富み、硬質で吸水性はありません。

　ヨーロッパでは中国の磁器を模倣しようという試みが繰り返されましたが、本格的に磁器がつくられるようになったのは18世紀初頭です。ドイツのマイセン窯に始まり、またたく間に広まりました。この近代ヨーロッパの磁器は、中国の磁器にくらべると概して硬質といえます。

　18世紀半ばには、英国でボーン・チャイナ（骨灰磁器）が開発されました。これは、焼いて生石灰にした牛骨＝燐酸カルシウムを素地の土にまぜて、焼成時の安定性と白さ、半透明性を高めた新しい種類の磁器といえます。

白い器肌の磁器は洋食の基本です。

◎ テーブル上の陶磁器の種類

●カップ＆ソーサー

ヨーロッパでは、紅茶を中心にお茶を楽しむ文化が発達してきました。当然、食器としてカップ＆ソーサーは、欠かせないアイテムで、その図柄・色も多彩でテーブルデザインを楽しませてくれます。

用途としては、一般的な紅茶、コーヒー、デミタス、ココアなど、さまざまなドリンクに用いられます。形も用途に応じ変わってきます。デザインについては、歴史的背景も影響されており、ヴィクトリア時代のものは複雑、アールデコ調は直線的といった具合に特徴が見られます。

また、一般的に古いものは薄くできており、持つと軽く気品を感じさせてくれます。

●トリオ

カップ＆ソーサーにプレートをつけて3点セットにしたのがトリオです。プレートは、一般的にケーキやパン用で、ティータイムにケーキとお茶を楽しむアイテムとして広まりました。これは、英国から始まり、ティーカップにつくものですから、カップがコーヒー用に見えても、トリオになっていればティー用と考えていいでしょう。

●ティー＆コーヒーセット

ティーやコーヒーを楽しむ習慣のあるヨーロッパでは、茶器もセットで商品化していることも多いのです。カップ＆ソーサーに、ポット、シュガーボウル、ミルクジャグなどがついています。当然、統一イメージでデザインされており、ティータイムが華やかに楽しくなります。基本的には、6人用ですが、2人用、1人用もあります。

●プレート

　プレート（皿）は、テーブルデザインの主役です。なんといってもテーブル上を占める面積も大きいので、プレートがテーブルの印象をリードします。西洋料理では、ほとんどの料理がプレートの上に乗せられて出てきます。基本的には、日本料理のように、碗があったり小鉢があったりしません。

　また、プレートには料理を乗せる役割のほかに、客に鑑賞してもらう、もてなしを目的としたものもあります。ディナーセットには飾り皿が含まれており、これは客の座る位置も示したため、位置皿とも呼ばれています。そこには、絵画が描かれていることもあり、製作されたときの時代背景も感じさせてくれるものもあります。

　プレートのセットは、スープ用、魚用、肉用、サラダ用、デザート用、オードブル用、パン用、それに飾り皿でワンセットになります。

●ヨーロッパの陶磁器の代表的ブランド●

[ウエッジウッド]
240年の伝統を誇る英国の世界的陶磁器メーカー。1766年に王妃シャーロットから「クイーンズ　ウエア」と命名された「クリームウエア」「ワイルドストロベリー」が有名。

[ヘレンド]
繊細なデザインが特徴。ハンガリーのアポニー伯爵がヘレンドにつくらせたディナーセット「アポニー」シリーズが有名。

[ベルナルド]
ナポレオン3世の王室御用達として有名なフランスのブランド。ピーチ、洋梨、サクランボを使った絵柄が特徴です。

[リチャード・ジノリ]
「ミュージオホワイト」シリーズが人気のイタリアのメーカー。日本でも人気は高いものがあります。

[ロイヤル　コペンハーゲン]
文字通り、デンマークのブランドコバルトブルーの絵柄は世界の食通の憧れです。「ブルーフラワー」シリーズやレース模様が美しい「ブルーフルーテッド」シリーズが有名。

[ロバート・アビランド]
フランスの高級食器ブランド。フランス首相主催の晩餐会「グリーンマティニョン」のシリーズは有名。

〈3〉ガラス器

◎ テーブル上の装飾品としての美しさ

　ガラスは、古代メソポタミア時代には登場していますが、一般に生活用品として使われだしたのは17世紀になってからのことです。そして、産業革命を経て、19世紀後半から始まるアールヌーボー、アールデコ期には、フランスのガレやドーム兄弟、ラリックなどの作家が登場し、急速にガラス器が注目されます。

　17世紀には、英国で鉛を含んだクリスタルガラスが登場しますが、それ以前にヨーロッパで人気だったのが、ヴェネチアグラスとボヘミアグラスです。特にボヘミアグラスは、ヴェネチアグラスよりも透明度が高く丈夫でした。王侯貴族が使用していたため、そのつくりも贅を極めており、ガラスを重ねその重なり合う面に金箔を貼ったり、油彩したりして、かなり高度な技術を施していました。歴史的価値を求めるマニアには、垂涎の的です。

● グラス

　グラスというと、日本ではまずコップを思い浮かべますが、ヨーロッパではワイングラス、シェリーグラス、リキュールグラスが中心です。基本的には、底に足がついており、美しさを引き立てています。

　19世紀以前のアンティークなものは、ヴェネチアグラス、ボヘミアグラスのように精巧な細工が施されているのが特徴ですが、近年のものでもその透明感を生かしたカットなどで、美しさを際立たせている逸品もあります。

　テーブルデザインにおいてもアクセントになるとともに、取っ手のついたリキュールグラスのように、(食後の憩いとして)テーブルを離れても存在感を示しているものもあります。

● デカンタ

　デカンタは、ワインやリキュールなどを飲む前に移し替えておく容器で

す。

　18世紀以前は、ワインなどは樽から直接汲み上げていたので、デカンタの存在はなくてはならないものでした。19世紀になり瓶が登場してからも、テーブルデザインとして瓶にはない高級な雰囲気を醸すアイテムとして役割を果たしています。グラスと合わせたデザインのものもあり、楽しくテーブル上を演出します。

●ジャグ

　ジャグは持ち手のついた液体を入れる容器の総称です。ジャグには、水を入れるウォータージャグ、牛乳を入れるミルクジャグなどがあります。デザイン的には、広い面積を生かした大胆なカットや、"持ち手"の存在を生かしたユニークなものもあり、役目としては補助的ですが、テーブル上の存在として光るものがあります。

●ガラスの器

　ガラスでできた器には、通常のプレートのほか、デザートプレート、ケーキスタンドなどがあり、テーブル上ではまさにきらめいています。
　なかでもデザートプレートは、デザインに凝ったものも多く、テーブル上に登場すると主役にもなります。というのも、ヨーロッパの上流階級では、食事の時間は長く、デザートも食事の途中に挿入されるのが普通でした。そんなとき、巧みなデザインのデザートプレートは、話題的にも主役になったのです。

まさに透きとおる美しさはガラス器の原点です。

〈4〉銀器

◎ 加工しやすく価値のある銀器

　銀の装飾品は、古代メソポタミア文明やエジプト文明では登場していました。銀は貴金属としての価値もありますが、柔らかく加工しやすいため食器としても早くから使われていました。

　14世紀に英国で銀の品質を表わすホールマーク（品質、生産地、製造年代、作者など）が刻印されると、その信頼性は確かなものになり、銀器は認められていきました。

●カトラリー

　洋食といえば、象徴的なものはカトラリーです。カトラリーの基本は、ナイフ、フォーク、スプーン、ティースプーンで、最低限これらがあれば食事はできます。カトラリーは、使いやすく実用的であることが原則ですが、本物の銀の輝きはテーブル上に気品と格調を与えてくれます。

　カトラリーは、ナイフやスプーンなど一つひとつのアイテムにこだわるのもいいですが、これらをセットにして豪華なケースに入れたものがコレクターズアイテムとしては人気です。

　もちろん、テーブルデザインとしても、カトラリーの存在は注目に値します。品のいいプレートとカトラリーの組み合わせは、その場のグレードを決めます。

銀のカトラリーはテーブルデザインの象徴です。

●カトラリーの種類●

種類	用途
テーブル・ナイフ	食事用としては、いちばん大きなもので、肉料理などコース料理のメインとして使われるナイフです。
テーブル・フォーク	肉料理・魚料理のどちらにも使われるコース料理の主菜用に使われるフォークです。テーブル・ナイフと対で使います。
テーブル・スプーン	テーブル・ナイフ、テーブル・フォークとともに使われるコース料理の主菜用スプーンです。スープ仕立ての魚料理、肉料理に使われます。
フィッシュ・ナイフ	魚料理に使うナイフ。刃先があまり鋭くなくテーブル・ナイフよりやや小振りです。
フィッシュ・フォーク	魚料理に使うフォーク。フィッシュ・ナイフと同様にテーブル・フォークよりやや小振りです。
ソース・スプーン	ソースをすくうためのスプーン。すくう部分が平べったくなっています。ソースが重要なフランス料理には欠かせません。
スープ・スプーン	スープを飲むのに使います。スープをすくう部分の径が大きく、長さが短くなっています。
デザート・ナイフ	デザートや前菜、チーズなどに使います。テーブル・ナイフよりも小型で、デザートレストランやカフェでも使われます。
デザート・フォーク	デザートや前菜、チーズなどに使います。デザート・ナイフと同様にテーブル・フォークよりも小型になっています。
デザート・スプーン	デザートやソースの多い前菜、スープ仕立ての前菜に使います。

種　類	用　途
コーヒー・スプーン	コーヒーやティーを飲むときに使います。カップ＆ソーサーに添えるスプーンです。
ケーキ・フォーク	ケーキなどデザートを食べるときのフォークです。コーヒー・スプーンと大きさは揃えます。
デミタス・スプーン	エスプレッソなどを飲む場合、デミタスカップに添えられます。コーヒー・スプーンより小さいものです。
バター・ナイフ	パンにバターを塗るときに使うナイフです。基本的には、テーブル・ナイフとデザインを揃えます。
チーズ・ナイフ	チーズを切り分けるのに使うナイフで、全員に必要ではありません。
ロブスター・クラッカー	ロブスターやクラブなど甲殻類を殻つきのまま食べるときに、殻を砕くためのカトラリーです。
ロブスター・フォーク	ロブスターやクラブなどの甲殻類の殻から身を取り出すのに使うカトラリーです。
エスカルゴ・トング	エスカルゴを殻から出すときに使うカトラリーです。これで殻を押さえ、身を取り出します。
エスカルゴ・フォーク	エスカルゴ・トングで殻を押さえ、これで身を刺して引き出して食べます。
オイスター・フォーク	オイスターやムール貝などの貝類の身を取り出すときに使うフォークです。

第3節

食と色彩

食は、舌だけでなく目でも楽しめます。料理がおいしそうに見える色、食欲のわく色など、食と色についての知識です。

〈1〉色のしくみ

● 色を識別するのは一種の感覚

私たちは光が目に入ることにより、網膜細胞がそれも感知し視神経を通じて脳に信号を伝えることで、色を感じることができます。色とは光の刺激により起こる感覚の一種なのです。

17世紀にニュートンは太陽光をプリズムで分光し、それにより白色光（昼の外光・蛍光灯や白熱灯などの白く感じる光）に赤・橙・黄・緑・青・藍・紫などの色光が含まれていることを発見しました。光を波長順に分光したものをスペクトルといいます。

光は電磁波というエネルギーの一種で、波のように振動しながら進んで

●光の波長●

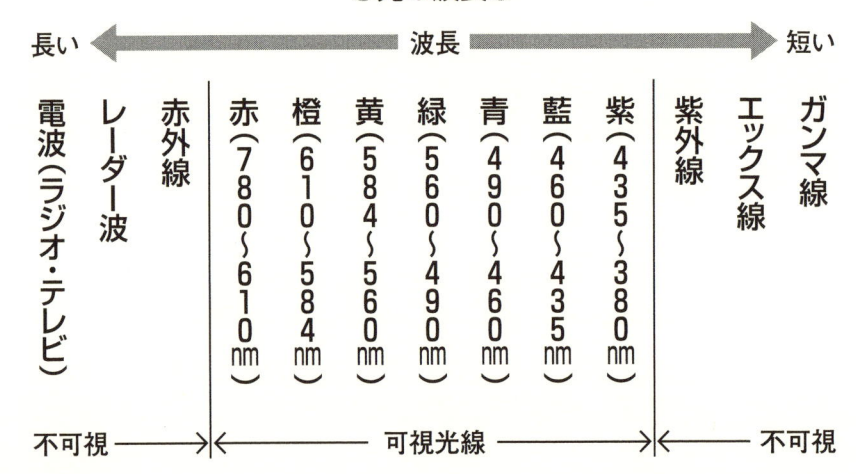

長い ←――――― 波長 ―――――→ 短い

| 電波（ラジオ・テレビ） | レーダー波 | 赤外線 | 赤(780〜610nm) | 橙(610〜584nm) | 黄(584〜560nm) | 緑(560〜490nm) | 青(490〜460nm) | 藍(460〜435nm) | 紫(435〜380nm) | 紫外線 | エックス線 | ガンマ線 |

不可視 →｜← 可視光線 →｜← 不可視

いきます。人が異なる色を認識できるのは、その光の波長の違いによるものです。人が見ることのできる波長は光の中のごく一部の「可視光」または「可視光線」といわれるもので、可視範囲は380nm～780nm（nm：ナノメートル、10億分の1メートル）です。

〈2〉食品と色

● 食品には暖色系が多い

一般的な食品はどんな色相が多いのか、下図で色相別におおまかな表にしました。一般的な食品は赤や橙などの暖色系のものが多く、青・青紫などの寒色系は少ないことがわかります。

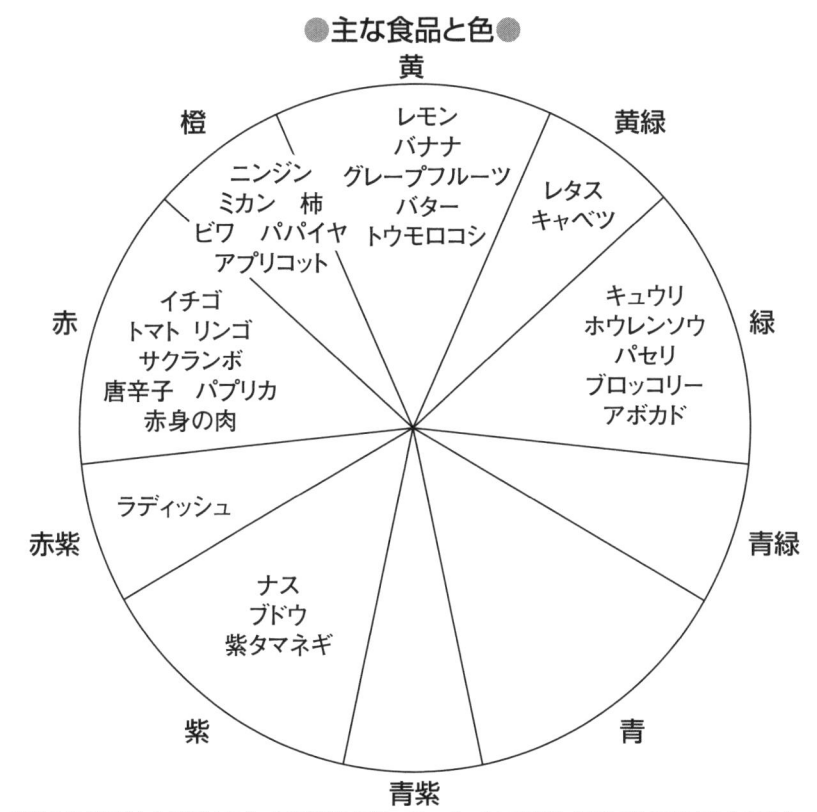

●主な食品と色●

- 黄：レモン、バナナ、グレープフルーツ、バター、トウモロコシ
- 黄緑：レタス、キャベツ
- 橙：ニンジン、ミカン、柿、ビワ、パパイヤ、アプリコット
- 緑：キュウリ、ホウレンソウ、パセリ、ブロッコリー、アボカド
- 赤：イチゴ、トマト、リンゴ、サクランボ、唐辛子、パプリカ、赤身の肉
- 青緑：
- 赤紫：ラディッシュ
- 青：
- 紫：ナス、ブドウ、紫タマネギ
- 青紫：

青系の食材はほとんどありません。南の海にはブルーフィッシュもいますが、表面は青くても肉は白身です。

●色と栄養の関係●

赤	トマトには抗酸化作用のあるビタミンやリコピンなどが含まれ、ストレスや癌細胞の撃退にも役立つとされています。赤身の肉や魚は鉄分も豊富です。赤い食品はエネルギーを活性化させ生命力を高めます。
橙	柑橘類には抗酸化作用のあるビタミンCや血中コレステロールを減らすペクチン、毛細血管を強化するフラボノイドなどが含まれます。ニンジンは食欲を促す作用もあります。橙色の食品は食欲を促し消化を助ける酵素や抗酸化作用の高いビタミン・βカロチンを含みます。体にエネルギーを与え、免疫力を強化します。
黄	トウモロコシは血糖値のバランスをとり、鉄分やカリウムも豊富です。バナナはカリウムにより血液循環を促進します。黄色い食品の多くは弱酸性で消化器系の活動を活発にし、神経系の働きを促します。
緑	ブロッコリーにはビタミンC・E・βカロチンなどの他葉酸と鉄分が含まれており、貧血の予防に役立ちます。緑は調和とバランスの色ですが、緑の食品においても血圧を整え酸とアルカリのバランスをとり、リンパ系の働きを助けます。
紫	ブドウのポリフェノールは高い抗酸化作用でコレステロール値を下げるといわれています。紫タマネギもコレステロール値を下げ、風邪などの感染症に効果があります。紫の食品は体を鎮静させ感染から守ります。

〈3〉色と味覚

● 食に関連する色彩心理

　色にはイメージがあり、色とイメージの関係は今日までの私たちの経験に由来します。私たちの経験の90％は目を通して習得したといわれますが、食に関しての色のイメージは視覚経験に味覚記憶がプラスされてイメージとなっていきます。

　私たちは今までの経験により培ってきた色のイメージにより「おいしそう」「まずそう」と判断します。たとえば、自分の持っている色のイメージと大きく異なると、違和感があり食欲が減退してしまいます。このことから、色彩を効果的に使うことで、食欲を刺激することができるのがわかります。

　次にあげるのは代表的な味覚を表す色です。

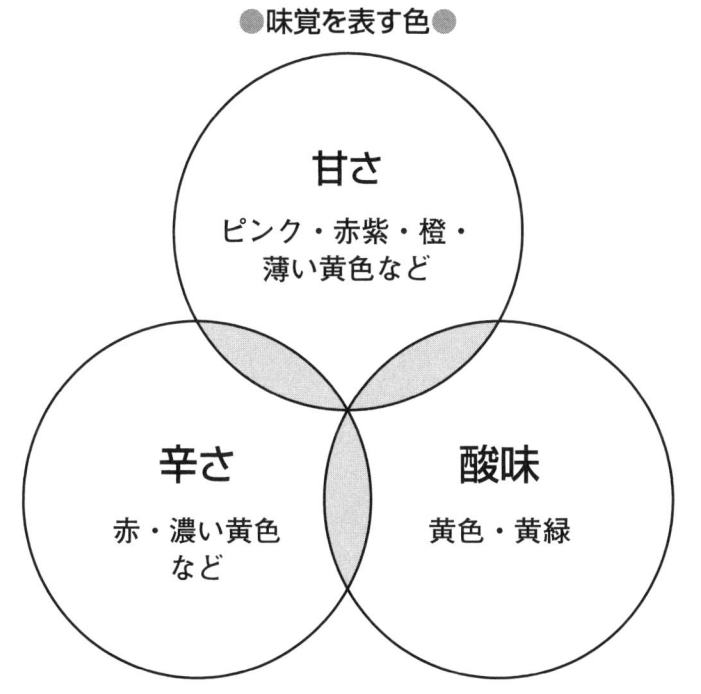

●味覚を表す色●

甘さ
ピンク・赤紫・橙・薄い黄色など

辛さ
赤・濃い黄色など

酸味
黄色・黄緑

これらはピンク色の甘いお菓子を食べたとき、赤い色の辛い香辛料を口にしたとき、また黄色や黄緑色の柑橘類をすっぱいと感じたときの経験に基づいています。

〈4〉一般的な色彩心理

◉ 色を見て感情的なイメージを持つのは人間

　食べ物の色彩は、人間の味覚・視覚・聴覚だけでなく、心や感情にも大きな影響を及ぼします。

　たとえば、野生動物は、「赤い」木の実を見て、「この前、仲間が食べていたので、毒はなさそうだ」という判断はできますが、「なんて情熱的な赤なんだろう」という感情は、より思考能力がある人間だけにわきおこることです。

　ここで、一般的な色のイメージを見てみましょう。

●一般的な色のイメージ●

赤	生命力・血・肉・パワー
ピンク	やさしさ・喜び・幸福・愛
黄	希望・期待・喜び・満足
橙	元気・楽しい・陽気・恋愛
緑	穏やか・安心・リラックス・森林
青	冷静・集中力・海・水
紫	癒し・高貴・雅（みやび）・不安
茶	自然・土・安定・保守的
白	浄化・新生・清潔・無

〈5〉テーブルコーディネートと色彩

◎ テーブル上のバランスが大切

　色のコーディネートの安定したバランスは70％がベースカラー、25％がサブカラー、5％がアクセントカラーとされています。これは室内のインテリアもテーブルの上も同じ。

　テーブルクロスのリネン類やナフキンなどをベースカラー、食器カトラリー類でサブカラー、アクセントカラーを演出するのが一般的です。フラワーアレンジメントで華やかさを添えてもいいですね。

　視覚的には食器とともに食事を味わうのですから、料理がいくら上質でも食器とのバランスで質が落ちてしまったり、料理との色彩調和が悪いと食欲を減退させてしまうこともあるので注意が必要です。

　テーブルの上は、料理のコンセプトや和・洋・中の様式を表現できる演出の場ともいえます。

　インテリアは、ダイニングの場合は暖色系が基本とされていますが、それは食欲色と関係があるからです。紫の壁や真っ青なテーブルではあまり料理はおいしそうに感じないのです。

　また、キッチン（厨房）では、食事をつくるという作業意欲を失わないよう色数を制限したり、店舗によっては清潔感を第一に白やステンレスなどで統一しています。

　店舗の照明も大切です。青白い蛍光灯の下で見える白っぽい灰色のステーキや紫がかった元気のないサラダより、暖かい白熱電球の下で見える血の気のある肉汁のしたたるステーキや、フレッシュでグリーンなサラダのほうがよりおいしく感じられます。

　照明は舞台の演出でも大きな効果があるように（喜劇は黄色がかった照明、悲劇は青色がかった照明など）、食事するうえでも色を通して心理的・生理的に影響を与えているのです。

⟨6⟩ 世界の料理のカラーイメージ

◯ 色でみる和食・洋食・中華

　世界各国の文化・歴史・風土により食べ物も違います。同時に料理の色合いや配色も異なってきます。色を中心に和食・洋食・中華の3つに分けて特徴を見てみましょう。

●和食

　和食の特徴は白と黒を料理に取り入れることです。無彩色は西洋人にとっては食欲のわく色ではなく、日本人独特の食文化からきた料理の色といえます。白は、白米が主食であるということが大きな理由のひとつといえます。

　お正月料理に「お節（おせち）」があります。お節は重箱につめる習慣があり、重箱は外側が黒、内側が朱塗りのものが正式とされています。重箱に白いかまぼこや黒い昆布巻き・黒豆が映えて、日本では冬の寒い新年の朝の祝い膳にふさわしい、キリッと冴えた色合いとなっています。

　正式なイメージを出すためには、黒の器を多用します。椀や皿が黒いと高級感を感じます。これは昔から黒い漆器を祭事やおもてなしに使っていた日本人の生活が、イメージに結びついている例です。

　最近ではニューヨークなどの「和」をテーマにしたレストランでは、黒を基調としたインテリアや器を使っている例もあるようです。しかし基本的に西洋ではレストランで黒いテーブルや黒い器を使う習慣はないようです。

●洋食

　日本で洋食のレストランというとイタリア料理・フランス料理が主流です。

　「イタリア料理」は、その国旗が示すように緑・白・赤のコントラスト

が鮮やかです。オリーブやバジルの緑、チーズやオリーブオイル・北イタリアではバターや生クリームの白、そしてトマトの赤。ピッツァマルガリータ（トマト・モツァレラチーズ・バジル）やアクアパッツァ（トマト・白身魚・オリーブやケッパー）など代表的なイタリア料理には、この3色が使われています。ほかにもパスタやグラタン・リゾット・スープ（ミネストローネなど）この3色を彩りよく使った料理はたくさんあります。

「フランス料理」は、この色彩を使っています、と一言で言い表わすことができません。というのも、この料理がフランス料理の代表的なもので色合いはこうです、というものがないからです。フランス料理は、イタリア料理・スペイン料理・トルコ料理などの影響を受けて進展し、素材を生かした創造的な料理です。ですからフランス料理というと、料理名よりフォアグラ・ムール貝・エスカルゴ・トリュフ・鴨肉などと、素材ばかりが浮かんできます。

それぞれのレストランの料理人が、素材を生かしながら香りのいいソースとともに創造していく料理がフランス料理ともいえます。そしてワインとのマリアージュで味が完成される楽しみも大きな特徴ではないでしょうか。全体的にはエレガントでクラシックな色合いにまとまっています。同系色のソースでグラデーションを描いたソフトで上品なイメージや、料理によっては素朴なイメージの色合いもあります。

● 中華

「中華料理」は、日本では北京料理の北京ダックや水餃子、上海料理の上海蟹やショウロンポウ、広東料理の酢豚や牛肉オイスターソース炒め、四川料理の麻婆豆腐やえびのチリソースなどが知られています。全体的に大皿に一色主義というイメージです。チャーハンや炒め物には多少色が使われていますが、大皿をたくさん並べて彩り、賑やかにいただくというのが中華料理です。これは、大家族で暮らしていた中国人の食文化の流れからです。色合いはダークオレンジ・こげ茶色など、ダイナミックでワイルドなたくましい色のイメージが多いようです。

●PCCS（日本色研配色体系）表色図と国別料理のカラーイメージ●

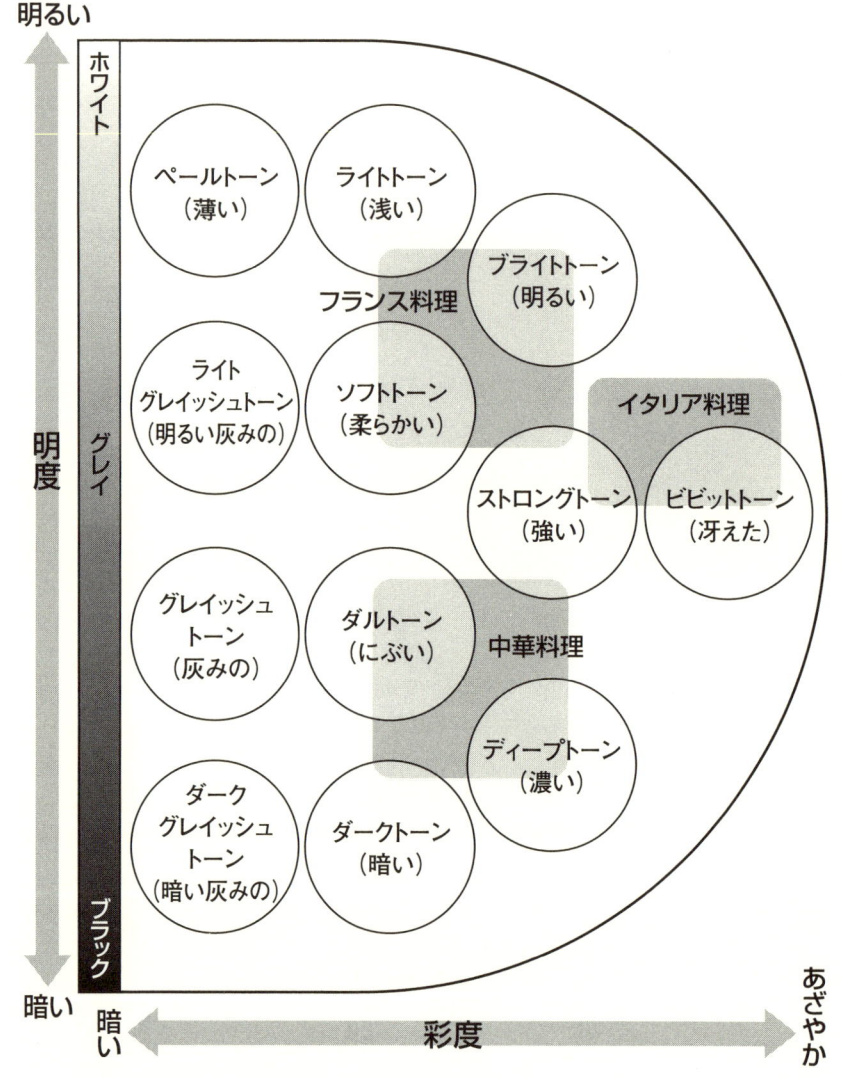

明るい ↑

ホワイト

ペールトーン（薄い）
ライトトーン（浅い）
ブライトトーン（明るい）

フランス料理

ライトグレイッシュトーン（明るい灰みの）
ソフトトーン（柔らかい）

イタリア料理

ストロングトーン（強い）
ビビットトーン（冴えた）

グレイ
明度

グレイッシュトーン（灰みの）
ダルトーン（にぶい）

中華料理

ディープトーン（濃い）

ダークグレイッシュトーン（暗い灰みの）
ダークトーン（暗い）

ブラック

↓ 暗い

暗い ←―― 彩度 ――→ あざやか

PCCS（日本色研配色体系）表色図は、色みの種類を表す色相、明るさを表す明度、あざやかさを表す彩度の3つの属性を用いてトーン（配色）を表にしたものです。

第9章 日本の伝統と食文化

第1節
日本の伝統文化

日本の伝統文化を代表する茶道、華道、書道、香道にも食が深く関わっています。その歴史や概要、食との関わりを学びましょう。

〈1〉伝統文化と食

● 食と密接に関わる伝統文化

　茶道、華道、書道、香道は、主に6世紀頃、仏教とともにその原型が中国大陸から伝来しました。その後、「森羅万象に神が宿る」として自然を愛し、畏れ、尊ぶ神道的な日本人独特の考え方や、豊かな四季の情景などと結びついて、日本の風土に根ざした独自の繊細な文化が形成されていきます。

　特に、平安時代に遣唐使が廃止（894年）された後に醸成された国風文化や、鎌倉時代における禅宗の渡来、さらに室町時代中期に8代将軍足利義政のもとで栄えた東山文化（15世紀末〜16世紀初め）は、伝統文化の完成に大きな影響を与えました。また、江戸時代になって富裕になった商人層も、文化の隆盛に貢献しました。

　食との関連では、茶道（茶の湯）が大きな位置を占めています。茶会の際に、主催者である亭主が客人をもてなすために茶道の形式にのっとって出す料理を「懐石料理」といいますが、この言葉は禅宗の古い習慣である「懐石」に由来します。もともと「懐石」とは、修行僧が火で軽石を温めて布でくるんだ温石（おんじゃく）を、懐に入れて暖をとり、また、空腹をまぎらわしたりしたことでした。そこから、客をもてなしたいけれども豪華な食事は出せないので、せめて空腹しのぎに温石を出したという説があります。また、老子の『徳経』にある「被褐懐玉（ひかつかいぎょく）」（才能を隠した賢人、清貧の賢者）の玉を石に置き換えたという説もあります。

16世紀後半の天正年間には堺の町衆を中心に「わび茶」が形成され、その食事の形式として「一汁三菜」が成立しました。江戸時代には、三菜として刺身（向付）、煮物椀、焼き物の形が確立。さらに料理技術の発達にともない、手間をかけた料理に繋がって、様式を重視した懐石料理に至っています。現在の懐石料理は、刺激の強い茶を空腹に入れることを避け、茶を味わうために支障のない程度の軽い和食コース料理という意味になっており、本来の「もてなし」というよりも実利的な要素が大きくなっています。

〈2〉茶道

◯ 茶道とは

　茶道（さどう、ちゃどう）の基本は、主が客人に茶を点（た）ててもてなすことで、そこにはさまざまな様式やしきたりがあります。茶道の点前（てまえ）は堅苦しそうに見えますが、その作法は長い年月の間に洗練と創意工夫によって生まれた、実に無駄のない、美しい形です。茶道を学ぶことは、日常の立ち居振る舞いや人との接し方の参考にもなります。

　茶席では、主は心をこめて客をもてなすために、庭や茶花、茶道具や茶室に置く美術品などにも気を配り、客もまた、それらのしつらえから主の心を汲み取ります。茶道が単に茶を飲むだけの作法ではなく、哲学、美術など広い分野にわたる総合芸術といわれるのはこのためで、時にはわずか四畳半の素朴な茶席が小宇宙に喩えられることもあります。亭主と客人の心と教養により、茶事の味わいは深まります。また茶道には、日常の小さなできごとの中に偉大さを見つけるという禅の宗教観が生きています。「一期一会（いちごいちえ）（生涯一度の出会いのつもりで悔いのないようにもてなす意）」、「和敬清寂（わけいせいじゃく）（敬愛しあう心の意）」といった言葉に、茶道の心構えが表れています。

● 茶道の歴史

　中国の陸羽（〜809年）が茶の製法や飲み方、歴史などを記した『茶経』によると、中国では唐の時代からお茶を飲む習慣（喫茶）がありました。日本には、奈良時代の6世紀頃に遣唐使や僧などによって喫茶が伝えられたと考えられています。聖武天皇が729年に行茶（ひきちゃ）という儀式を行ったと伝わっており、正倉院の御物にも多くの青磁の茶碗が残されています。

　平安時代末に中国（宋）との国交が復活すると、鎌倉時代には栄西（えいさい）や道元が宋に渡り、禅宗とともに抹茶や茶道具を持ち帰りました。日本の臨済宗の祖である栄西は、『喫茶養生記』で茶の薬効を説き、茶は禅宗の広まりとともに精神修養的な要素を強めながら、武士を中心に広がっていきます。また、茶の栽培も普及し、茶道具も多く輸入されるようになりました。室町時代には、一般の間にも茶は広がり、飲んだ茶の銘柄を当てる「闘茶」という一種の博打が流行。また、本場中国の茶器が「唐物（からもの）」としてもてはやされ、大金を投じて集めた茶器を使い盛大な茶会を催すことが大名の間で流行しました（唐物数寄）。これに対して、室町中期の茶人村田珠光（じゅこう）は、茶会での博打や飲酒を禁じ、四畳半の質素な茶室で行う庶民的で簡素、精神的な世界を重んじる茶会を説きました。これが「わび茶」の源流といわれています。さらに安土桃山時代、紹鷗の弟子である千利休によって「わび茶」は完成します。利休の「わび茶」は戦国武将たちにも広まり、「利休七哲」と呼ばれた蒲生氏郷（うじさと）、細川忠興（ただおき／三斎）、牧村兵部、瀬田掃部（かもん）、古田織部、芝山監物、高山右近などの弟子を生み出しました。

　江戸時代になると、小堀遠州、片桐石州、織田有楽（うらく）などの新たな流派を成す大名も現われ、これらは武家茶道、大名茶などと呼ばれました。一方、江戸中期以降の商人階層の隆盛を受けて、利休の子孫による千家茶道が庶民にも伝わり、表、裏、武者小路の「三千家」をはじめ、さまざまな流派が今日に伝わっています

茶道の流派

現在、茶道には約40の流派があり、すべて合わせると約100万人が茶道を嗜んでいます。ここには主な流派をいくつかの系列に分けて紹介します。

●茶道の代表的な流派●

千利休以前の流派	
奈良流	わび茶の始祖、村田珠光が室町時代中期に創始。茶儀の形式よりも茶事を行う者の心を重視。「珠光流」として現存し、古式を伝えています。
堺流	奈良流の流れをくみ、わび茶を発展させた武野紹鷗によって室町時代末期に創始。堺の町を基盤としました。「紹鷗流」ともいいます。
利休および同時期の代表的な流派	
利休流	千利休によって桃山時代に創始。多くの門弟に継承され、また各流派に分派。孫宗旦の三人の息子から三家に分かれ、「三千家」をなします。
藪内流(燕庵)	藪内紹智が創始。養父藪内宗巴と武野紹鷗に茶の湯を学び、千利休にも師事。京都府下京区にあるため「下流」とも称します。古式を残しています。
織部流	利休の高弟で豊臣秀吉、徳川将軍家の茶頭をつとめた古田織部が創始。一族の豊後中川藩の古田家に継承され、現在は九州を中心に存続しています。
有楽流	創始者は織田信長の実弟織田長益(有楽斎)で、大和の芝村藩、柳本藩家中に伝承されてきた格式高い武家茶道。茶室「如庵」は国宝です。
貞置流	「ていちりゅう」ともいいます。開祖織田貞置は有楽斎の甥の子で、江戸前・中期の武人・茶人。有楽斎の茶説・茶法を「貞置集」としてまとめました。
上田宗箇流	利休に学び、織部の門下となった上田宗箇が創始。上田家は代々、芸州(広島県)浅野家の家老で、戦国・桃山期の「武門の茶」を伝えます。
遠州流	近江国小室藩主の小堀遠州が、織部の茶に独自の創意を加えて江戸時代初期に創始。武家茶道の代表的な流儀で大名茶道ともいわれています。
南坊流	利休の弟子で利休の口伝秘事を書きとめた南坊宗啓を祖とします。この口伝を中興の祖、立花実山が書写し、「南方録」として伝わっています。
三斎流	織田信長に仕えた武将で利休高弟の細川忠興(三斎)が祖。三斎の高弟一尾(いちお)伊織が起こしたため「一尾流」「三斎流一尾派」ともいわれています。

三斎系──肥後古流三家	
古市（ふるいち）流	利休高弟の円乗坊宗円の娘婿、古市宗庵を祖として江戸初期に成立。宗庵は細川家茶道頭として「古風の茶の湯」を伝えることを命じられました。
小堀流	細川家の茶道役をつとめた小堀長斎の創始。2世茂竹は古市家から皆伝を受けました。3世長順は日本泳法の小堀流踏水術の創始者でもあります。
萱野（かやの）流	古田織部の甥、萱野甚斎が古市宗庵に師事して藩茶道役になったのが始まり。他の二家同様、利休の流儀をそのまま伝えているといわれます。

千道安の流れをくむ代表的な流派	
堺千家	千家の本家で利休自刃後は長男の道安が継いだが、道安に嫡子がいなかったため早期に断絶。門弟たちに受け継がれ各流派に分かれました。
宗和（そうわ）流	飛騨高山藩主の息子、金森宗和が江戸時代初期に創始。織部流を本とし、遠州流と道安流を加味。優雅で気品があることから「姫宗和」ともいわれます。
石州（せきしゅう）流	道安門下の桑山宗仙に師事した大和小泉藩主片桐石州が、利休流茶道に独自の風格と作意を加えて創立。幕府の茶道として広がりました。
藤林流	片桐石州の側近で小泉藩家老になった藤林宗源が創始。石州の弟弟子です。石州系茶の茶風を伝え、「石州流宗源派」ともいいます。
清水流	仙台藩茶道頭清水道閑が創始。祖父より道閑の名と茶道頭を世襲し、主命により石州流に入門。相伝を受けて帰藩後、分派しました。石州流清水派。
怡渓（いけい）流	臨済宗大徳寺派の高僧怡渓宗悦が石州の茶風に接し、石州没後は宗源に伝授を受けた後、茶道教授を始め、諸国に石州流を広めました。
野村派	開祖は利休門下の野村宗覚。子の栄嘉は将軍家茶道組頭。その子・休成が石州から伝授され石州流となり、秋田藩佐竹家に茶の湯を伝授しました。
鎮信（ちんしん）流	石州に学び、宗源に皆伝を受けた肥前平戸藩主、松浦鎮信（しげのぶ）が祖。石州流を本に各流儀を学び、江戸時代初期に分派して一流儀を成立させました。
不昧（ふまい）流	出雲松江藩主、松平治郷（はるさと／不昧）によって創始。三斎流を学んだ後に伊佐幸琢に石州流を伝授され、独自の茶風を加えて成立しました。
宗観（そうかん）流	幕末の大老、井伊直弼（宗観）の創始。武術や茶の湯をはじめ儒学、国学、禅、書画に造詣が深く、石州流を経て一派を起こしました。

千宗旦の流れをくむ代表的な流派

宗旦流（そうたん）	利休の孫千宗旦が江戸時代初期に創始。「茶禅一味」を説きます。生涯大名家に仕官せず、自由な境遇にあって清貧を貫き、わび茶に徹しました。
表千家流・不審庵	三千家の一つ。宗旦の三男宗左の創始。宗左が利休伝来の不審庵に住んだことから利休の正統として表といいます。形式、作法を重んじています。
裏千家流・今日庵（こんにち）	三千家の一つ。宗旦の四男宗室が父とともに今日庵に移り住み、今日庵一世を称したことに始まります。門人数は茶道流派中最多といわれます。
武者小路千家・官休庵	三千家の一つ。宗旦の二男の一翁宗守が武者小路に官休庵を建て、官休庵一世を称したことが始めです。歴代、讃岐高松藩茶道指南をつとめました。
久田流（ひさだ）	利休の甥の久田宗栄を祖とする利休流茶道の分派。二代宗利は宗旦の娘婿であり表千家との縁戚関係が濃い人物。優雅な婦人点前が特徴です。
宗徧流（そうへん）	江戸時代初期に宗旦の高弟山田宗徧が、師より利休正風を称する茶法を伝承して創始。紹鷗以来の簡潔にして明快な「わび茶」を旨としています。
堀内流（ほりのうち）	山田宗徧門下で江戸の国学者堀内浄佐の養子、堀内仙鶴が開祖。仙鶴は俳人としても有名で、同時代の茶人たちに影響を与えました。
松尾流	京の皇居御用の呉服商、松尾宗二が表千家六世左に師事した後に分派。名古屋に茶道を広めました。男点前と女点前が明確に分かれているのが特徴です。
江戸千家流	川上不白が表千家七世如心斎の命により江戸に下向して分派。紀州藩茶頭をつとめる不白の茶は、数藩の大名家のほか庶民にも広がりました。
速水流	裏千家八世又玄斎宗室に奥義を受けた速水宗達が、岡山池田藩に茶道指南として出仕する際に分派して創始。古式の点前作法を濃く残します。
不白流	第二次大戦後、七世川上宗順が江戸千家の川上家浜町派を再興して分派。九州有馬家とのゆかりが深く、「表千家不白流」ともいいます。
大日本茶道学会（だいにっぽんさどうがっかい）	田中仙樵が「茶道本来無流儀」を掲げて明治31年（1898年）に創設。秘伝開放、理論研究、人格形成などを通じて茶道人育成を目指しています。

<3> 華道

● 華道とは

華道（花道、いけばな）とは、四季折々の草花や樹木などを組み合わせて鑑賞する芸術に、生き方としての「道」を組み合わせたものです。その根底には、単に花の美しさを愛でるというだけでなく、生きるものすべてに魂が宿るとする日本古来の神道的精神と、仏の前に花を捧げるという大陸伝来の仏教の精神があります。

花の命の尊さを人間の命と同等のものとして見つめ、花器に表現する「華道」は、日本の伝統的な心と生き方を表す芸術です。四季の自然に恵まれた環境が、草花への愛情と親近感をさらに深めたといえるでしょう。

今日では、華道家元とされる池坊本家を中心に、全国に約2000～3000ほどの流派があります。華道が近年人気のフラワーアレンジメントと大きく違う点は、正面から見て美しく見えるように意匠されていることで、これは茶席とも大きなつながりがあります。

● 華道の歴史

日本での「いけばな」の成り立ちについては、さまざまな説があります。もともと日本では古来、自然界の万物に魂が宿るという考えがありました。特に、冬にも枯れることのない常緑樹〔常盤樹（ときわぎ）〕の生命力を崇め、神の降りる「依代（よりしろ）」とする風習があり、そこへ仏教が輸入され、仏前に供花（くげ）をする考えが入ってきた時から華道は始まったという説が最も有力なようです。

日本における初期の供花として代表的な例は奈良時代の752年、東大寺の大仏開眼供養で、当時は蓮の花が盛り上げられるような形で供されたようです。

仏教は最初、天皇や皇室、貴族など高貴な階層のものでしたが、平安

時代後期に浄土信仰が起こると、仏教の浸透とともに供花の習慣は庶民の間でも日常的なものとなりました。当時の庶民の姿を元にした『今昔物語集』には、農村に住む老婆が季節の花を野で折って、仏に手向けた話が出てきます。

武家の間にも供花は広まりました。「平家納経」には茎高の花の絵が飾られていますし、鎌倉時代の板碑（石で作った卒塔婆）には、三尊形式の供花が刻まれて残っています。

室町時代になると、宗教的な色合いから離れて、人々が鑑賞して楽しむ花が現われます。その契機は室町幕府3代将軍足利義満の頃の「七夕花合わせ」で、以後、4代義持、5代義量の頃には「法楽」と称して毎年7月7日に盛大に催されました。当時の「花合わせ」は、挿花を並べた「花座敷」で、公家や武将、僧侶などが和歌や連歌、朗詠、茶礼などを楽しむものでした。こうした席から装飾的な花の立て方の工夫が生まれ、室町時代中期に立花が成立。8代将軍義政に仕えた立阿弥・台阿弥・文阿弥をはじめ、京都頂法寺六角堂の僧侶であった池坊専慶、公家の山科言国に仕えた大沢久守など、立花の名手が現われます。大沢久守は、装飾的な立花を創案し、『久守記』（『山科家礼記』）で詳述しています。立阿弥ら同朋衆の花は、足利将軍家没落とともに池坊に吸収されました。

池坊は専慶を祖として口伝や伝書が著わされ、真・副（そえ）・真隠（しんかくし）・見越（みこし）・流の枝・前置（まえおき）・体・用といった立花の基本が定まり、安土桃山時代の城郭の室内装飾として、豪華を極めました。

一方で、千利休の「わび茶」とも接触し、「花ハ野にあるように」としてわずかな種類を自然のままに生ける教えも吸収。江戸時代初期、不世出の名人とされる池坊専好によって、立花の完成をみました。その後も数々の高弟を育て、元禄期には立花は隆盛を迎えます。この間、伝書が頻繁に出版されて「いけばな」は大衆化され、元禄元年（1688年）にはじめて「花道」という言葉が出てきます。町人階級が富裕化してきた江戸時代中期から、花道は一般に普及。手軽で自由に生けられる「抛入（なげい）

れ花」が、また、床の間にふさわしい「生花」が生まれました。このとき、源氏流・古流・宏道流・遠州流などが生まれ、さらに後には未生流など、さまざまな流派が現れます。

◉華道の代表的流派

いけばなの流派は、格式と型を重んじる伝統的な「格花（かくばな）」と呼ばれる伝統的なものから日常生活に親しまれているもの、さらには創造的なアートといえるものまで、多岐にわたります。ここでは、その代表的なものを紹介します。

●華道の代表的な流派●

池坊正流	古典を基調に江戸時代後期に稲垣翠幽が創流。土井翠玄が三男の翠翁に伝えました。翠翁は、現在の名古屋市を中心に活動しましたが静岡県沼津に居を構え、みかんの香気を流派の精神としています。
新池坊	明治43年に一ノ瀬梅蕚（ばいがく）によって創流。日本独特の伝統文化に立ちながらも自由な創造を理念とし、幅広い表現形式を追究。格花と自由花、いけばな全般の指導を特色としています。
草月流	昭和2年に勅使河原草風（てしがはらそうふう）が創流。単に型を学び、生けるのではなく、常に新しく創造的ないけばなをめざします。環境に合わせ「何でも、どこでも、誰にでも」生けられることをモットーとしています。
小原流	19世紀末に小原雲心（おはらうんしん）が新形式の「盛花（もりばな）」を創始し、近代いけばなの道を開いたことに始まります。花の季節や出生を生かした風景を重んじ、現代では素材やライフスタイルに合うものを創出しています。

専慶流	寛文年間、独創的な立華の名手だった冨春軒仙渓が創流。草木の生態研究と特徴に根ざした『立華時勢粧（りっかいまようかがみ）』は華道の大著。近代に盛花、投入など時代に即した様式をいち早く導入しました。
嵯峨御流	平安時代の嵯峨天皇に始まり、京都大覚寺（嵯峨御所）に伝わります。生花〔未生（みしょう）御流〕、盛花、瓶花（嵯峨流）、荘厳華、心粧華の花態があります。「未生御流」は、江戸時代末期に未生斎広甫が創流。
桑原専慶流	冨春軒仙渓が創流。元禄時代の華やかさを持ち、伝書を記した流祖以来の理知的な気風を代々受け継いだ、優雅な表現が特徴。古典を元に現代的で創造的ないけばな表現で、海外でも評価されています。
古流松藤会	大正15年、様式にとらわれず自由な発想で表現する「現代華」を目指して創設。昭和41年に社団法人となり、「伝統と個性」を標榜して、いけばなを通じて芸術文化の振興に寄与しています。
龍生派	明治19年、吉村雲華が創流。2代目華丘が立華に加えて独特の挿花、瓶花を創案。3代目華泉に至り、植物本来の生命を見極め、作品化する「植物の貌（かんばせ）」を提唱しています。
未生流	寛政年間、未生流一斎の創流。大阪に門をあげ、儒教、老荘思想を流派の基とします。挿花を通して自己の悟りを開くことを目指してます。現在は格花、折花、造形花を深く伝えています。

⟨4⟩ 書道

● 書道とは

　書道、あるいは書とは、中国に由来する東洋の造形芸術です。主に毛筆と墨を使って紙の上に文字を書き、美を表現することをいいます。

　もともとは漢字が起源ですが、日本では平安時代に起こった国風文化により独特の仮名文字が生まれ、文学の隆盛と普及にも大きく貢献しました。また、江戸時代には「読み・書き・算盤（そろばん）」が庶民の間でも教養の基本とされ、寺子屋などで習字が広く指導されました。

● 書道の歴史

　日本に文字が伝来した時期は特定できませんが、福岡県の志賀島で発見された「漢委奴国王（かんのわのなのこくおう）」の金印により、1世紀頃には伝わっていたと考えられています。その後、3世紀末〜6世紀の古墳から出土した鏡や剣などの銘にも、多くの漢字が認められます。

　日本に現存する最古の著書は聖徳太子の『三経義疏（さんぎょうぎしょ）』ですが、6〜7世紀の飛鳥時代には、中国の書法が仏教とともに伝来していたようです。

　奈良時代になると、仏教の隆盛にともない写経が国家事業となり、「写経体」と呼ばれる楷書が広まりました。この手本となったのは、中国の書聖の一人に数えられる王義之（おうぎし）の書です。

　平安時代中期の9世紀になると、能書家（書道に優れた人々）の中から中国の書に規範を求めながら独自の書風を開拓する気風が生まれました。特に、空海、嵯峨天皇、橘逸勢（たちばなのはやなり）は「三筆」と呼ばれます。

　さらに894年に遣唐使が廃止され大陸文化の影響が少なくなると、日本の風土や生活文化に根ざした国風文化が生まれ、漢字の略字形の「片仮

名」や「平仮名」が発明され、女流文学や日記、和歌などの隆盛を迎えます。10世紀頃には「和様」と呼ばれる書が発生。小野道風（とうふう）、藤原佐里（さり）、藤原行成（こうぜい）が「三蹟」と呼ばれ、新しい規範となります。特に藤原行成の子孫は世尊寺流を称して多くの書流の源となりました。

これに対して、平安時代末期の藤原忠通（ただみち）の書を法性寺流と称し、この二つが永らく日本の二大流派となりました。

鎌倉時代になると、世尊寺流に禅宗の影響を加えた禅宗様の書法が生まれ、天皇の書にも大きな影響を与えて宸翰（しんかん）流となります。さらに、伏見天皇の皇子、尊円寺入道親王の書から青蓮院流が発生。これが貴族から武家に広まり、江戸時代には寺子屋の教本にもなったため、御家流として庶民書道の軸となりました。また、江戸時代には儒教の奨励によって明や清の書法が唐様と呼ばれて隆盛しました。

日本の書道は相伝を伝統としてきましたが、明治時代期、中国人楊守敬の来日で環境が一変しました。漢字書道と仮名書道、近代詩文・前衛書道など新しいジャンルが加わり、多彩な活動をする作家も出て現在に至っています。

◯ 書道の用具

毛筆による書道の基本的な用具は硯、墨、筆、紙で、これを「文房四宝」といいます。硯は墨をする道具で、石材製が主流ですが、古い瓦を加工したものもあります。墨は油煙や松の煤を膠（にかわ）で練り固めたもので、植物油や石油でできた油煙墨、松などでできた松煙墨があります。

筆は竹などの先に動物の毛をまとめて束ねたもので、一般的には馬や羊、イタチ、狸などの毛を用います。紙は、現在では大量生産された書道用紙がありますが、宣紙や和紙などの高級品もあります。これらのほか、紙を固定する文鎮、毛氈（もうせん）と呼ばれる下敷きも書道の用具です。

⟨5⟩香道

● 香道とは

　香道とは、作法に基づいて香木をたき、香りを鑑賞して楽しむ日本の伝統芸道です。香道では香りを嗅ぐことを「聞く」といい、古典文学と結びついて発展してきました。茶道や華道と同じく室町時代中期に確立し、現在、「御家（おいえ）流」と「志野流」の二大流派があります。

　鑑賞の基本となる香木の分類を「六国五味（りっこくごみ）」といいます。

　六国とは香木の原産国〔木所（きどころ）〕による分類、五味とは香質を辛・甘・酸・鹹（かん）（＝しおからい）・苦の味覚に喩えた分類で、それぞれ伽羅（きゃら）（原産国＝ベトナム、味＝苦）、羅国（らこく）（タイ、甘）、真南蛮（まなんばん）（マナンバール、鹹）、真那伽（まなか）（マラッカ、無味）、佐曾羅（さそら）（サッソール、辛）、寸間多羅（すまたら）（スマトラ、酸）。ほかに新伽羅を加えて7種とすることもあります。

　香道ではこれらの香木を数種使用して、香りを聞き、鑑賞する「聞香（もんこう）」や、香りを聞き分けて当てる「組香（くみこう）」で、香りのハーモニーを楽しみます。

● 香道の歴史

　香木が日本にやってきたのは推古天皇の時代（595年）、淡路島に漂着したのが最初です。その後、仏教とともに本格的に伝来し、仏教儀式に欠かせないものとなりました。

　8世紀頃には日常生活にも取り入れられ、上流貴族の間で部屋や衣服、頭髪などに香をたきこめる「空薫物（そらだきもの）」の風習が生まれます。それとともに2種類の香を調合して技術や匂いの優劣を競う「薫物合（たきものあわせ）」という遊びが流行しました。

その後、15世紀末の室町時代中期、東山文化の中で香道の作法やルールも完成。下って江戸時代になると、それまで貴族や武家のものだった香道は庶民や町民の間にも広まり、日本独自の伝統芸道として確立しました。

◯ 香道のマナー

香道では、線香と違って香木に直接火をつけることはほとんどありません。香炉に灰を入れて形を作り、熾（おこ）した炭を入れ、さらに灰の上に銀（ぎんよう）葉という雲母（うんも）の板を乗せて、数ミリ幅に切った薄い香木を熱して香りを出します。

香道の席（香席）の作法や流れは茶道と似ています。香元が一連の動作にのっとって香をたき〔点前（てまえ）〕、その香炉が客の間を回り、客は香りを味わいます。香席で行われる「組香」は、2種以上の香を組み合わせて表現されたテーマを鑑賞し、何の香が使われているのかを当てるゲームですが、香りを当てることよりも、香りそのものを楽しみ、イメージをわきたたせて感性を磨き、自分を向上させることを目的としています。

香で表現されるテーマは和歌（証歌）や源氏物語などの古典文学に基づくものです。たとえば、「我が庵は　都の巽　鹿ぞ住む　世を宇治山と人はいふなり」という和歌を、香元が5種類の香木でつくります。

最初に、元となった香を一通り出席者に嗅がせ〔試香（こころみこう）〕、次に本香としてその中の一種を選んでたき、それが試香の何番目のものかを当てます。そのとき、客は番号ではなく、1番目なら「我が庵は」、5番目なら「人はいふなり」と書きます。文学に対して知識だけではなく深い味わいを感じる心がなければできないことで、それゆえに、香道では文学的素養が大事とされています。

香席に臨む際は、香水やオーデコロンなど匂いのあるものをつけるのはタブーです。また、指環や時計なども外します。男性はネクタイ着用、女性はスカートが望ましい姿です。

第2節 日本の伝統行事と食文化

日本の伝統行事に食は欠かせません。四季折々の行事に合わせた食事など、食の面から日本の伝統を再認識してみましょう。

〈1〉日本の伝統的食文化

◉「ハレ」の食事、「ケ」の食事

　今日でもおめでたい席のスピーチで「晴れのよき日」という言葉をよく耳にするように、日本人は古来、祭礼などのある特別な日を「ハレ」、日常を「ケ」といって区別してきました。食事にも日常のケの食事と、正月や盆、祭礼、結婚式、葬式などのハレの食事があります。

　日常の食事が1日3食になったのは江戸時代中期以降で、それまでは朝10時頃と夕方5時頃の2食でしたが、間食もあり、農村などでは農繁期には5、6回の食事をとっていました。

　現在の食事風景は、ちゃぶ台やテーブルなどの食卓を囲むのが普通ですが、大正時代以降にちゃぶ台が普及するまでは、ひとりひとりの料理を乗せて供する「箱膳」が一般的で、家族のそれぞれに専用の食器がありました。家族共通で使う皿や丼、椀などは別にして、飯椀や汁椀、箸などが個人専用に与えられているのは、日本の食習慣の特徴のひとつです。

　これらの食器は使われないときは箱膳にしまわれていました。また、家族用の食器と来客用の食器が区別されているのも、日本人の食文化の大きな特徴です。

　現在では箱膳こそ使われなくなりましたが、これらの習慣や文化に大きな変化はありません。

◎ 神と人との「共食」

　ケの食事が日常の家族内での食事である一方、ハレの食事は神仏や親族、近隣住民や友人などとの共食であり、非日常の料理です。特に神との共食は「神人（しんにん）共食」といいます。祭礼や儀式の際に、酒食や箸（神の箸）、膳などを神に供え、人間と神が同じものを食べるのです。

　このとき、神に供える酒食を「神饌（しんせん）」といい、供物のお下がりを参列者一同が分け合って食べる「直会（なおらい）」も行われます。直会には、神と集まった人間が同じ火で調理したものを一緒に食べることにより、神と人間、あるいは人間同士の関係を強める意味があります。仏との間にも共食はあります。盆行事の際に、亡くなった先祖を家族で迎え、酒や茶菓、精進料理などでもてなした後に送り返しますが、その後に仏に供えた食べ物を食べることから、仏と人との共食になるという考え方です。

　ハレの食事は、日常にはない特別なごちそうが出されます。正月のお節（おせち）料理や雑煮、お彼岸のぼたもち（春）、おはぎ（秋）、お月見の団子などはその代表です。

　また、祭礼の際にも特別な料理が出されます。秋の収穫を祝う祭りのごちそうには、赤飯や小豆飯、餅などがあり、また、さんまずし、さばずし、たでずし、ふなずしなどのすしをはじめ、現在も各地にさまざまな祭礼料理が伝わっています。

　ハレの日の神人共食に欠かせないのが、酒です。現在では酒を飲むのは日常的なことになっていますが、その昔、日本では酒を飲むのは神人共食のときに限られていました。特に直会で神に供えた酒をいただくことは、神と人との良縁を結びなおす一種の「盃事」であり、もっとも大事なごちそうだったのです。現在、結婚式などで行われる三三九度の杯は、この神人共食の酒の名残です。

昔は、お酒を飲むのは神人共食のときで、儀式のときの飲み物とされていました。

〈2〉社会と食事

● 社会的連帯とハレの食事

　ものを食べることは個人的な行為です。しかし一方で、一般的には家族や近隣住人など、何らかの社会関係でつながった人々と食事の席をともにすることも多く、その意味では食事は社会的なことといえます。

　他人同士でも「同じ釜の飯を食べた仲」という言葉があるように、共食は、ただ一緒に食事をするというだけのことではありません。特にハレの食事は、家族単位のケの食事と違って、家族以外の親族や近隣住人、友人、知人などと共食する場合が多く、社会関係を再確認し、信頼と社会的連帯感を強める場でもあります。

　地域社会ではさまざまな祭礼やお祝いの儀式など、共食の機会がありますが、最も重要なものは、氏神の祭礼での直会です。氏神は、住んでいる土地の守り神であり、氏子である地域の連帯の象徴でもあります。

　この場合の直会は2つあり、1つは、神に供える食べ物「神饌（しんせん）」を調理するのも、食べるのも男性だけに限る形。

　もう1つは、各家から手料理や酒を持ち寄って交換し合い、女性も参加して飲食する形です。

　食べ物を交換することには、他家の竈（かまど）の魂の象徴である火で調理したものを食べるという意味があり、この共食を通じて地域社会の連帯を深めていったのです。

● 食生活の地域性

　食生活は家族や地域社会によって形作られるものなので、各地域や家庭によって食生活は当然、異なります。

　たとえば、正月の雑煮の地域的差異を見ても、餅は丸か角か、焼くのか焼かないのか、味付けは醤油味か味噌味か、ダシは何でとるのか、具の野

菜は、魚は……など、違いは数え上げればきりがありません。こうした差異が、日本の食の個性を豊かにしている背景のひとつともいえるでしょう。

食生活の地域差は、郷土料理にも表れています。

有名な郷土料理としては、北海道の三平汁、石狩鍋、ルイベ。東北では秋田のしょっつる鍋、きりたんぽ。山形の芋煮。北陸石川県は金沢の治部煮、能登のかぶらずし。甲信越では山梨の煮貝、ほうとう。長野県伊那の昆虫料理。名古屋のひつまぶし。関西は滋賀のふなずし、京都のいも棒、はも料理。山陽地方は岡山のさわら料理。四国は高知の皿鉢（さわち）料理、鰹のたたき。九州は福岡の水炊き、がめ煮、長崎の卓袱（しっぽく）料理、皿うどん。対馬の鳥鍋。奄美、沖縄では豚肉料理など。このほか日本全国には、実に多種多様なお国柄を表す料理が伝わっています。

これらの郷土料理が生まれた要因には、いくつかのことが考えられます。

第一に、北海道のルイベ（半解凍のサケの刺身）や伊那の昆虫料理、能登のかぶらずしのように、地域特産の食材や自然環境を利用したもの。

第二に、調理法や食べ物についての文化的観念やその伝播を背景とするもので、奄美、沖縄でハレの食事に出される豚肉料理がこれにあたります。この地域の豚肉料理がほかと大きく違う特徴は、頭から足まで無駄なく調理することで、これは、東南アジアから中国南部にかけて見られる豚食文化が伝播していたことを物語っています。

このほか、各地から集積した保存性のある食材を郷土料理として発展させたもの（いも棒など）や、同じ材料や調理法が各地域によって独特の発展をしたものなどがあります。

伝統的な郷土料理は今では家庭でつくられることが少なくなったものもありますが、地域興しの一環として見直しや保存が図られているというケースもあります。

〈3〉日本の伝統行事

◎ 二十四節気

　二十四節気（にじゅうしせっき）とは、旧暦で立春を基準に1年を24等分した季節のことです。約15日ごとに区分し、1か月の前半を「節」、後半を「中」といい、区分点となる日に春夏秋冬の名称をつけました。

　日本の暦（こよみ）の元になったのは古代中国の、月の満ち欠けに基づく太陰暦です。しかし、太陰暦は太陽の位置とは無関係で、実際の季節と誤差が生じるため、太陽の運行を元にした二十四節気が導入されました。

　二十四節気につけられたさまざまな名前は、季節の細やかな特徴や情景を著わしています。たとえば、6月初旬の「芒種（ぼうしゅ）」は、硬い毛（芒）のある稲や麦などの種まきに適した時期という意味があります。

　二十四節気は節気の間隔が一定していることなどから、農業の目安としては非常に便利です。ただし、これら二十四種の言葉は中国の寒冷な大陸的気候にある黄河中・下流域などから伝わったため、日本の気候風土と照らし合わせると1か月ほど早いズレがあります。そこで日本ではたびたび暦を改訂。「閏月（うるうづき）」をつくってズレを調整してきました。

　幕末の天保15年（＝弘治元年、1844年）には、当時最新の天文学により、1年を太陽の黄道上の位置によって区分する法を定めました。それでも太陽の軌道が正円形でないため、「閏年（うるうどし）」を設けています。

　明治4年（1873年）に新暦が導入されてからも、暑中見舞いは立秋前に出すことなど、二十四節気に根ざした慣例が日常に残っています。

●日本の二十四節気七十二候●

二十四節気		七十二候
立春 (りっしゅん)	2月4日頃。 東風が吹き氷を溶かす。 春の気配が感じられる頃	東風解凍（はるかぜこおりをとく） 黄鶯睍睆（こうかんけんかんす） 魚上氷（うおこおりをいずる）
雨水 (うすい)	2月19日頃。 水分が雨となって降るようになり、草木の芽生えが始まる頃	土脉潤起（つちのしょううるおいおこる） 霞始靆（かすみはじめてたなびく） 草木萌動（そうもくめばえいずる）
啓蟄 (けいちつ)	3月6日頃。 地下の虫も冬ごもりしていた穴から現れる頃	蟄虫啓戸（すごもりむしとをひらく） 桃始笑（ももはじめてさく） 菜虫化蝶（なむしちょうとなる）
春分 (しゅんぶん)	3月21日頃。 春の彼岸の中日で、昼と夜の時間が同じ	雀始巣（すずめはじめてすくう） 桜始開（さくらはじめてひらく） 雷乃発声（かみなりすなわちこえをはっす）
清明 (せいめい)	4月5日頃。 万物が清新の気に満ちて、肌寒さが少し残るさわやかな頃	玄鳥至（つばめきたる） 鴻雁北（こうがんかえる） 虹始見（にじはじめてあらわる）
穀雨 (こくう)	4月20日頃。 植物を潤す春雨の意味。植物の成長を助けるために必要な時期	葭始生（あしはじめてしょうず） 霜止出苗（しもやみてなえいずる） 牡丹華（ぼたんばなさく）
立夏 (りっか)	5月6日頃。 夏の気配が感じられるようになる頃	蛙始鳴（かわずはじめてなく） 蚯蚓出（みみずいずる） 竹笋生（たけのこしょうず）
小満 (しょうまん)	5月21日頃。 草木が茂って天地に満ち始めるという意味	蚕起食桑（かいこおきてくわをはむ） 紅花栄（べにばなさかう） 麦秋至（むぎのときいたる）

二十四節気		七十二候
芒種 (ぼうしゅ)	6月6日頃。 芒(のぎ)のある穀物を播種(はしゅ)するのに適した時期	螳螂生(かまきりしょうず) 腐草為蛍(くされたるくさほたるとなる) 梅子黄(うめのみきばむ)
夏至 (げし)	6月21日頃。 昼の長さがもっとも長く、夜の長さがもっとも短い日	乃東枯(なつかれくさかるる) 菖蒲華(あやめはなさく) 半夏生(はんげしょうず)
小暑 (しょうしょ)	7月7日頃。 暑さが増してきて、日脚がつまってくる頃	温風至(あつかぜいたる) 蓮始開(はすはじめてひらく) 鷹乃学習(たかすなわちがくしゅうす)
大暑 (たいしょ)	7月23日頃。 梅雨明け後の、もっとも暑気の激しい頃	桐始結花(きりはじてはなをむすぶ) 土潤溽暑(つちうるおうてむしあつし) 大雨時行(たいうときどきふる)
立秋 (りっしゅう)	8月8日頃。 残暑は厳しいが、秋の気配が感じられるようになる頃	涼風至(すずかぜいたる) 寒蝉鳴(ひぐらしなく) 蒙霧升降(ふかききりまとう)
処暑 (しょしょ)	8月23日頃。 暑さが峠を越え、朝夕涼しさが感じられるようになる頃	綿柎開(わたのはなしべひらく) 天地始粛(てんちはじめてさしむ) 禾乃登(こくものすなわちみのる)
白露 (はくろ)	9月8日頃。 夜間の気温が低くなり、草木に露が降り始める頃	草露白(くさつゆしろし) 鶺鴒鳴(せきれいなく) 玄鳥去(つばめさる)
秋分 (しゅうぶん)	9月23日頃。 秋の彼岸の中日で、昼と夜の時間が同じ	雷乃収声(かみなりすなわちこえをおさむ) 蟄虫坏戸(むしかくれてとをふさぐ) 水始涸(みずはじめてかるる)

二十四節気		七十二候
寒露 (かんろ)	10月8日頃。 露が寒冷の気にあって凍る手前にあるといわれる頃	鴻雁来（こうがんきたる） 菊花開（きくのはなひらく） 蟋蟀在戸（きりぎりすとにあり）
霜降 (そうこう)	10月23日頃。 夜間の冷え込みが厳しくなり、霜が降り始める頃	霜始降（しもはじめてふる） 霎時施（こさめときどきふる） 楓蔦黄（もみじつたきばむ）
立冬 (りっとう)	11月7日頃。 冬の気配を感じられるようになる頃。 雪の便りも聞かれる	山茶始開（つばきはじめてひらく） 地始凍（ちはじめてこおる） 金盞香（きんせんかさく）
小雪 (しょうせつ)	11月23日頃。 寒さがまだ深まらず、雪もまだわずかな頃	虹蔵不見（にじかくれてみえず） 朔風払葉（きたかぜこのはをはらい） 橘始黄（たちばなはじてきばむ）
大雪 (たいせつ)	12月7日頃。 北風も次第に強く降雪が多くなる頃	閉塞成（そらさむくふゆとなる） 冬熊蟄穴（くまあなにこもる） 鮭魚群（さけのうおむらがる）
冬至 (とうじ)	12日22日頃。 昼の長さがもっとも短く、夜長を感じる日	乃東生（なつかれくさしょうず） 麋角解（さわしつかのしかおる） 雪下出麦（ゆきわたりてむぎのびる）
小寒 (しょうかん)	1月6日頃。 寒気が激甚とまではいかないが、寒さの厳しい頃	芹乃栄（せりすなわちさかう） 水泉動（しみずあたたかをふくむ） 雉始雊（きじはじめてなく）
大寒 (だいかん)	1月21日頃。 1年中でいちばん寒さの厳しい頃	款冬華（ふくのはなさく） 水沢腹堅（さわみずこおりつめる） 鶏始乳（にわとりはじめてとやにつく）

⟨4⟩日本の祭り

● 祭りの意味

　「祭り」という言葉は、神を祀ることやその儀式に由来します。現在、神社や仏寺で行われている祭りには、豊作や豊漁、商売繁盛、疫病退散などを祈願し、あるいは感謝するもの、節句などの年中行事が発展したもの、菅原道真（天神）や平将門（神田明神の祭神）など、非業の死を遂げた偉人の霊を慰めるためのものなどがあります。

　大規模な祭りの中には観光化されたものもありますが、地域社会における祭りの本来の目的は、第一に神を祀り、もてなすことであり、第二に人びとの結束や親睦を図ることです。その神とは、古くは田や山、水の神などの自然神であり、また、祖霊神でした。祖霊神を祀る先祖供養は、やがて仏教と結びつき、法事として制度化されていきます。自然神の祭りには、豊作を予祝した春祭りや、田植え祝い、夏の虫送り（害虫駆除）、八朔（風封じ）、秋祭りなど農耕と結びついたものが多く、天変地異や自然災害のないことと豊年を祈願し、感謝しました。

　日本の祭りや年中行事の半分以上は正月と盆の近辺に集中しています。それは、1月と7、8月が稲作にとって農閑期であったからです。また、人が多く集まる江戸や大阪、京都、博多、長崎などの都市部では、娯楽的な要素を強くした夏祭りが発展しました。古来、祖霊などの神は月の出る頃にやってくると考えられていました。そこで、現在でも各地の秋祭りなどでは宵宮（宵祭り）が行われています。

　祭りには、祭神がお旅所へ渡御するための乗り物として、神輿（みこし、しんよ）や台車をつけた山車〔だし：地方によって曳山（ひきやま）、屋台、地車（じぐるま）〕が出されます。粛々と静かに行列が進む祭りもありますが、神輿をわざと威勢よく上下左右に揺さぶることもあります。これは「魂振り（たまふり）」といって、神の霊威を高める意味があります。

● 祭りと食文化

　祭礼では、まず神前に神饌として御鏡（みかがみ：鏡餅）と御飯（みけ：赤飯か白飯）、御酒（みき：濁り酒か清酒）が供えられるのが一般的です。米粒には稲の霊力「稲魂（いなだま）」が宿っており、それを凝縮してつくった餅や酒には特に、米の神聖な霊力が宿ると考えられていました。また、これらを下げた後でご相伴に預かる神人共食によって、稲魂が人に移り宿ると考えられていたのです。

　田植え祭りや春祭り、刈上げ、秋祭りなど、季節の行事のときには、旬の食材でつくったごちそうが並びます。南北に長い日本では、地方によって特産物が違うため、伝統食といっても出されるものはさまざまですが、赤飯、団子、まんじゅう、ちらしずし（ばらずし）、まきずし、煮しめは広く共通しているようです。

　盆の行事は祖霊を迎えるためのものですが、盆踊りはさまよえる精霊を慰めるもので、文献に残る最古の記録は室町時代、もとは念仏踊りなどから発展したようです。

　盆踊りは蒸し暑い盛りの祭りであり、今と違って冷蔵庫などなかった昔は、酒や料理を保管、管理することがなく、豪華なごちそうは見られません。しかし、盆踊りの参加者には炊き出しの握り飯やそうめんなどが振舞われ、みんなで食べました。

　現代では、地方の都市化や過疎化、人口の大都市集中などによって、昔のような地域や社会のつながりや伝統は薄れつつあります。しかし、祭りの前後の祓い（はらい）や祭りのごちそうである酒と餅の分配と共食は、現代にも残っています。

　賑やかなハレの日の行事だけでなく、これらの文化的な意義は、将来に伝えていかなくてはならないでしょう。

食のミニ知識 8

食で季節を感じられない子供たち

　年々、日本の子供たちが自然に接する機会が少なくなっていることは、多くの大人たちが気づき始めています。

　特に都心の近くに住む子供たちほど、自然とのふれあいや季節の変わり目を感じる機会が少なくなっています。確かに、日本の美しい自然は、開発により減少しています。

　昔の子供たちは森や山やきれいな川で遊び、お腹を空かせて家に帰ると、四季折々の食べ物が用意されていました。地域特有の特産物を使用してつくられた食事は、子供たちは知らず知らずのうちに、故郷の味、オフクロの味として、旬の食材・味覚を形成していました。季節の食材には、大地の恵み（カロリーやミネラル）が含まれ、目を楽しませ、舌を楽しませ、旬の素材の知識まで学ぶことができました

　しかし、現代の子供たちのどのくらいが、毎日食するお米は、どのような経緯を経て稲になりお米になり、食卓に並んでいるのかを知っているのでしょうか。単純に知識で理解しているのではなく、そこには常に誰か人の力が加わり、さらにはその素材を調理する「誰か」がいるのかということを意識しながら食事している子供が、一体どれくらいいることでしょう。

　最近では、養殖の魚や特殊栽培の野菜、調理済み食品や冷凍食品などが増え、ますます本来の素材の味、旬の味がわからなくなってきています。大人たちがちょっと食に興味を持ち、自分の好きな食べ物の"旬"を子供たちに教えるだけでも、子供たちの食に対する意識は違ってくると思います。

食卓でお馴染みのトマト、本来の"旬"を知っていますか？

第10章 地球環境と食

第1節

自然環境と食

食と自然環境、地球環境は密接に関係しています。ここでは、私たちの食生活がどう環境に影響するのかさまざまな観点から学びましょう。

〈1〉環境問題

◉「環境」とは何か

　「環境」とは、人間を含むあらゆる生物にとって、直接、間接の影響を与える外界、あるいは周囲の状況のことです。

　20世紀半ばまで、人間社会が自然に及ぼす影響の大きさについては一部の科学者の間でしか気づかれておらず、「環境」という言葉自体、曖昧なとらえられ方をされていました。

　しかし、人間社会の営みに起因する汚染が自然の浄化能力を超えたり、思いもよらない気候変動の頻発などによって、自然環境と人間のつながりが一般的にも深く意識されるようになりました。

　「環境」は、人間社会と自然生態系の相互作用で日々変化しており、今では多くの人がそれを意識するようになっています。日々の暮らしの中でも、省エネやゴミの分別などといった習慣から、「環境」と人間社会について感じ取る機会も多いでしょう。

　その一方で、一定地域内における公害などの「地域環境」と、地球全体に対する負荷から地球規模の影響をもたらす「地球環境」の区別が曖昧になっている現状があります。オゾン層破壊や地球温暖化などが、「地球環境問題」にあたります。

　また、さまざまなメディアで環境を意味する「エコ」という言葉が安易に使われることも増えて、「環境」は再び輪郭のつかみにくい言葉になっています。

●「エコシステム」とは

　生物社会にとっての自然をさまざまな関係でとらえると、多くの生物が共有し、包括される世界が見えてきます。それが「エコシステム（生態系）」です。

　エコシステムとは、生物とその生息（生育）環境、あるいは生物群同士が関わり合うネットワークです。そして、その生態系の仕組みやルールを理解する科学が「エコロジー（生態学）」です。

　エコロジーという言葉は、19世紀ドイツの生物学者ヘッケルによる「oikos（＝house、家）」と「logos（＝sience、科学）」を組み合わせた造語で、「生物と環境の相互作用を研究する学問」を意味しました。しかし近年では、環境に配慮した行動や習慣といった意味でも広く使われるようになっています。生きとし生けるものの関わり合うバイオスフィア（生物圏）から個体の体内まで、生物はひとつの主体として、また同時に自然の一部分として、大小さまざまな生態系を共有し、カタチづくっています。

生きとし生けるものは「エコシステム（生態系）」の一部であり、互いに関わり合って絶妙のバランスで成り立っています。

〈2〉食物連鎖

◉ 生態系におけるサイクル

　すべての生き物は、栄養を摂り、それをエネルギーに変えて生きています。生態系において、物質やエネルギーは「生産者（植物）→消費者（動物）→分解者（菌類）」というサイクルで移動していると考えることができます。

　生態系は、「食べる（捕食）⟵⟶食べられる（被食）」の関係を中心に、分解、腐食などを含む食物連鎖で成り立っています。

　生産者である植物は、太陽エネルギーと水、二酸化炭素を利用して光合成を行い、デンプンや糖を作るほか、窒素や各種ミネラルを組み合わせて蛋白質や脂肪などもつくり出します。

　消費者である動物にはいくつかの段階があります。植物を食べる草食動物や昆虫などを第一次消費者、草食動物を食べる肉食動物を第二次消費

●食物連鎖の流れ●

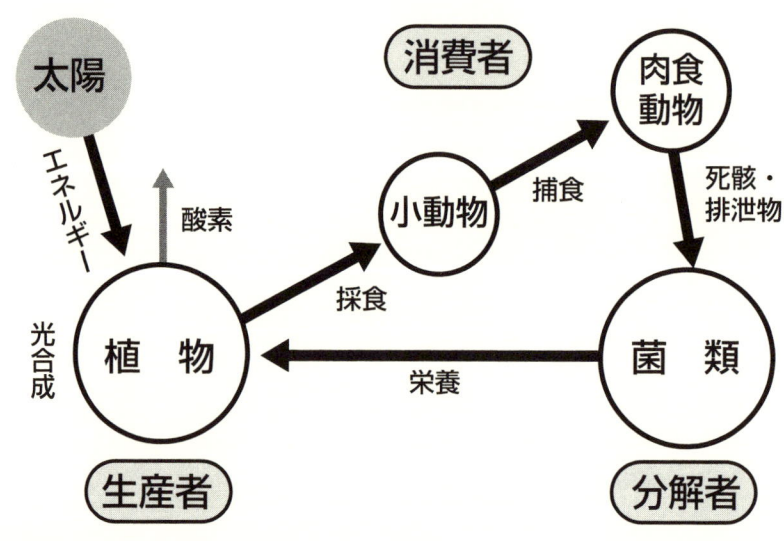

食物連鎖の流れは、そのままエネルギーの流れ・循環でもあります。

者といい、以後、第三次消費者、高次消費者となりますが、第三次消費者が第一次消費者を食べることもあれば、雑食動物もいることから、動物における「捕食⟷被食」の関係は非常に複雑です。たとえば、草食動物は肉食動物だけでなく雑食動物にも捕食されるなど、それぞれの動物には複数の天敵がいます。特定の生物を過剰に消費すれば、短期間で生態系の崩壊を招くこともあります。

さらに生物の死骸や排泄物などは、ほかの動物に食べられたり、細菌などの菌類によって分解されます。生物の体はさまざまな有機物で構成されていますが、この分解者の働きによって無機物と水、二酸化炭素に分解され、やがて再び生産者の光合成に利用されます。

◯ 物質循環

太陽エネルギーを利用して生産された物質が、食物連鎖などを通じて自然界を循環することを「物質循環」といいます。その過程で起きる物質変化がエネルギーの流れを生じさせるわけで、こうした一連の流れを「地球生化学的循環」といいます。

生物は自然の中を循環しており、生物の体内に蓄積された物質も、この食物連鎖の流れに従って移動します。その流れは一本の線ではなく、「食物網」と呼ばれる複雑な網の目をなしています。エコシステムが「関係性のネットワーク」と呼ばれるのも、そのためです。

この網は、生物と環境との間の目に見えにくいつながりも含んでいます。殺虫剤のDDTが水に溶けて魚の体内に蓄積され、それを食べた北極海のアザラシから検出されるといったことも、その一例です。

食物連鎖の結果、生物に蓄積しやすい物質が高次捕食者に集中する「生物濃縮」も生じます。近年ではダイオキシン類や内分泌撹乱物質、重金属などの有害物質が取り上げられることも多くなりました。自然界の物質循環やエネルギーの流れを知ることは、こうした見えない関係を読み解く手がかりになります。

⟨3⟩水の循環

◉ 水の大循環と小循環

　自然界の水は、液体（水）、個体（氷）、気体（水蒸気）に姿を変えながら、海と空、陸の間を長い時間をかけて循環しています。まず、海面から蒸発した水蒸気が雲を作り、雨となって地上に降り注ぎます。雨水は土壌に浸透し、地下水になったり、あるいは河川を通って海に流れ込み、再び蒸発します。地球上の水は、約20億年前につくられたものが、この大小の循環を繰り返しているのです。

　水循環には、大気の浄化作用や気候をやわらげる作用など、多くの働きがあります。また、河川だけを見ても、自浄作用や運搬作用、生物環境としての作用などがあります。水循環のメカニズムが狂うと、人間は社会活動ができなくなるだけでなく、生命の維持も困難になるなど、多大な影響を受けます。

　では、人間の活動は水循環にどのような影響を与えるのでしょうか。

◉ 取水と排水

　地下水や河川などから取水した淡水資源は、主に生活用水、農業用水、工業用水などの上水として使われます。工業用水は、工場内で回収利用されます。生活用水などで使い終わった水は、下水処理され、河川へ戻されます。

　工業や灌漑農業のために過剰な取水を行うと、河川や湖沼の水量低下、地下水源の枯渇、地盤沈下などを招きます。

　水量低下の例では、中央アジアの塩湖、アラル海は、かつて世界の湖で4番目に広い面積がありましたが、灌漑農業の大規模化で河川からの水の流入量が激減し、近い将来に消失するといわれています。また、中国の黄河でも、人口の増加や経済発展に伴い、水資源の利用が大幅に増加したことなどにより、河口に達する前に水が涸れる「黄河断流」が深刻化して

●水の循環と水の利用●

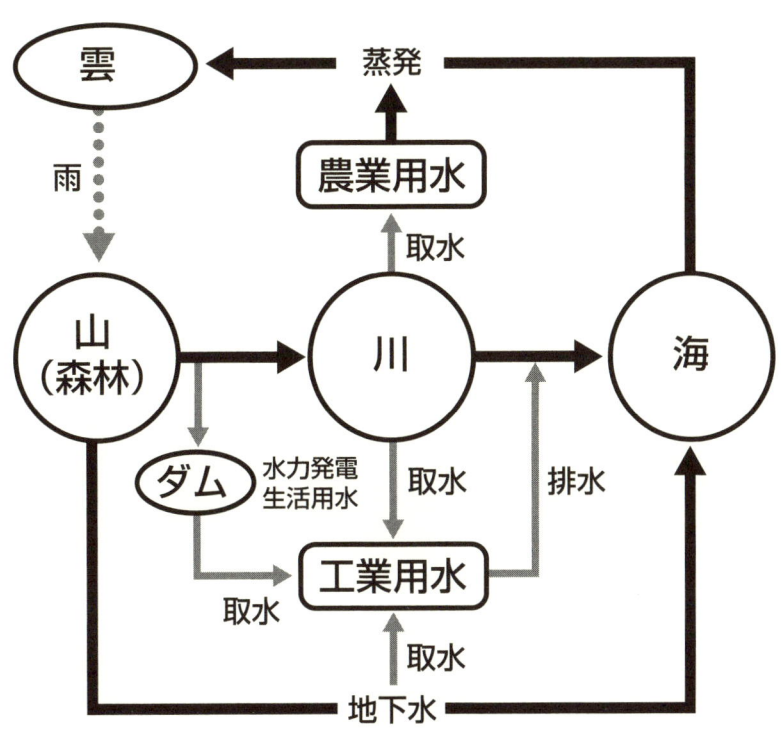

```
雲 ←―― 蒸発 ――――――――――――┐
↓雨                              │
山       →    川   →取水→ 農業用水 ↑
(森林)    →    川   ――――――→ 海
  ↓ダム  水力発電              ↑
         生活用水  取水↓  ↑排水
              工業用水
         取水↑    ↑取水
         ―――地下水―――
```

循環が機能しないと渇水や洪水、汚染などの問題が発生します。

います。

　排水の処理も重要です。工場や産業廃棄物には重金属が含まれており、なかには水銀やカドミウムなど、生体に有害なものもあります。また、汚染源の特定しにくい有害化学物質が排水に混ざることもあり、適切に処理しないと、河川、海洋、地下水の汚染による公害にもつながります。

　家庭から出る大量の生活雑排水の問題も看過できません。東京湾や瀬戸内海のように外界との水の交換の少ない閉鎖性水域では、チッ素化合物やリン酸などの栄養塩類が増える「富栄養化」により、水生生物の減少を招きます。

　水循環の健全な仕組みを維持しながら水資源を継続的に利用するには、適正な取水・排水が重要な課題になります。

〈4〉エネルギー

◉ エネルギー変換におけるムダ

　物質が循環しているのに対して、エネルギーは一方通行であり、再生されません。ただし、さまざまな形態に変化します。

　たとえば、水力発電所では水の位置エネルギーが電気エネルギーに、機

●熱力学の第一法則と第二法則●

エネルギーの総和は一定
＝
熱力学の第一法則

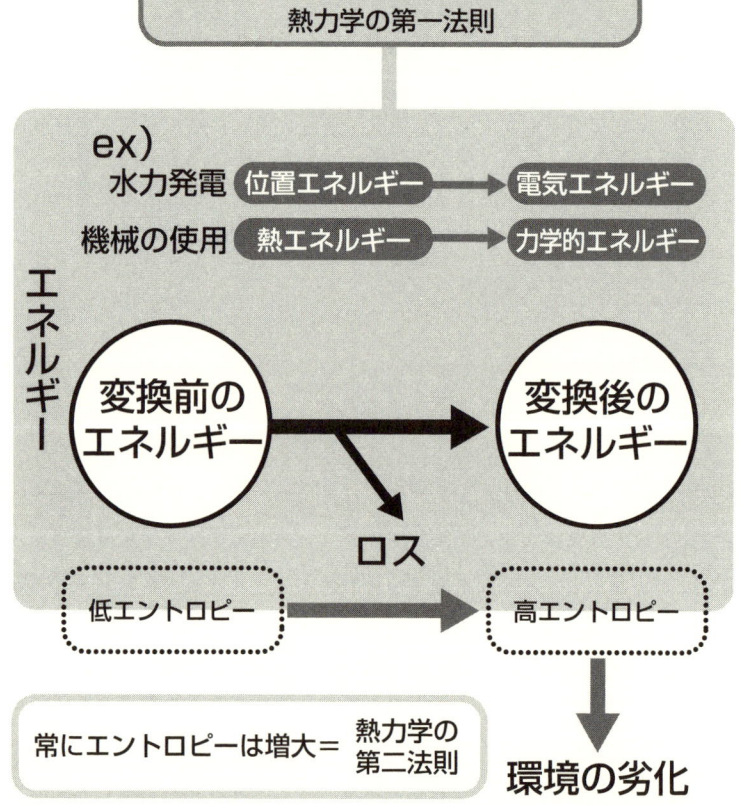

ex)
水力発電　位置エネルギー → 電気エネルギー
機械の使用　熱エネルギー → 力学的エネルギー

エネルギー

変換前のエネルギー → 変換後のエネルギー
　　　　　　↘ ロス

低エントロピー → 高エントロピー

常にエントロピーは増大 ＝ 熱力学の第二法則

環境の劣化

械のエンジンでは熱エネルギーが力学的エネルギーに変換されます。

このようにエネルギーがある形態から他の形態に変化する前後で、エネルギーの総量を比べると、常に一定不変です。これを「熱力学の第一法則」、または「エネルギー保存の法則」といいます。

この場合の「総量」には、エネルギー変換に際して出て行くムダなエネルギーも含まれています。「熱力学の祖」と呼ばれる19世紀のフランスの物理学者カルノーは、100パーセントの効率で熱を力に変換できるわけではなく、常に一定の捨て熱が生じることを証明しました。これを「カルノーの法則」といいます。

◯ 環境劣化を招くエントロピー増大

エネルギーが常に一方通行であるということは、「すべてのエネルギーは秩序から無秩序へ、不可逆的に変化する」といいかえることができます。この「不加逆性」を表す量が「エントロピー」です。

エントロピーとは、1865年にドイツのクラウジウスが熱力学的概念を説くためにつくった言葉で、本来「変化に内在するもの」という意味があります。エネルギー変化のほか、熱伝導、物質の拡散や混合、情報の配列などについても適用されています。

エントロピーとエネルギーとは、ちょうど表と裏の関係にあります。たとえば、高温のエネルギーが廃熱へと変化するにつれてエントロピーは高まりますが、その逆はありません。エネルギーが低下するとエントロピーは増大するのです。

こうしてエントロピーは常に増大を続けており、これを「熱力学の第二法則」といいます。エントロピーの増大は物質の純度が下がることをも意味するため、「劣化」と表現されることがあります。

これを地球規模で見ると、過去の地球は低エントロピーであったのに対して、常にエントロピーを増大し続け、さらに再生可能な資源を消費してきた結果、現在の地球は高エントロピーとなり、環境劣化を招いていると見ることができます。

〈5〉資源の循環

◉ エントロピーと生態系

「熱力学の第二法則（エントロピー増大の法則）」を、環境に当てはめて考えてみましょう。

たとえばゴミ問題で見た場合、ゴミを燃やすと熱が回収され、代わりにエントロピーが増大します。ゴミ焼却処分による熱回収は資源利用の最終手段であり、資源のリサイクルという手段でもあります。しかし、リサイクル全体の流れを見回すと焼却処分よりも多くのエネルギーが必要な場合もあり、やはりエントロピーは増大します。それだけではなく、有機物、無機物を問わず、すべての運動はエントロピーを増大させているのです。

一方、本章第一節で見たように、生態系（エコシステム）は、外部を取り巻く環境との間でエネルギー交換を行う「開放系」として作用しています。地球は太陽エネルギーのインプットを受けて、太陽光、風、波、潮力、さらにはバイオマス（化石生物を除く生物由来の有機資源。落葉や糞尿、薪炭など）といったエネルギーを利用して、エントロピーとしての放射熱を大気圏外へとアウトプットしています。これら再生可能なエネルギーで石油などの再生不可能なエネルギーを代替できれば、エントロピーの増大スピードを減らし、環境負荷を抑えることも、理論上では可能とされています。

こうした考えから生まれた理念のひとつが、「持続可能な開発（サスティナビリティ）」です。

◉ 持続可能な資源利用

持続可能な開発とは「将来の世代のニーズを犠牲にすることなく、現在世代の欲求を満たす開発」と定義されており、国際連合の環境と開発に関する世界委員会が1987年に発行した「ブルトラント報告」で提唱され

●持続可能な社会の三原則●

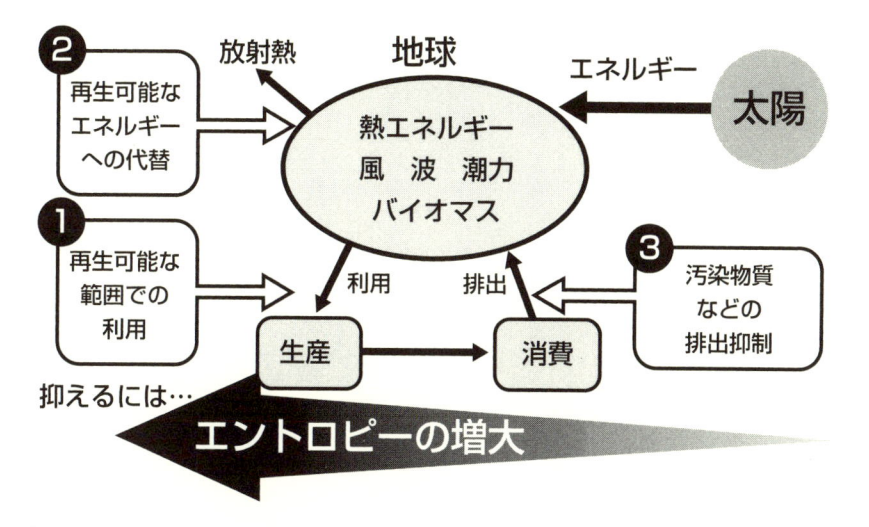

```
② 再生可能なエネルギーへの代替
① 再生可能な範囲での利用
③ 汚染物質などの排出抑制
地球：熱エネルギー、風、波、潮力、バイオマス
太陽 → エネルギー
放射熱
生産 → 消費
利用／排出
抑えるには… エントロピーの増大
```

ました。しかし、この理念も「熱力学の第二法則」などの観点から批判を浴び、持続可能性の定義に関する論争が起こりました。

　そこで、環境の持つ自然吸収力や資源再生力の限界の観点から、「持続可能性の三原則」を説いたのが、メリーランド大学教授でエコロジー経済学者のハーマン・デイリーです。これは、循環不可能な要素を循環可能な要素で代替する発想に基づき、持続可能な資源利用について説いたもので、以下のような内容です。

❶ 再生可能な資源の持続可能な利用速度が、再生の速度を超えないようにする。（例：漁獲は魚の繁殖による補充可能なペースにする）

❷ 再生不可能な資源の利用は、再生可能な資源による代替が可能なペースで利用する。（例：石油の埋蔵量を超えても、同等量の再生可能エネルギーを入手する）

❸ 汚染物質の排出速度が、循環・吸収・無害化の速度を超えないようにする。（例：川や湖への下水は水生生態系が栄養分を吸収できるペースで流す）

このうち❶は、環境容量が限界を超えないための循環、❷と❸は、資源消費が限界を超えないための循環ということができます。

〈6〉人口と環境負荷

◎ 地球人口容量の限界

　人類は食物連鎖の頂点に位置します。その人類が増えると、地球環境にどのような影響を与えるのでしょうか。

　イギリスで産業革命が始まった18、19世紀、経済学者のマルサスは『人口論』で、過剰人口と食料不足のつながりを指摘しました。その後、アメリカの生物学者パールとリードが、人口が「増加→飽和→停滞」という変化をたどることを証明しています。

　国連人口基金の「世界人口推計」によれば、1950年に約25億人だった世界の人口は2015年で約70億人。2040年までには90億人に達するといわ

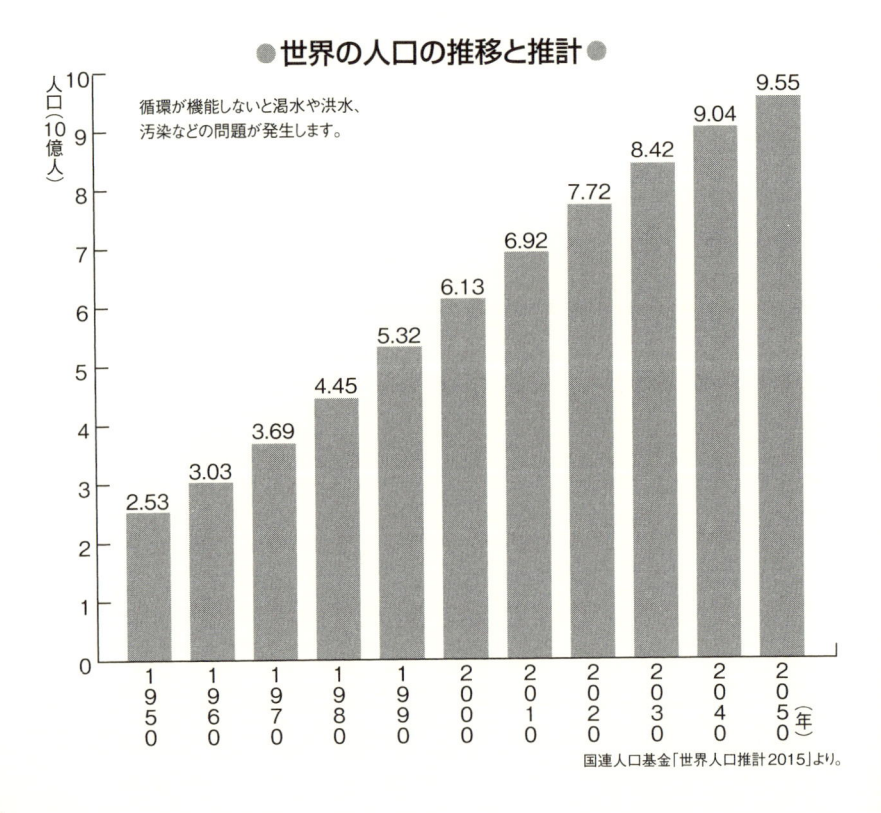

● 世界の人口の推移と推計 ●

循環が機能しないと渇水や洪水、汚染などの問題が発生します。

年	人口（10億人）
1950	2.53
1960	3.03
1970	3.69
1980	4.45
1990	5.32
2000	6.13
2010	6.92
2020	7.72
2030	8.42
2040	9.04
2050	9.55

国連人口基金「世界人口推計2015」より。

れています(2014年6月現在)。20世紀以降、人口は激増しましたが、無尽蔵に増えるのではなく、増加を辿りながら飽和に達すると、さまざまな環境の制約を受けて停滞傾向に移ります。すなわち、環境がどれだけの人口を収容できるかという「人口容量」が人口増加の飽和点と深くかかわっているのです。

世界の人口問題には、途上国の人口爆発や先進国の少子高齢化、地球全体のエネルギー・食糧問題も含まれます。たとえば、中国で大飢饉があった年には一時的に人口は激減しました。また、アフリカやアジアの途上国では、HIV(エイズ)による死亡者数が深刻な問題になっています。このように人口は環境条件や衛生によっても大きく左右されます。

◉ 環境負荷の増大

「人口容量」が人口のキャパシティを示すのに対して、自然が吸収・収容できる環境負荷の限度を示す言葉が「環境容量」です。環境が人間の諸活動(資源利用や汚染など)を許容できるキャパシティのことで、「環境収容力」「キャリング・キャパシティ」ともいいます。

人間が自然環境に及ぼす負荷は多岐にわたります。それらを共通の尺度で表すのが「エコロジカル・フットプリント」です。簡単にいえば「環境負荷を土地に換算した指標」で、人間が生活していくために必要な食糧や資源などの生産に要する土地の面積を指します。

カナダのブリティッシュ・コロンビア大学の算定では、その世界平均は1.8ヘクタール。ちなみに日本のエコロジカル・フットプリントは4.3ヘクタールで、アメリカは9.5ヘクタールにもなります。WWF(世界自然保護基金)では、1970年代から2000年の間で人類のエコロジカル・フットプリントは、環境容量を20%超過したと報告しています。また、同基金の"Living Planet Report 2004"では、1960年以降の木材のフットプリントおよびエネルギーのフットプリントなどが算出され、「生態学的負債」をなくす方向性が検討されています。

〈7〉二酸化炭素と地球温暖化

◉ 地球温暖化とは

　地球温暖化とは、大気中の温室効果ガスの濃度が高くなることにより、地球の温度が上昇することです。温室効果ガス（水蒸気、オゾン、二酸化炭素、メタンなど）は一定の濃度であれば地表の気温の維持に役立ちますが、人間の生活範囲や活動領域の拡大により急激に温室効果ガスが増えて、温度調節のバランスが崩れてしまうことが問題なのです。

　地球温暖化は、産業革命以降の急速な化石燃料の消費による二酸化炭素の大量排出が原因とされています。

　温室効果ガスのうち、二酸化炭素は大気中の濃度や排出量が多いため、地球温暖化への影響がもっとも大きくなっています。現在、地球全体の平均気温は産業革命前より約0.6℃上昇しているといわれています。

◉ 地球温暖化のメカニズム

　温室効果ガスは、宇宙から地球に入ってくる太陽の熱と地球から宇宙に出ていく熱とのバランスを保つことで、地表付近を適切な温度に維持する役割を果たしています。

　太陽から届く日射エネルギーの約7割が、大気と地表面に吸収されて熱に変わります。地表面から放射された熱の一部は、大気中の温室効果ガスに吸収されて、地表を適切な温度に維持しています。

　ところが、二酸化炭素などが増え温室効果ガスの濃度が高くなると、地表面から放射された熱が大気中でより多く吸収されるようになります。その結果、宇宙に出ていく熱の量が少なくなり、地表の温度が上昇します。

◎ 地球温暖化の影響

　地球温暖化の進行により、海水面の膨張やグリーンランド・南極の氷が解けることにより、2100年までに地球の平均海水位が最大88cm高くなるといわれています。海水面の上昇により、インド洋や南太平洋の島国の多くが水没する危険があります。そのほか、農業生産への影響、気候変化に適応できない動植物の絶滅、さらには降雨傾向の変化による乾燥化などの影響が心配されています。

●地球温暖化のメカニズム●

[温室効果ガス濃度が産業革命以前の水準]　　[温室効果ガス濃度の上昇]

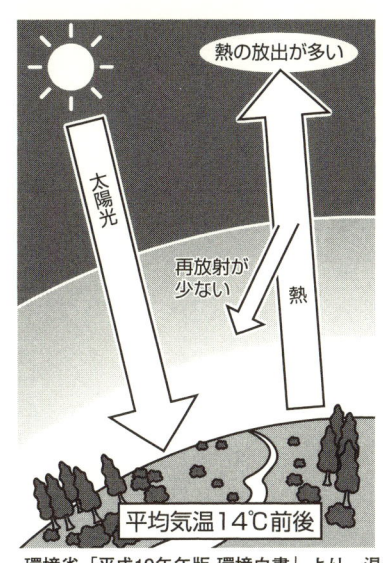

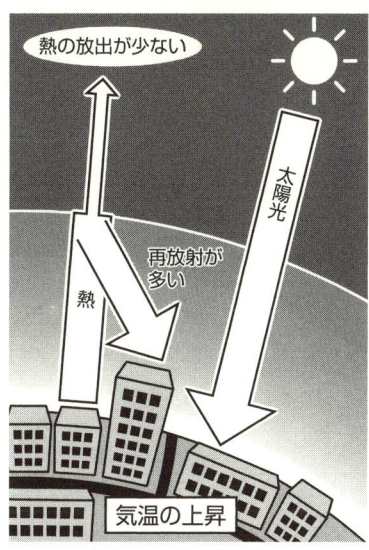

平均気温14℃前後　　　　気温の上昇

環境省「平成19年年版 環境白書」より。温室効果ガス濃度が上昇すると熱の再反射が多くなり、地表はビニールハウスのようになり気温が上昇します。

第2節 食生活と環境

環境と食生活は密接に関係しています。農産物や海産物、野菜、そして飲み水など、食を通して環境を考えてみましょう。

〈1〉食の変化と環境破壊

● 食卓から見える環境への負荷

①簡単に手に入る国内外の農産物・海産物

輸送機関や冷凍設備などの発達で、私たちは豊かな食生活を実現できました。食品売り場には日本中の特産品だけでなく、世界各国から輸入さ

●食の変化と環境への負荷●

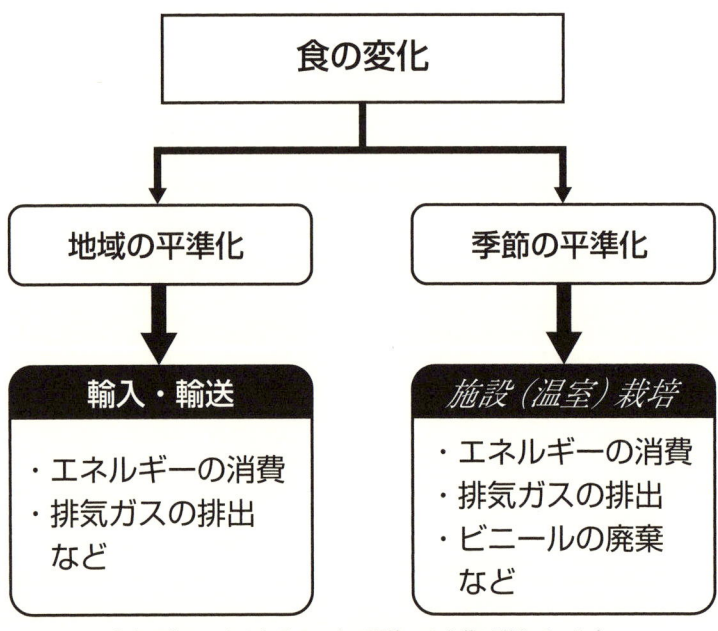

```
         食の変化
        ／      ＼
  地域の平準化   季節の平準化
      ↓            ↓
  ┌─────────┐  ┌─────────────┐
  │ 輸入・輸送 │  │ 施設（温室）栽培 │
  ├─────────┤  ├─────────────┤
  │・エネルギーの消費│  │・エネルギーの消費│
  │・排気ガスの排出 │  │・排気ガスの排出 │
  │ など       │  │・ビニールの廃棄 │
  │            │  │ など         │
  └─────────┘  └─────────────┘
```

食卓が豊かになるとその一方で環境への負荷が増えています。

れた珍しい野菜や果物、乳製品や加工品などが並んでいます。その分、食品輸入量が増え続ける一方で日本の食糧自給率は減り続け、昭和40年代には73％だったものが現在では40％代にまで落ち込んでいます。

　この変化は環境に大きな負荷を与えています。食料の輸入や冷凍に使われる飛行機や船は、化石燃料を使い、排気ガスを放出しているのです。

　また、食べ物の輸入量でみれば、全体の輸入量の約8％は破棄されているというデータもあります。豊かな食卓はその影で大量のエネルギーの消費と環境への負荷をかけているのです。

②旬以外でも食べられる野菜や果物

「食の平準化」ということも環境に大きな負荷を与えています。食の平準化とは、季節や地域に関係なくさまざまな食材が手に入るようになったことをいいます。

　たとえばイチゴといえばかつて春を彩る果物でしたが、今はクリスマスケーキに代表されるように、冬から3月頃の温室栽培が主流になっています。夏の代表のようなメロンやトマト、キュウリなども真冬でも食べられるようになりました。

　トマト、キュウリ、カボチャの入荷量の季節的変化を見ると、昭和40年には特定の月（旬）をピークとして急な山型を描いて推移していたのが、平成6年頃には山型がゆるやかになってきました。季節に関係なく年間を通じて食材が供給されるようになった背景には、ビニールハウスなどの施設栽培の増加、海外からの輸入を含めた食品供給地の拡大があります。

　平成5年の野菜の全生産量に占める施設（温室）栽培の割合は、トマト70％、キュウリ64％、イチゴ93％と、露地栽培を大幅に上回っています。また、食品の生産地と消費地の地理的隔たりも拡大し続けており、平成6年の東京都中央卸売市場の産地別野菜取扱量を見ると、関東産の割合は昭和40年の約5～7割に減少。その分を国内の遠隔地や海外からの産物が補っています。

　前述した通り、農産物の遠隔地からの輸送は、化石燃料を使い排ガス

を放出します。また、施設（温室）栽培は省エネ化も進められていますが、それでも露地栽培に比べて生産に大きなエネルギーを消費します。暖房により排気も出しますし、さらにはビニールの破棄などの問題も発生します。食の豊かさを求める一方で、こんな環境問題も考える必要があるのです。

● 農産物の輸入額の推移 ●

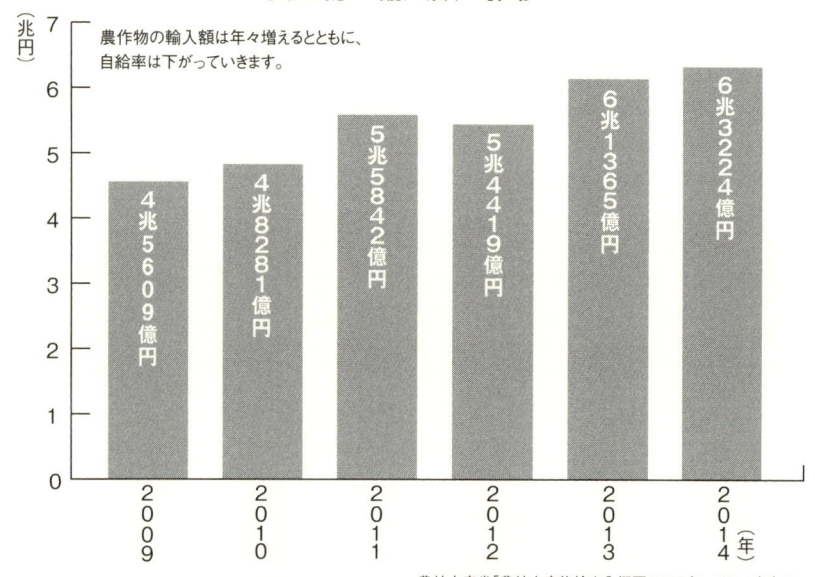

農作物の輸入額は年々増えるとともに、自給率は下がっていきます。

年	輸入額
2009	4兆5609億円
2010	4兆8281億円
2011	5兆5842億円
2012	5兆4419億円
2013	6兆1365億円
2014	6兆3224億円

農林水産省「農林水産物輸出入概要2013年、2014年」より。

③いつでも手に入る肉や魚

　畜産や養殖技術の発達により、私たちはいつでも新鮮な肉や魚介類を手に入れることができるようになりました。ここでも自然が破壊されている現状もあります。

　たとえば日本向けのエビを養殖しているタイなどでは、輸出量の増加にともなって、エビの養殖に適している汽水域に発達するマングローブ林の伐採が進んでいます。マングローブ林は一度伐採してしまうと再生が難しく、周辺地域の生態系にも大きな影響を与えています。

　また、農薬による河川の汚染、畜産物の飼料の多くが海外から化石燃料を使って輸入されていることも、環境破壊につながっています。

④簡単に調理できる食べ物

　コンビニやスーパーには、お弁当や冷凍食品、レトルト食品、カップ麺など、レンジで温めたりお湯を注ぐだけで簡単に食べられるものが並んでいます。これらのおかげで私たちの生活がとても便利になりましたが、これらの加工にも燃料が使われています。また、レトルトパックやスチロールなどといった不燃性の容器は、ゴミ問題の大きな一因ともなっています。便利な食生活を支える一方で、これらの包装容器材が家庭から出る一般ゴミの約50％を占めているのです。

　また、賞味期限が切れた弁当などの大量廃棄も大きな問題となっています。

◯「豊かな食卓」と環境のために

　私たちが何気なく利用している食料品は、環境汚染と密接な関係がことが理解できたでしょうか？　私たちは豊かな食生活をすべて破棄することはできませんが、その生活を享受しながらも環境への負荷を減らすためには、私たち、一人ひとりの気配りの積み重ねこそ大事です。

　例えば、プラスチックゴミを減らす工夫として、消費者が袋や容器を持参するという方法もあります。また、改正容器包装リサイクル法の成立（平成18年6月）を受けて、スーパーやコンビニでのレジ袋削減の動きも出ています。こんな動きを他人事と考えず、自分も環境への負荷を減らすのだと思えば、日頃の生活のなかでもさまざま工夫ができるはずです。

　名古屋市では、レジ袋を断れば10ｇ、牛乳パックを資源回収に回すと30ｇというように重量を示し、1人あたり100ｇのごみ減量を市民に呼びかけました。その結果、かつては右肩上がりに増え続けていたゴミの量は、平成10年度の約114万トンから現在約8割にまで減少。資源回収量は約2.2倍に増加しています。

　地球環境が壊れては豊かな食生活もなくなります。食べることを心の底から楽しめる社会をつくるためにも、私たち食にこだわる人間は、このような意識を持ち、環境保全に努めていくようにしましょう。

〈2〉飲み水の安全性と生活排水

◉ 水道水の信頼性

　かつて日本は、水道の蛇口をひねれば世界一おいしくて衛生的な水が飲める国といわれていました。しかし、近年はその評判にかげりが見られます。浄水器の普及率は全国で40.5％、特に東京や大阪などの大都市のマンションでは高くなっています（2015年度浄水器普及状況調査）。また、ミネラルウォーターの消費量も伸び続け、2000年には1人あたり8.6ℓだったのが、2014年には25.7ℓにも達しています（日本ミネラルウォーター協会）。

　飲料水にかける金額が高くなったのは、水道水に対する信頼性が変化してきたからなのかもしれません。

●日本のミネラルウォーターの1人あたり消費量の推移●

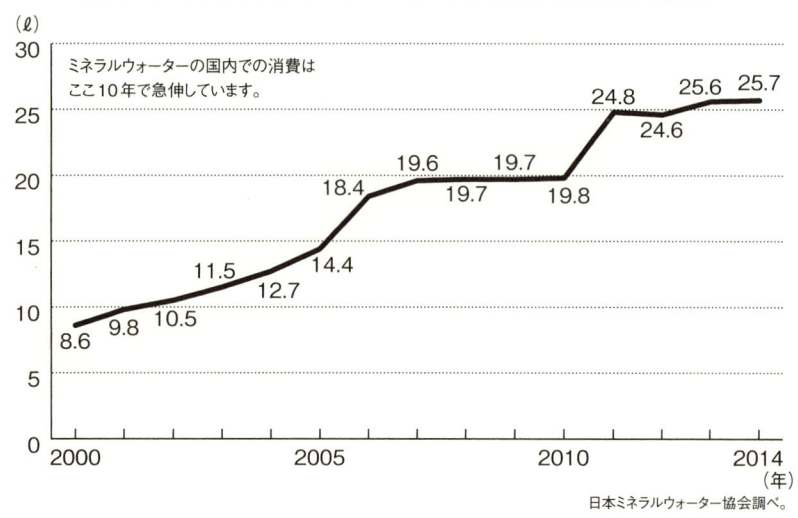

ミネラルウォーターの国内での消費はここ10年で急伸しています。

年	2000		2005			2010			2014
ℓ	8.6　9.8　10.5　11.5　12.7　14.4　18.4　19.6　19.7　19.7　19.8　24.8　24.6　25.6　25.7								

日本ミネラルウォーター協会調べ。

◉ 水道水と有害物質

　河川や湖沼から取水した水を飲料水にするために、浄水場では塩素処

理を行います。有機物やカビ臭物質、アンモニアなどを取り除き、消毒をするのです。しかし、取水した水が著しく汚染されていると、塩素が他の物質と化学反応を起こして発がん性物質（トリハロメタン）を生成することがあります。このため、飲料水の安全性が問題になりました。

現在、安全でおいしい飲料水をつくるための対策として、オゾンや活性炭を使った高度浄水処理の導入が各地で図られています。また、森林などの水源環境の保全も行われています。

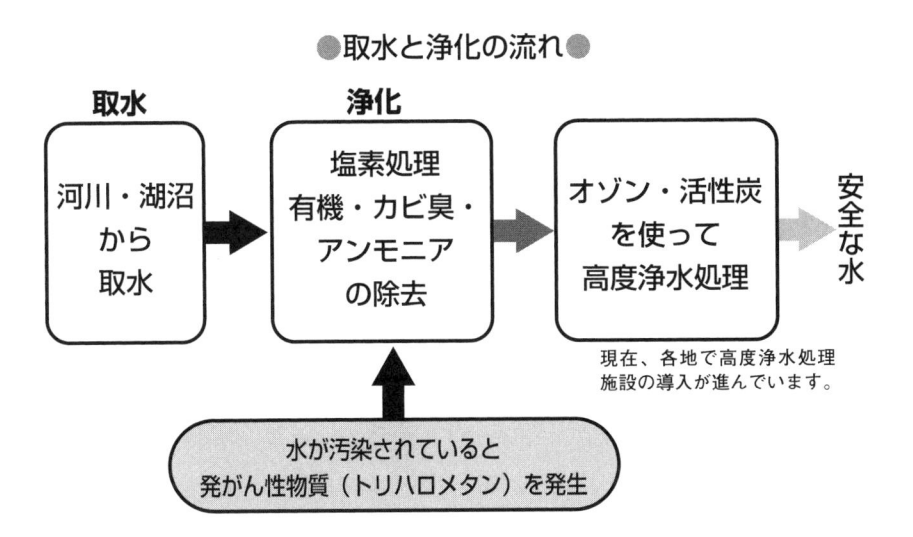

●取水と浄化の流れ●

取水
河川・湖沼から取水
→
浄化
塩素処理
有機・カビ臭・アンモニアの除去
→
オゾン・活性炭を使って高度浄水処理
→
安全な水

水が汚染されていると発がん性物質（トリハロメタン）を発生

現在、各地で高度浄水処理施設の導入が進んでいます。

○ 生活排水と飲料水

地球上の水は常に循環しています。洗濯や炊事、入浴など日常生活で生じた排水には有機物が含まれており、それが河川や湖沼を汚染する原因になっています。私たちが汚した水は、めぐりめぐって自分たちに戻ってくるのです。

日常の何気ない生活の中で水を汚せば汚すほど、浄水場ではさまざまな処理を加えなければならず、その過程で思いもよらない有害物質が混入することもあります。自分たちの安全、ひいては地球環境を守るためにも、身近な生活排水から水について考え直す必要があるでしょう。

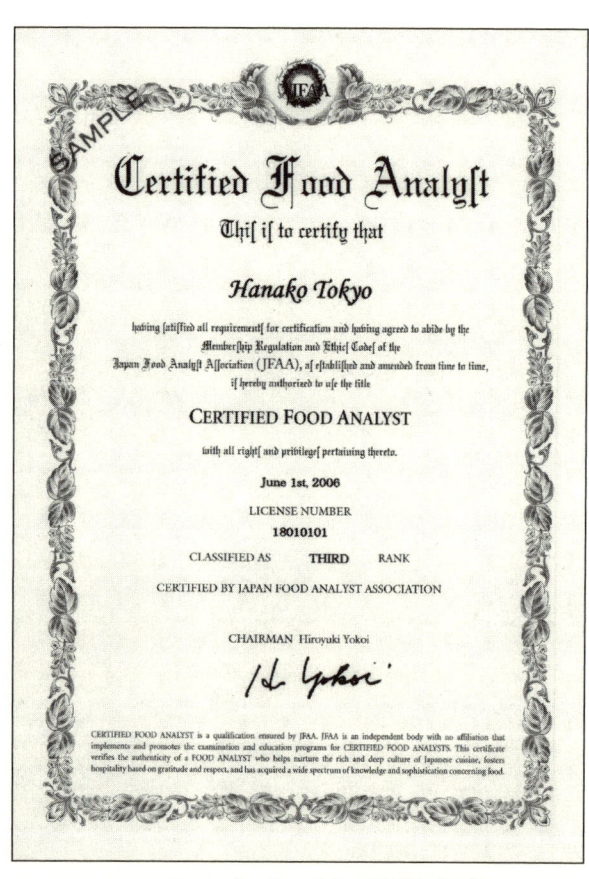

Certified Food Analyst

This is to certify that

Hanako Tokyo

having satisfied all requirements for certification and having agreed to abide by the Membership Regulation and Ethics Code of the Japan Food Analyst Association (JFAA), as established and amended from time to time, is hereby authorized to use the title

CERTIFIED FOOD ANALYST

with all rights and privileges pertaining thereto.

June 1st, 2006

LICENSE NUMBER
18010101

CLASSIFIED AS　　THIRD　　RANK

CERTIFIED BY JAPAN FOOD ANALYST ASSOCIATION

CHAIRMAN　Hiroyuki Yokoi

CERTIFIED FOOD ANALYST is a qualification ensured by JFAA. JFAA is an independent body with no affiliation that implements and promotes the examination and education programs for CERTIFIED FOOD ANALYSTS. This certificate verifies the authenticity of a FOOD ANALYST who helps nurture the rich and deep culture of Japanese cuisine, fosters hospitality based on gratitude and respect, and has acquired a wide spectrum of knowledge and sophistication concerning food.

フードアナリスト®3級認定書

おわりに

　一個人の味覚や情緒的・感覚的な価値基準でのレストランガイドブックでは、もはや時代のニーズに追いつけなくなってきています。食育・食文化・環境問題・テーブルデザイン・インテリア・ホスピタリティなど、あらゆる角度から体系化した食に関する知識を修得した者、すなわちフードアナリスト®によるレストランへの正当な評価の情報提供が、料理飲食店側と一般消費者側の確かな架け橋となることを確信しています。

　　　　(社)日本フードアナリスト協会　代表理事　横井裕之

■参考文献■

何を食べる？ 誰と食べる？ どう食べる？―食育の実践に向けて―（社団法人全国調理師養成施設協会）
増補版 食育のすすめ（マガジンハウス／服部幸應著）
すぐに役立つフランス語　会話・フレーズ（学研／柴田香葉美・Yvette Claudon著）
ホスピタリティ入門（日本ホスピタリティ教育機構）
新概念としてのホスピタリティ・マネジメント（学術選書／服部勝人著）
フードコーディネーター教本（柴田書店／日本フードコーディネーター協会編）
栄養の基本がわかる図解事典（成美堂出版／中村丁次監修）
調理師合格完全ガイド（日本文芸社／木村玲子監修）
上級ワイン教本（柴田書店／クリストファー・フィールデン、WSET編）
チーズの話（雪印）
「食」の文化誌（學燈社）
VERMEER（Arthur K. Wheelock, Jr.著）
西洋美術の歴史（H.W.Janson／Anthony.F.Janson著）
週刊グレート・アーティスト（同朋舎出版）
ファン・ゴッホ美術館のファン・ゴッホ（ローナルト・デ・レーウ著）
西洋アンティークの事典（成美堂出版）
香道への招待（宝文館出版／北小路功光著）
香道・歴史と文学（淡交社／三條西公正著）
国史大事典（吉川弘文館）
「まつり」の食文化（角川選書／神崎宣武著）
環境問題の基本がわかる本（秀和システム／門脇仁著）
手にとるように環境問題がわかる本（かんき出版／UFJ総合研究所編著）
はじめてのチーズづくり（雄鶏社／雄鶏社編集部）
万国お菓子物語（晶文社／吉田菊次郎）
料理これって常識・非常識?!（河出書房新社／博学QA委員会編）

■参考WEB■

我が国の食生活の現状と食育の推進について（農林水産省）
食育推進基本計画のポイント（農林水産省）
食生活指針（農林水産省）
食事バランスガイド（農林水産省）
平成15年度の食料自給率（農林水産省）
「すっきりわかる食と農のQ&A」（農林水産省）
食料需給表（農林水産省）
食育白書（内閣府）
国民健康・栄養調査／国民栄養調査（厚生労働省）
添加物に関する規制の概要（厚生労働省）
学研学習事典データベース
京都市歴史資料館「情報提供システム フールフォミュージアム京都」
日本文化いろは事典
日本茶博物館
環境白書（環境省）
語源由来辞典

◆執筆・監修◆

藤原　浩

軍司弘子

早坂宏志

高賀元正

廣嵜明博

鈴木博士

田中周一

竹内香代子

山口真珠

竹内洋子

松尾洋子

羽山和行

◆編集協力◆

金成姫（(社)日本フードアナリスト協会）

土屋淳一

関口裕二

石原靖之

本久エリカ

◆デザイン・DTP◆

松本賭至

伊藤理恵子

坪井優子

林　暁美

悠社

(社)日本フードアナリスト協会／代表理事・横井裕之
食の情報の専門家「フードアナリスト®」の認定機関。①フードアナリスト®の認定・育成、②「食・食文化」の啓蒙活動、③「食」に関する国民意識の向上を目的としている。

資格検定「フードアナリスト®」をめざす

フードアナリスト®検定教本3級

2007年 4月19日　第 1 刷発行
2023年 7月25日　第10刷発行

編者	(社)日本フードアナリスト協会
発行人	土屋徹
編集人	代田雪絵
編集長	小椋恵梨
編集担当	安藤聡昭
発行所	株式会社Gakken
	〒141-8416
	東京都品川区西五反田2-11-8
印刷所	大日本印刷株式会社

この本に関する各種お問い合わせ先
【本の内容については】下記サイトのお問い合わせフォームよりお願いします。
https://www.corp-gakken.co.jp/contact/
【在庫については】Tel 03-6431-1250(販売部)
【不良品(落丁、乱丁)については】Tel 0570-000577
学研業務センター　〒354-0045　埼玉県入間郡三芳町上富279-1
【上記以外のお問い合わせは】Tel 0570-056-710(学研グループ総合案内)

©GAKKEN-ep 2007 Printed in Japan
・本書の無断転載、複製、複写(コピー)、翻訳を禁じます。
・本書を代行業者等の第三者に依頼してスキャンやデジタル化することは、たとえ個人や家庭内の利用であっても、著作権法上、認められておりません。

●学研グループの書籍・雑誌についての新刊情報・詳細情報は、下記をご覧ください。
学研出版サイト　https://hon.gakken.jp/